电动汽车装调与维修技术

主　编　计　端　黄镇财

副主编　闫剑韬（企业）　谭新曲　熊凤辉

参　编（学校）　李海青　杨和达　曾明杰　廖　有

参　编（企业）　吴　宁　唐岩松　程　健

北京理工大学出版社

BEIJING INSTITUTE OF TECHNOLOGY PRESS

内 容 简 介

本书包括八个任务：任务一和任务二主要讲述用电危险、安全防护及高电压车辆的作业流程，这两个任务针对初级学习者，使其具备高压电安全操作常识，具备完成后续各项任务的基础能力；任务三、任务四和任务五以电动汽车常见故障为例，详细介绍了其维修过程，让学习者掌握电机、电子控制器、电池的工作原理，这几个任务还包括 DC/AC 转换、DC/DC 转换、高电压安全防护系统等知识，为学习者今后从事电动汽车维修或装调工作奠定基础；任务六和任务七主要讲述了纯电动汽车空调压缩机电池原理和 PTC 冷却系统制热工作测量原理，为学习者进行专门的电池修理和装配工作打下基础；任务八主要包括充电头及充电装置的工作原理等内容，通过学习，学习者可掌握充电枪的检测方法，并学会充电桩的安装与调试。

通过上述这些任务的系统学习，学习者能掌握维修电动汽车常见故障的方法和技巧，并能完成各个主要部件的装配、调试。

图书在版编目(CIP)数据

电动汽车装调与维修技术 / 计端，黄镇财主编. —北京：北京理工大学出版社，2024.6

ISBN 978-7-5763-2430-3

Ⅰ. ①电…　Ⅱ. ①计…　②黄…　Ⅲ. ①电动汽车-汽车-装配(机械)-高等学校-教材　②电动汽车-汽车-车辆修理-高等学校-教材　Ⅳ. ①U469.22

中国国家版本馆 CIP 数据核字(2023)第 097092 号

责任编辑：赵　岩　　**文案编辑：**辛丽莉
责任校对：周瑞红　　**责任印制：**李志强

出版发行 / 北京理工大学出版社有限责任公司
社　　址 / 北京市丰台区四合庄路 6 号
邮　　编 / 100070
电　　话 / (010) 68914026（教材售后服务热线）
(010) 68944437（课件资源服务热线）
网　　址 / http：//www.bitpress.com.cn

版 印 次 / 2024 年 6 月第 1 版第 1 次印刷
印　　刷 / 河北盛世彩捷印刷有限公司
开　　本 / 787 mm×1092 mm　1/16
印　　张 / 13
字　　数 / 302 千字
定　　价 / 69.00 元

前　言

作为一名汽车维修技师，必须时时面对汽车的技术迭代和革新问题。随着新能源汽车产业的发展，电动汽车的拥有量将逐渐增加，这是所有维修人员面对的最深刻的技术迭代。在实际工作中，电动汽车会有哪些不一样的故障？应该如何着手进行诊断？在维修作业时，电动汽车部件的拆卸和安装有哪些特殊要求？诸如此类的难题会让维修人员一筹莫展。

针对这种情况，我们将多年的学习研究成果、电动汽车一线维修实战经验、车企大数据分析结果等总结出来，结合目前汽车维修人员需要的理论知识和诊断与维修方法来编写本书。

本书遵循党的二十大报告精神，在结构编排上，以岗位能力培养及基本技能训练为主线，按照企业实际操作中电动汽车装调与维修作业的流程来编写。全书包括“高压系统断电”“更换高压电池组”“车辆无法加速故障诊断与检修”“车辆高压无法通电故障诊断与检修”“低压电池亏电故障诊断与检修”“电动空调无法工作故障诊断与检修”“动力电池故障指示灯亮故障诊断与检修”“高压电池无法充电故障诊断与检修”八个工作任务，全面讲解了新能源汽车诊断与维修的必备知识。

本书中的每个任务均对学习者在电动汽车各系统的结构原理、故障诊断与排除、常用仪器设备的使用能力方面进行培养；使学习者在掌握基本技能和基本知识的同时，重视“精益求精”工匠精神的融入；强调严格遵循法规及流程、严格遵守安全生产规范，注重培养学习者良好的规范操作意识和职业习惯，为学习者解决实际问题打下基础。同时本书加入了大量视频和相关学习资源。本书适用于高职院校汽车类专业或者从事汽车类专业，建议学时在 64 以上。

本书由柳州职业技术学院计端、黄镇财担任主编，上汽通用五菱汽车股份有限公司闫剑韬、柳州职业技术学院谭新曲、熊凤辉担任副主编。柳州职业技术学院李海青、杨和达、曾明杰、廖有参与编写，上汽通用五菱汽车股份有限公司的吴宁、唐岩松、程健三位工程师提供并编写了各章节的案例和故障分析思路。本书在编写过程中得到了上汽通用五菱汽车股份有限公司以及新泽汽车修理厂的技术支持。

本书在编写时参考了大量的资料和文献，在此，对原作者一并表示感谢。由于编者水平有限，书中难免有不妥和疏漏之处，敬请读者批评指正。

编　者

目 录

任务一　高压系统断电

学习目标

知识目标

- 能说出交流电和直流电的区别和原理。
- 能说出高电压车辆的基本结构、组成及作用。
- 能说出各种安全防护标识和防护装置。
- 能说出高压防护流程和相关法律法规。

技能目标

- 能正确区别交流电和直流电并进行电压测量。
- 能正确识别出高压危险部件。
- 能正确完成高电压车辆防护装置的绝缘检查。
- 能规范地完成常见高电压车辆的高压断电操作。
- 能独立读取及分析电机控制器关键信号。

素养目标

- 塑造“精益求精”的工匠精神，具备职业自信。
- 能全工作过程规范管理自己及团队成员安全操作。
- 能严格执行高电压车辆维修流程。
- 能全面地与客户描述维修工作方案。

任务知识树

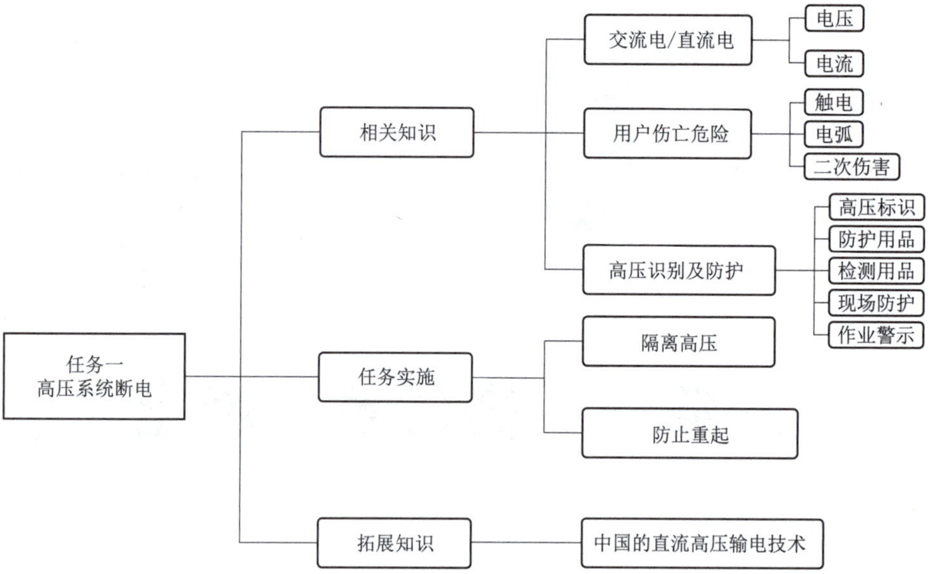

1. 检查与对话

1.1 接车谈话和检查

1）任务描述

有一辆混合动力汽车的客户将车辆送修，客户反映说车子排气管发出突突声。维修站安排维修人员对车辆的底盘系统进行检查测量，并制订排气管的维修计划。在进行举升检测前，需要对车辆进行断电操作，向客户简要描述断电操作及维修方案。

2）客户自述

客户描述："我的车最近被磕到底盘，总是有异响，好像是从排气管位置发出的。只有在发动机起动时才有响声，请修理厂师傅帮忙检查看看是什么问题。"

3）客户交流

在接受客户委托之前通常要与客户沟通——"问诊"。根据与客户的交流信息及实车初步的功能检查所收集的信息，分析客户委托，尽可能得到"解决客户抱怨"的线索。"问诊"（5W2H）是维修人员必须掌握的技巧，紧扣投诉、围绕投诉。

——Who：客户。

——What：客户希望能够解决"排气管异响"故障问题。

——When：发动机起动时（混合动力汽车）。

——Where：车辆开到什么环境下出现的故障。

——Why：大致由哪些原因导致的客户抱怨。

——How：整个故障排除大致分几步检查。

——How much：需要的时间有多长，大致产生的费用是多少。

1.2　前期计划和相关问题

1）初步检查

经技师初步检查，发现该车辆为高电压车辆。图 1-1 所示为高电压车辆发动机舱。在举升车辆并检查底盘前，需要对车辆进行高压断电操作。

图 1-1　高电压车辆发动机舱

高电压车辆在涉及高压部件的检查及维修时，要满足下列条件：

(1) 维修操作人员是否具备了法规要求的资质；

(2) 严格遵守相关车型的断电操作流程及规范；

(3) 维修人员穿戴相关工作要求的防护用品；

(4) 正确使用操作相关工具完成断电操作及测量工作；

(5) 工作环境满足高电压车辆的维修工作，维修站有相关的安全预案。

2）“高电压车辆底盘检查—断电操作”任务的思维导图

运用“头脑风暴”法绘制任务的工作思维导图，如图 1-2 所示。根据思维导图提出问题，然后解答这些问题以进行信息收集和分析、制订工作计划和执行具体任务。

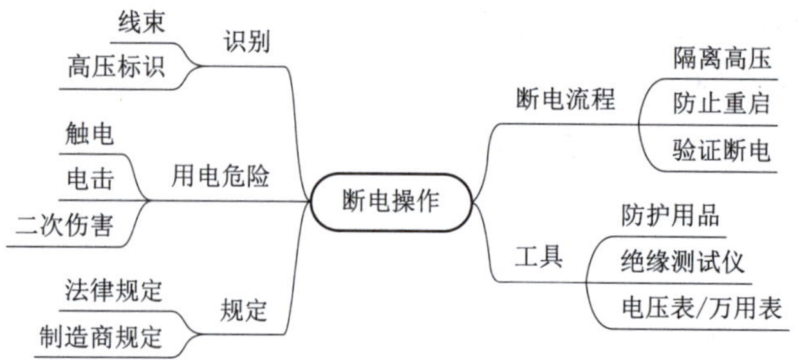

图 1-2 “高压系统断电操作”工作思维导图

3）“高压系统断电操作”的六步法工作流程

“高电压车辆底盘检查：高压系统断电”工作流程如图 1-3 所示。

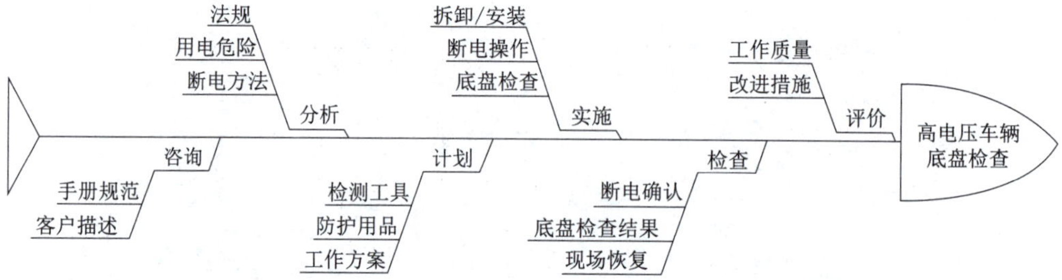

图 1-3 “高电压车辆底盘检查：高压系统断电”工作流程

小贴士

将思维导图的因素综合，形成工作计划并实施，严格执行检查，并进行工作评价。养成良好工作素养，可以有效减少工作失误、提升工作效率。

2. 信息收集

2.1 电的类型

1. 电的类型

1）直流电

“直流电”（Direct Current，DC）又称“恒流电”，恒定电流是直流电的一种，是大小和方向都不变的电流。

直流电是电荷的单向流动或者移动，通常是电子。直流电是由电气化学、光电单元和电池产生的。在大多数国家，从发电设备中流出的电流是交流（Alternating Current，AC）的。

交流电可以通过整流器转换为直流电。

直流电所通过的电路称直流电路，是由直流电源和电阻构成的闭合导电回路。在该直流电路中，形成恒定的电场。在电源外，正电荷经电阻从高电势处流向低电势处，在电源内，靠电源的非静电力的作用克服静电力，再从低电势处到达高电势处，如此循环，构成闭合的电流线。在直流电路中，电源的作用是提供不随时间变化的恒定电动势，为在电阻上消耗的焦耳热补充能量。

图 1-4 所示为直流电路。以德国物理学家欧姆命名的欧姆定律描述了电流和电压之间的关系：$I=U/R$。

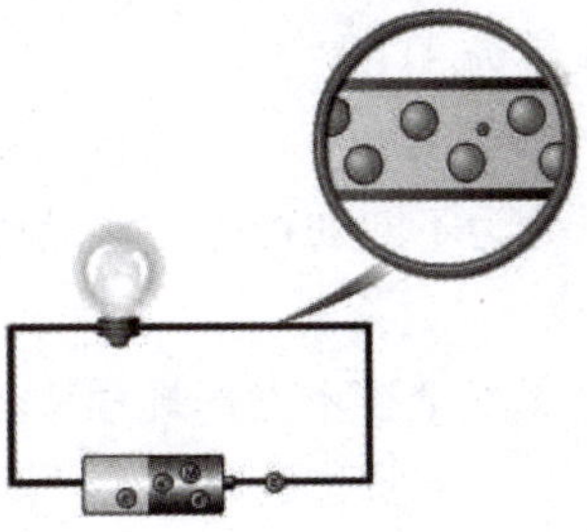

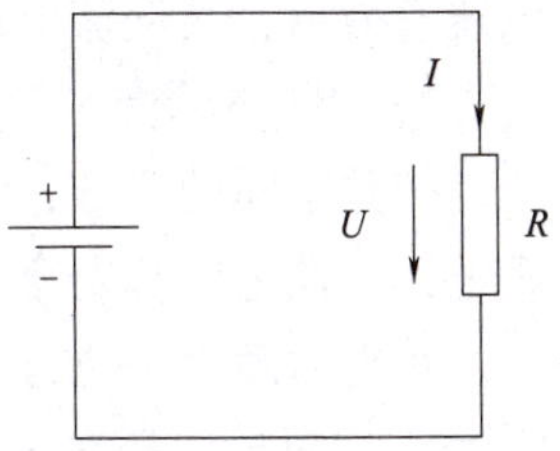

（a）　（b）

图 1-4　直流电路

（a）电路原理；（b）电路图

2）交流电

交流电是指电流方向随时间做周期性变化的电流。不同于直流电，它的方向是随着时间发生改变的，而直流电没有周期性变化。通常交流电波形为正弦曲线，如图 1-5 所示。生活中使用的市电通常是具有正弦波形的交流电，但实际上还有其他的波形，如三角形波、正方形波。

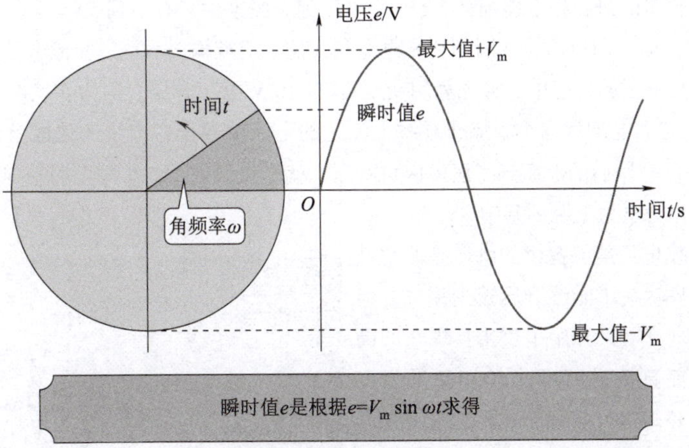

图 1-5　交流电波形

（1）瞬时值和最大值。

交流电在某一个瞬间的数值称为瞬时值 e，瞬时值最大的时候叫作最大值 V_m。图 1-5 上的圆圈表示线圈的旋转角度（角频率 ω），瞬时值可以用 $e=V_m\sin\omega t$ 来求得。交流电的电动势的电压是正弦波，电流表现出来的也是同样的正弦波。

（2）平均值。

在正弦交流电的一个周期内，正向波形小山的面积与负向波形小山的面积相等，所以取其平均的结果是 0。因此，如果要求正弦交流电的电动势或电流的平均值的时候，可以用半个周期来计算。平均值 V_{av} 可以用 $V_{av}=2V_m/\pi$ 来求得。

（3）频率。

交流电的频率是指它在单位时间内周期性变化的次数，单位是赫兹（Hz），与周期成倒数关系。不同国家的电力系统的交流电频率不同，通常为 50 Hz 或者 60 Hz。

（4）峰值和有效值。

正余弦交流电的峰值与振幅相对应，而有效值大小则由相同时间内产生相当焦耳热的直流电的大小来等效。交流电峰值 V_{peak} 与有效值 V_{rms} 的关系为 $V_{peak}=\sqrt{2}V_{rms}$。市电 220 V 表示电压有效值，其交流电压的峰值为 311 V。

3）电压分类

按照不同的标准，电可以分为不同的种类，常见的是根据电压大小进行分类，可以分为高电压、低电压和安全电压。

在电力系统中执行的《电工安全技术操作规程》规定：对地电压在 1 000 V 以下时称为“低压”，对地电压在 1 000 V 及以上时称为“高压”；而在工业上，电压为 380 V 或以上的称为高压电，380 V 以下的称为低压电。

汽车驱动电路的直流电压大于 60 V，交流电压大于 30 V 时，称为高电压车辆。

延伸阅读：中国的直流高压输电技术

1882 年爱迪生在纽约建造了发电厂，利用这套直流发电系统将 110 V 电压供给周围 1 mi① 范围内的 60 户居民。随着需求增加，这时暴露出直流电的致命缺点。当发电厂和居民之间的距离较远时，直流输电会在电线上产生较多的热能将电能损耗，110 V 电压到居民家中只有不到 50 V 了。

1893 年，西屋公司采用特斯拉发明的交流电专利，建立交流输电系统。交流电结合当时刚发明的变压器，在输出 110 V 电压的过程中，会先利用变压器将 110 V 电压升压。因为在发电机功率 P 不变的情况下，$P=UI$，电压越大电流就越小，那么导线上流过的电流就越小，产生的热能就越小，因此损耗的电能 $P=I^2R$ 就越小。升压后的电压到了居民区再降压，就可以保证 110 V 电压的稳定了。至此，交流电正式取代直流电，作为电力系统的基础。

19—20 世纪，发电厂能够提供的电压是非常低的，而交流电的优势就在于能够升压减少损失。但随着技术的发展，直流电又开始了反击！现在的高压直流输电技术，能直接提供超过 500 kV 的直流电压。当电流传输超过 800 km 的距离，高压直流输电的优势就体现出来了。它的线路更少，造价更低，传输过程中的单位损耗也更低，而且比交流输电技术更稳定。

1954 年，瑞典建成了世界上第一座商用高压直流输电系统。目前，中国已建有 14 条高压直流输电线路，采用 800 kV 特高压直流输电，总长度为 25 000 km，规模和技术处于世界一流水平。直流特高压输电，使中国在西北地区的风力发电和太阳能发电得以大规模发展，并传输到东部工业区。新能源的推广使用大大降低了碳排放。

① 英里（mi），1 mi = 1.609 km。

2.2　电的伤亡危险

电动汽车会使用两个电气系统：一个电气系统采用 14 V 的低压，用于低压电气系统；另一个系统采用 100~800 V 的高压，用于电动动力总成。与传统车辆相比，电动汽车中几百伏的高压对车载电气系统提出了更高的安全要求。如果直接接触带电电压，可能会造成严重的人身伤害甚至可能致死。事故的发生取决于工作环境以及最大电压。电气事故可以分为以下三种类型。

1）触电危险

在需要接触电气的作业或靠近带电设备的非电气作业过程中，会产生触电或电弧危险。当满足以下几种情况时，操作人员可能出现电气危险。

（1）在作业和设备操控时与带电部件的接触；并且人体被不同的电位桥接。这种情况会导致电流经过人体，其对人体的伤害取决于电压和电流的大小，如表 1-1 所示。

（2）带电部件和地面或带电部件之间的交流电压超过 25 V；或者直流电压超过 60 V，并且工作场所直流电流超过 3 mA；或者直流电流超过 12 mA。

（3）电能超过 350 mJ。电击对人体的危害程度，主要取决于通过人体电流的大小和通电时长。电流强度越大，致命危险越大；持续时间越长，死亡的可能性越大，如图 1-6 所示。

表 1-1　与带电部件在不同情形下的接触情况

事例	情形	电击风险
触摸高电压“+”极侧		无风险
当漏电时触摸车身（高电压“-”极侧）		无风险
当漏电时触摸高电压“+”极侧		可能被电击
触摸高电压“+”极和“-”极侧		电击

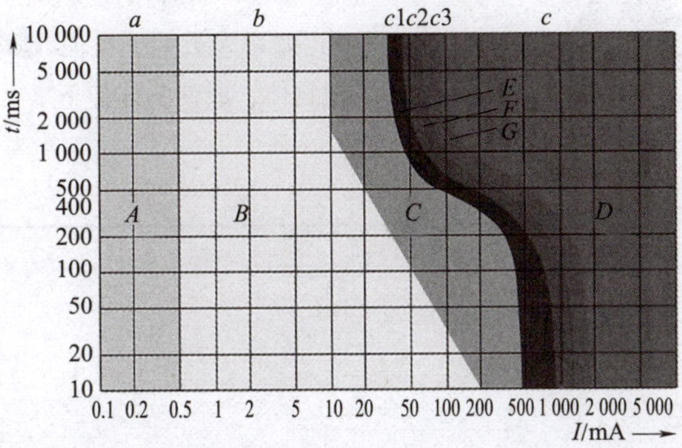

图 1-6　电流强度及触电时长对人体的影响

A—无感知；*B*—无伤害；*C*—肌肉痉挛；*D*—心搏骤停；*E*/*F*/*G*—心室不同程度的颤动

2）电弧伤害

在大气中断开电路时，只要电压超过 12~20 V，被断开的电流超过 0.25~1 A，在触头间隙（也称弧隙）中通常产生一团温度极高、发出强光且能够导电的近似圆柱形的气体，这就是电弧。电压超过 1 000 V AC 时，电流通过空气介质或电路短路时产生强大的弧光和火花，弧光温度可达 2 000~3 000 ℃。因故障或开关操作时，操作人员过度接近放电体，会产生电弧伤害，如图 1-7 所示。

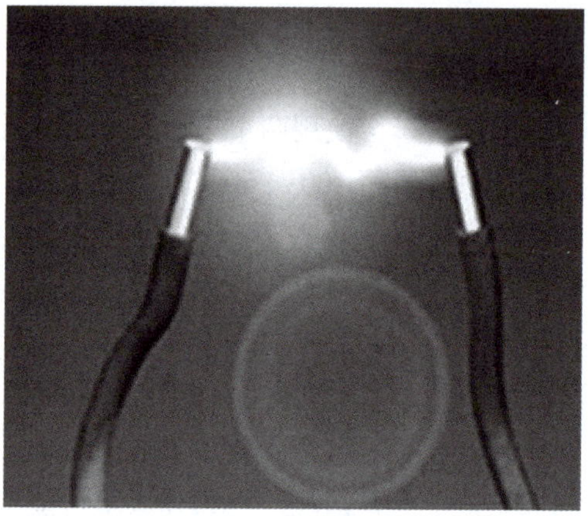

图 1-7　高温电弧

电动汽车的电压较高（100~800 V），电流较大（最大 80~100 A），产生的电弧温度更高，因此进行电弧伤害的防护很有必要。为了避免高压电弧的伤害，在执行高压电路带电断开供电时，应佩戴绝缘手套和护目镜。

3）二次伤害

二次伤害是发生事故的另一个原因。在评估与触电相关的事故时，这种事故起因通常会被忽视。当电流仅短暂地流经人体时，肌肉在电流的刺激下，会下意识收缩、痉挛，便会发生二次伤害事故，如表 1-2 所示。

危险电压与安全认知

表 1-2　二次伤害

图示	二次伤害
	（1）摔倒、从梯子和脚手架等物体上掉下来、绊倒； （2）割伤、刺伤、压伤等伤害； （3）从危险区域迅速缩手的反应可能会被锋利的金属边缘擦伤或割伤； （4）由于零件掉落而受伤； （5）如果人被绊倒，他/她可能会撞倒工作区域附近的其他物体，或使物体掉下来

2.3　危险识别及防护

1）危险识别、标识

危险识别如表 1-3 所示。

表 1-3　危险识别

序号	图片	识别
1		高压电危险，在电动汽车的动力电池、驱动电机、电机控制模块、高压配电盒/箱（PDU）、空调电动压缩机、车载充电机（OBC）等部件上通常可以看到这个警示标志
2		它代表着这里有触电可能，在进行相关操作或者接触时，须取得相关资质，并严格遵守断电操作流程
3	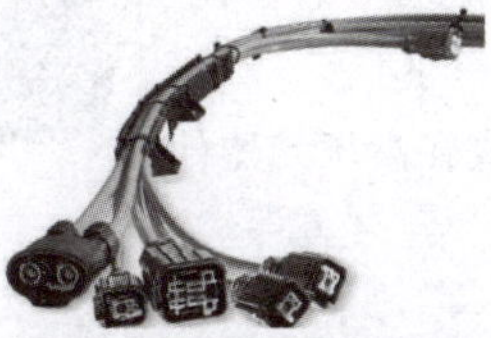	高电压线（≥60 V，DC），必须使用橙色线
4		高电压部件：贴有高压警告标识，通常带有等电位连接线
5	 A  B	A：维修开关；B：维修塞（橙色）

2）防护用品、工具

防护用品、工具及功用如表 1-4 所示。

表 1-4　防护用品、工具及功用

序号	名称及功用	图片
1	高压绝缘手套。电压最高为 1 000 V 的防护绝缘手套，是用天然橡胶制成的，或是浸模成型的五指手套，主要在电工作业时对手及人体起保护作用。 注意：使用前要确保手套的气密性	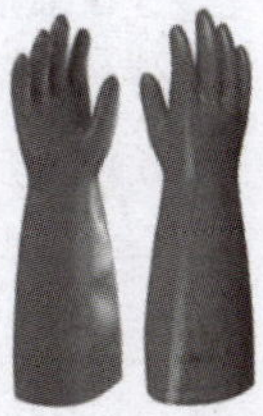

续表

序号	名称及功用	图片
2	棉质的内部手套。为了防止手出汗后，在绝缘手套内打滑，必要时需佩戴棉质手套再佩戴绝缘手套	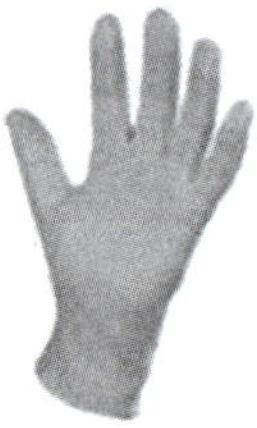
3	绝缘靴或鞋的作用是使人体与大地绝缘，可用于防止跨步电压触电和接触电击触电。绝缘靴或鞋只能作为辅助安全用具。 绝缘靴或鞋有 20 kV 绝缘短靴、6 kV 长筒靴和 5 kV 绝缘鞋。5 kV 的绝缘鞋适用于 1 kV 以下的辅助安全用具。 注意：当未确定户外交流高压元器件是否带电或在高压元器件带电检查作业时，必须穿戴绝缘靴或鞋进行操作	
4	有护目镜的绝缘帽，提供最高 1 000 V DC 的保护，可有效防止电弧伤害和防止触电后的二次伤害。绝缘帽的作用是当操作人员在交流高压现场作业时，防止高压电通过头部接触导致的触电事故发生。护目镜可以避免辐射光、电弧对眼睛造成伤害	
5	50 kV 绝缘垫。在大型车辆维修作业时，防止人体接触到金属车身	
6	高压电防护服，必要时穿着。绝缘服应用场景如下： 在户外交流电工作环境操作时，防止人体同时接触火线与零线、火线与火线、火线与大地而导致的触电事故。 在维修电动汽车时，绝缘服可以防止人体同时接触 2 个高压部件的外壳而导致的触电伤害	
7	绝缘救援钳。发生触电事故时，可用其剪断高压线。其防护等级达到1 000 V	

续表

序号	名称及功用	图片
8	绝缘救援钩。发生触电事故时，用于拖开触电人员	
9	警示隔离带。进行高电压车辆维修时，维修工位应该与周边的工作人员隔离开	

3）作业警示、现场标识

作业警示、现场标识如表 1-5 所示。

表 1-5　作业警示、现场标识

序号	名称	图片
1	请勿接通	
2	电池危险	
3	请勿插电	
4	请勿进入	

续表

序号	名称	图片
5	请勿明火	
6	高压系统存在安全风险	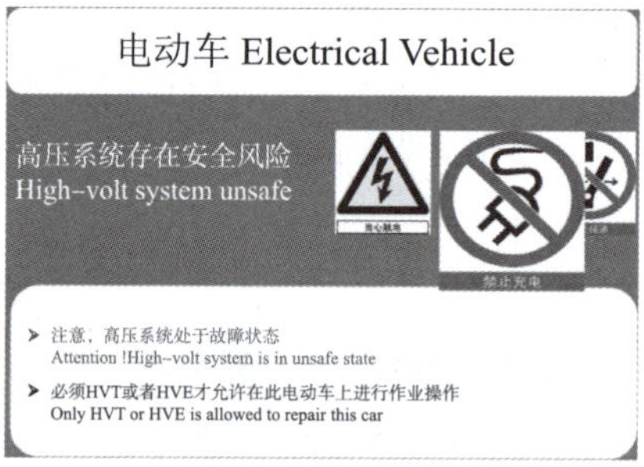 电动车 Electrical Vehicle 高压系统存在安全风险 High-volt system unsafe 禁止充电 注意，高压系统处于故障状态 Attention !High--volt system is in unsafe state 必须HVT或者HVE才允许在此电动车上进行作业操作 Only HVT or HVE is allowed to repair this car
7	高压系统断电待验证	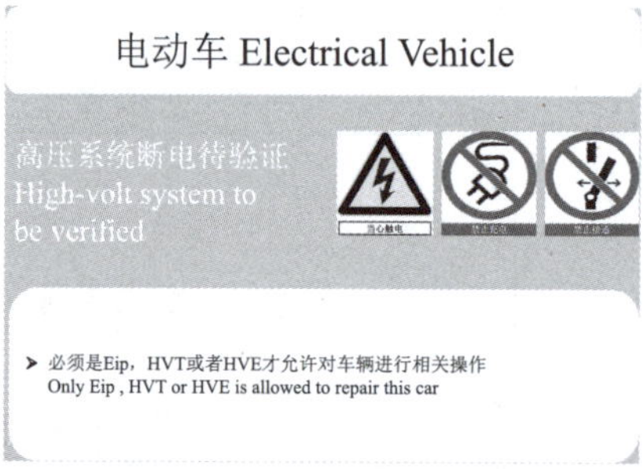 电动车 Electrical Vehicle 高压系统断电待验证 High-volt system to be verified 必须是Eip，HVT或者HVE才允许对车辆进行相关操作 Only Eip , HVT or HVE is allowed to repair this car
8	高压系统已经断开连接	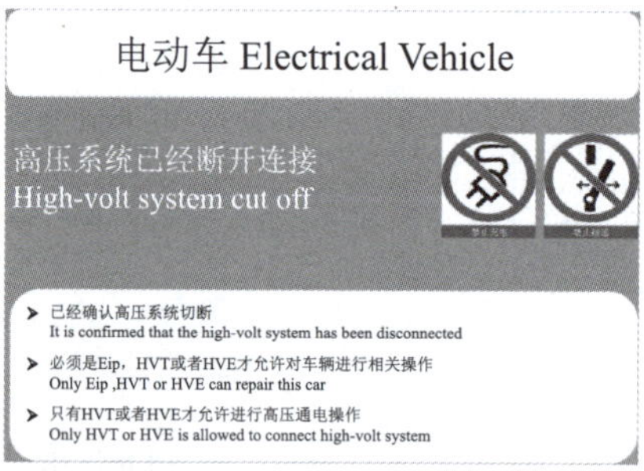 电动车 Electrical Vehicle 高压系统已经断开连接 High-volt system cut off 已经确认高压系统切断 It is confirmed that the high-volt system has been disconnected 必须是Eip，HVT或者HVE才允许对车辆进行相关操作 Only Eip ,HVT or HVE can repair this car 只有HVT或者HVE才允许进行高压通电操作 Only HVT or HVE is allowed to connect high-volt system

高压维修安全防护　　安全防护作业与工具的检查

2.4　触电应急处理流程

触电应急处理流程如表 1-6 所示。

表 1-6　触电应急处理流程

序号	示意图	处理流程
1		(1) 在可能的情况下，立即将电气系统断电（立即关闭点火开关，拔出维修插头）
2	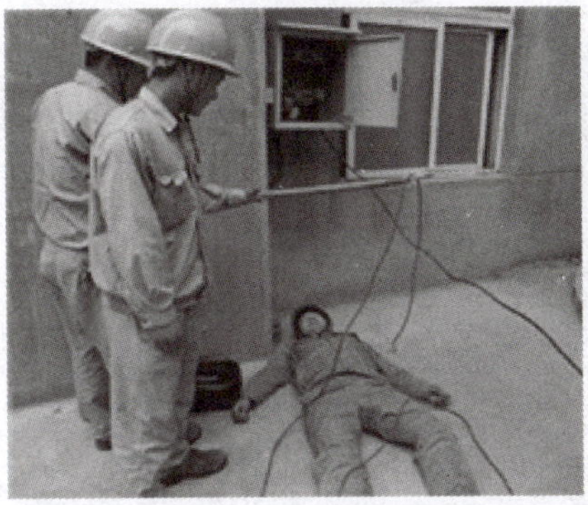	(2) 用专用工具或不导电的物体（一块板、扫帚把等）将受害者或导电体与电源分离
3	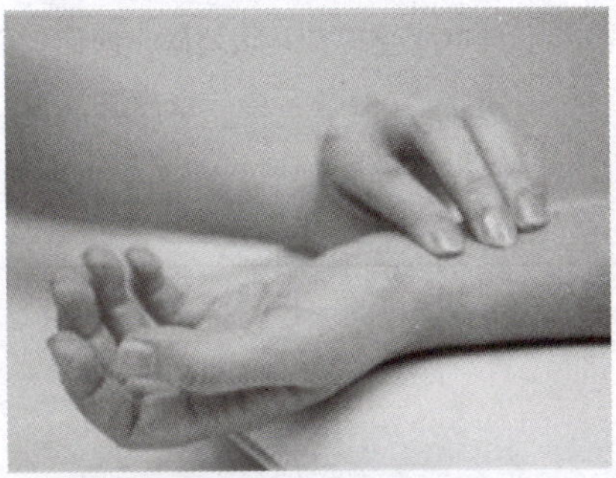	(3) 首先确定生命机能，如脉搏和呼吸。 (4) 如果事故受害者没有任何反应，可按以下流程急救： ①关闭警报系统（视情况）
4		②立即呼叫（或请他人呼叫）急诊医生

续表

序号	示意图	处理流程
5	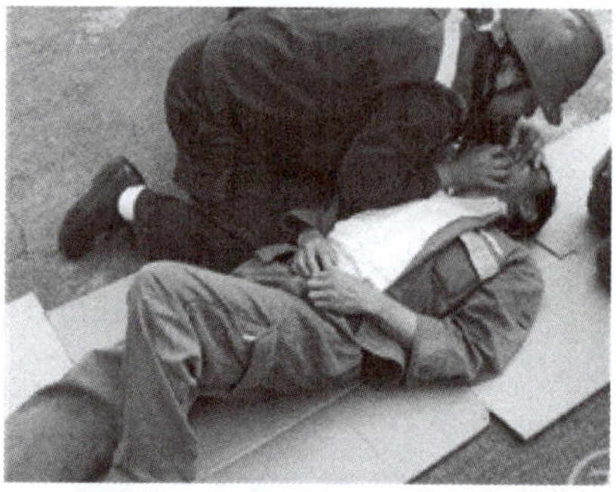	③进行人工呼吸和心肺复苏术。 人工呼吸步骤：（有心跳、无呼吸） 单跪一侧，一手捏鼻，一手开口，深吸一口气，紧贴口腔吹气 2 s。 吹气完毕，立即松口鼻，让其被动呼气 3 s。 吹 2 s 停 3 s，5 s 为一个周期，12~16 次/min。 注：如发现胃部胀气，用手轻轻向下按压
6	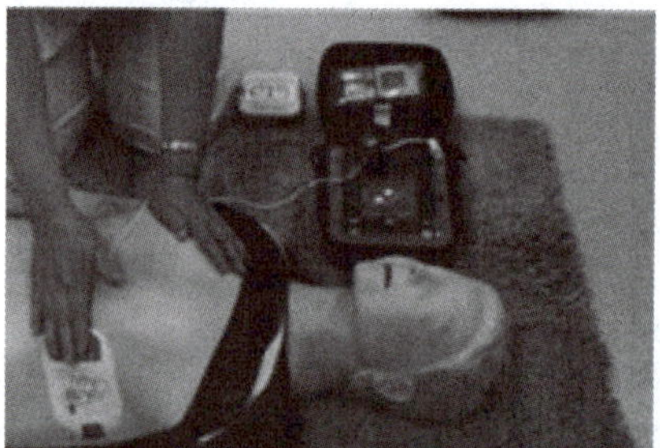 体外自动除颤器(AEC)	④如果停止呼吸：使用体外除颤器。 胸外心脏按压法步骤：（有呼吸、无心跳） 双脚跨腰两侧，双臂伸直，双掌重叠，掌心位于胸骨中下 1/3 处。（从颈窝至心窝取） 垂直向下压，压下 3~4 cm，突然放开，手掌不离开胸部，1 次/s，60~80 次/min
7		（5）如果事故受害者有反应，应实施以下急救措施： 冷却灼伤处，并用无菌的无绒布盖住； 事故受害者必须就医，即使他们拒绝，仍应如此。（触电后会导致内脏损失，产生长期的后果）

3. 执行工作计划

3.1 信息分析：当前作业面临的风险和防护方法

将所有采集的车辆信息和维修手册进行对比，包括车辆信息、设备要求、维修资质、场地要求、应急预案等，并分析当前作业面临的风险和可实施的防护方法。

因为在维护和维修过程中需要处理高压系统，电动汽车高压系统会传输高达 100~800 V 的高电压。在中国维护和维修电动车辆、混合动力车辆需要：

（1）国家安全生产监督管理部门颁发的低压电工操作证（1 000 V 以下电工作业），如图 1-8 所示；

（2）经过厂方的专业培训，并通过相关车企认证的相关资质；

（3）遵守当地和国家标准、条例及法律规章制度。

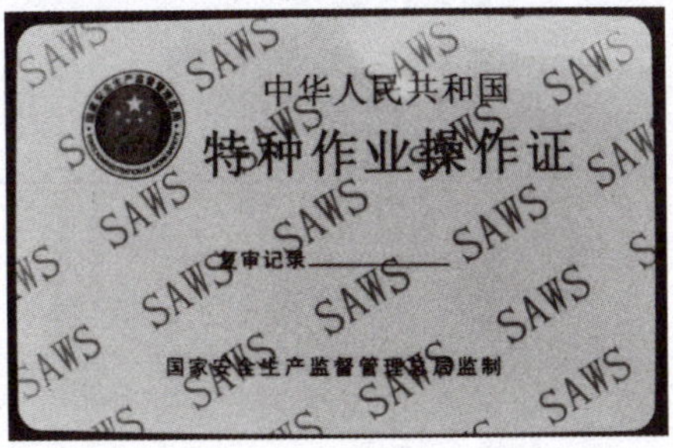

（a）

（b）

图 1-8　低压电工操作证

（a）正面；（b）背面

危险警示

（1）确保遵循了所有“高电压安全”程序。如不遵循这些程序将可能导致严重伤害甚至死亡。

（2）在进行任何高压系统的工作前，确保穿戴好“人身安全保护装置”。

3.2　工作计划：制订高压断电计划

工具设备准备：

（1）绝缘维修工具套装、工具车；

（2）电压测试表/万用表；

（3）工位隔离带、安全警告标志牌；

（4）高压绝缘服、绝缘鞋、绝缘手套、护目镜、绝缘帽、绝缘垫。

资料准备：

（1）维修手册；

（2）客户手册；

（3）其他资料。

关键步骤：

（1）隔离高压；

（2）防止重启；

（3）验证断电。

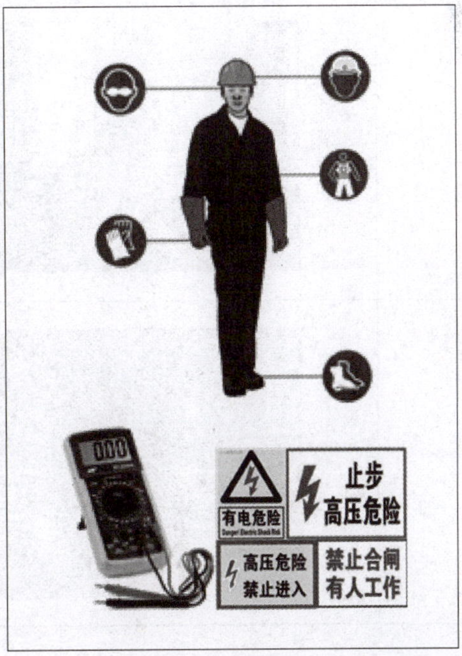

讨论：
（1）断电后，维修作业是否还需要佩戴绝缘手套？
（2）在什么情况下，容易发生二次伤害？
（3）维修完成后，如何恢复用电？是否需要佩戴安全防护用品？

3.3 任务实施：高压断电操作

1）隔离高压

隔离高压如表 1-7 所示。

表 1-7 隔离高压

序号	示意图	操作
1		（1）设置安全隔离，作业车辆与周围车辆保持适当距离
2		（2）放置作业警示牌于车顶，或者将现场标识放置在工位入口
3		（3）检查并正确穿戴个人安全防护用品。 佩戴手套要求： ①将手套侧放； ②将开口撑开 2~3 次； ③按住边缘； ④检查手套是否漏气

小贴士

（1）绝缘手套有有效期；（2）如出汗，可先戴棉质手套。

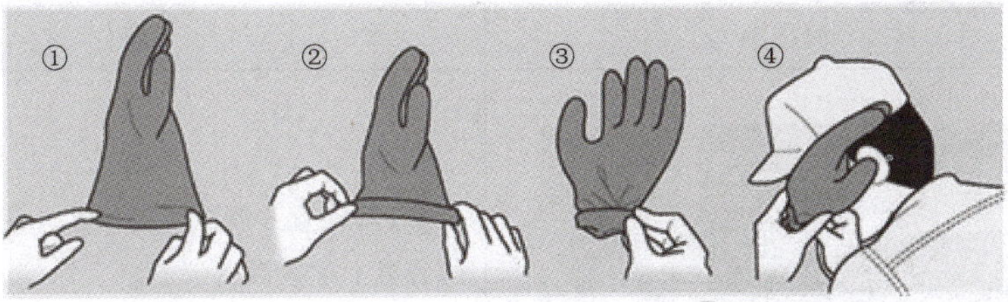

绝缘手套的检测示意图

2）防止重起

防止重起如表 1-8 所示。

表 1-8　防止重起

序号	示意图	操作
1	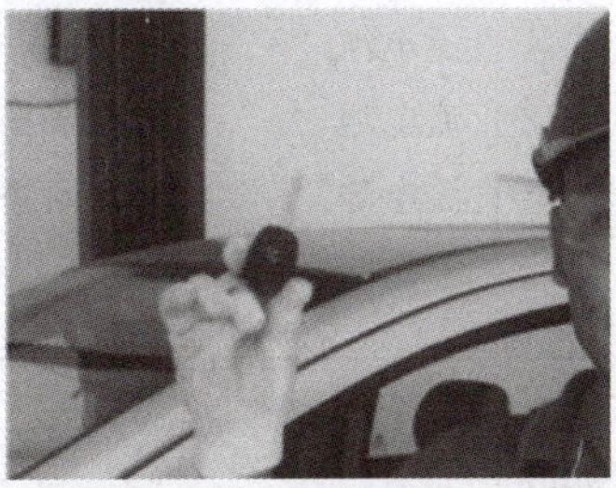	（1）关闭点火开关，钥匙随身携带（或锁在特定的柜中）
2	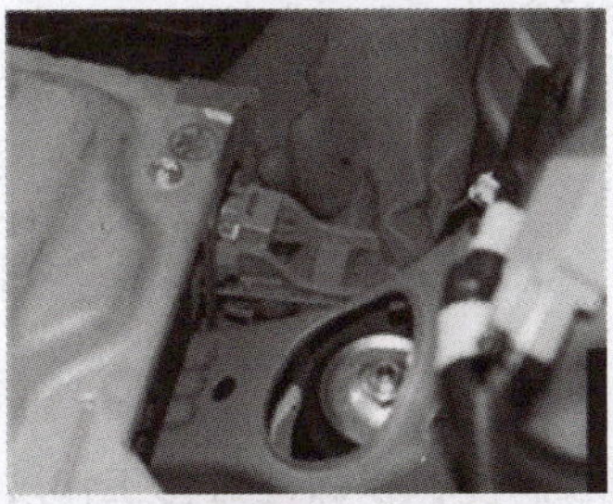	（2）断开维修塞（维修开关），如果没有维修开关，拆除与动力电池连接的高压接插件，使用绝缘胶带封好电池接口，维修塞随身携带（或锁在特定的柜中）
3		（3）断开 12 V 电池负极。（视情况） （4）拆下高压系统附加保险。（视情况） （5）关闭警报系统（视情况）

3）验证断电

验证断电操作如表 1-9 所示。

表 1-9　验证断电

序号	示意图	操作
1	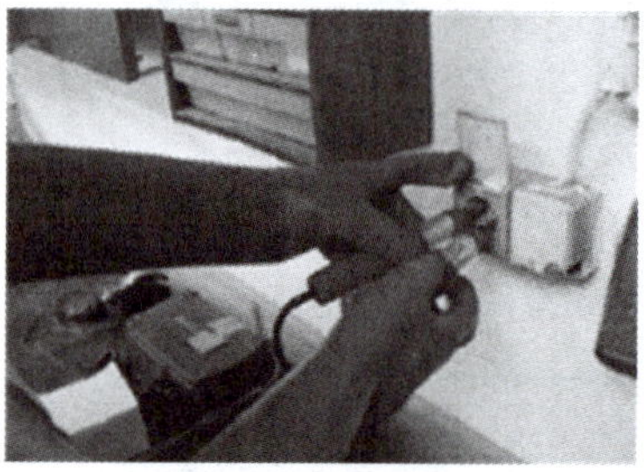	（1）检查并调试设备仪器；在一个你熟悉规格的装置上检查设备仪器。 （示例：220 V 插座检查用电压测试仪/万用表）
2	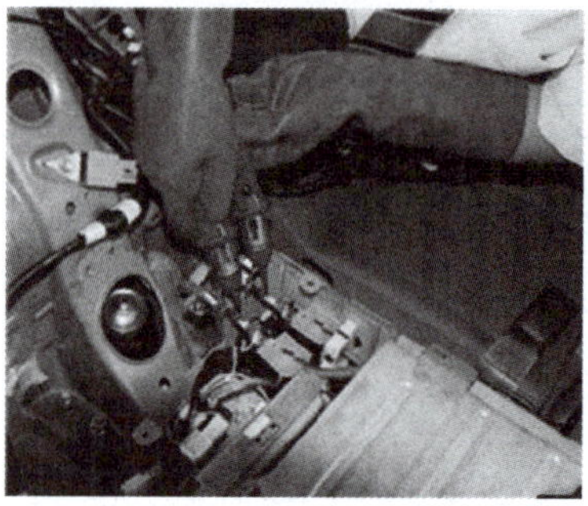	（2）断电后等待 10 min；用电压表或电压测试仪/万用表（绝缘等级 1 000 V）验证断电。 验证顺序依次为： ①直流电池“+”极和“-”极； ②直流电池“+”极和车身搭铁； ③直流电池“-”极和车身搭铁

高压安全断电作业流程

小贴士

在汽车维修作业过程中，要严格执行 6S 制度，以保证维修工作质量和效率。

3.4 记录、后续工作

在执行断电操作任务结束后，车辆维修人员要验证是否全部断电，并继续后续的维修工作。 （1）是否已经验证了断电？钥匙和维修塞是否放置在身上或者锁在专门位置？作业警示牌或者工位标识是否更换为可作业标识？ （2）是否遵守了断电操作计划？ （3）作为断电执行人员，哪些信息必须转告给接下来的维修人员？ （4）个人对维修流程及方案有什么建议及优化？	（1）将工作计划内的所有项目检查一遍，确认所有项目都已圆满完成，并根据展示要求进行详细解释。 （2）评价断电操作的效率。 （3）指出断电的关键部件及后续底盘检查的维修建议。 （4）考虑一下，维修、工作计划的准备工作，工具、检测设备及安全防护等是否达到最佳程度，提出改进建议并在下次维修时加以注意。

学习工作页　高压断电操作

（1）填写高电压车辆作业场地及标识要求的示意图，并填表 1-10。

表 1-10　高电压作业场地的标识要求

示意图	序号	要求
	1	
	2	
	3	
	4	
	5	
	6	
	7	
	8	
	9	
	10	
	11	

（2）看图指出断电关键步骤，并填表 1-11。

表 1-11　断电关键步骤

序号	示意图	步骤	要求
1	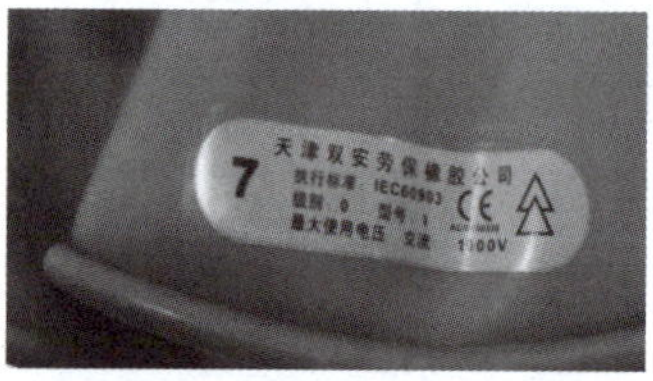		
2	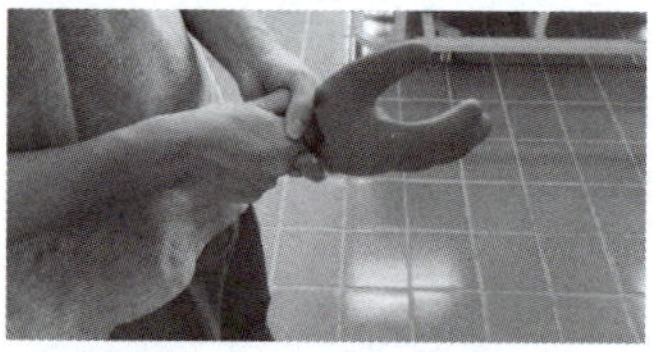		
3	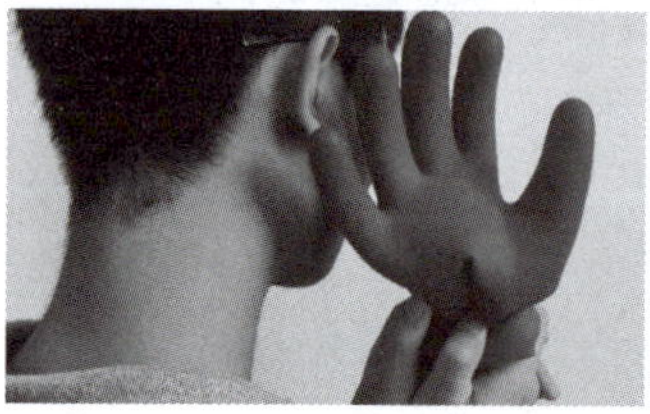		

续表

序号	示意图	步骤	要求
4			
5	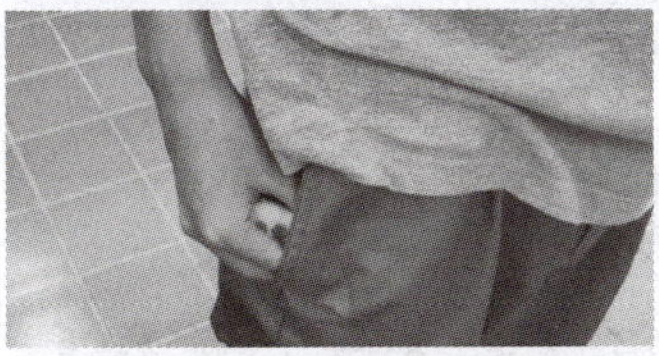		
6			
7	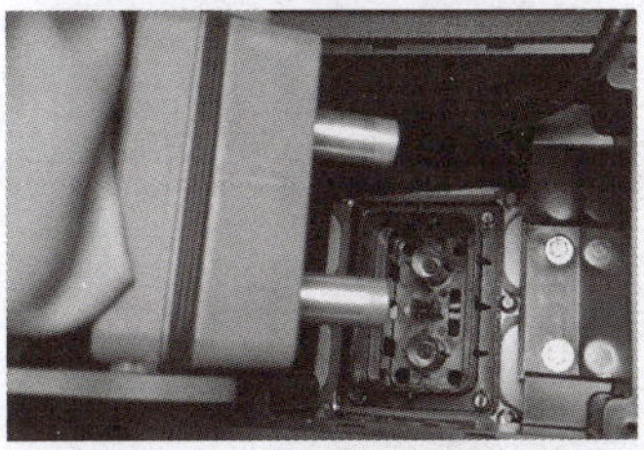		
8			
9	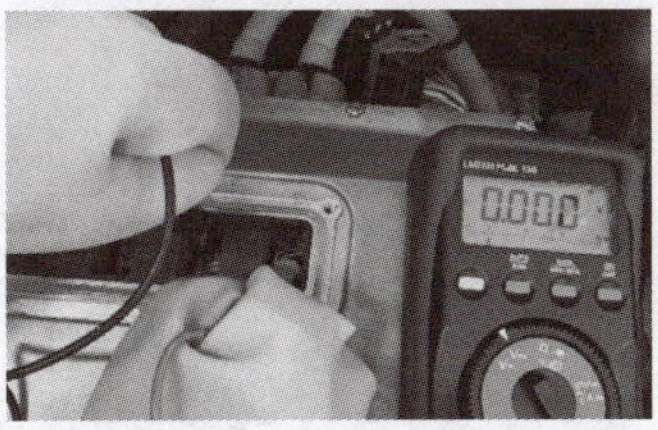		

任务二　更换高压电池组

学习目标

知识目标

- 能说出动力电池的品牌。
- 能说出动力电池的储存条件及维修应急处理。
- 能说出动力电池拆装作业安全注意事项。

技能目标

- 能规范完成车辆高压断电及验电操作。
- 能正确规范完成高压电池组（包）高压线束插头拆装。
- 能正确规范地完成电池拆卸及安装。

素养目标

- 塑造“中国制造”的自信。
- 能全工作过程规范管理自己及团队成员安全操作。
- 能严格执行高电压车辆维修流程。
- 能全面地与客户描述故障原因及维修方案。

任务知识树

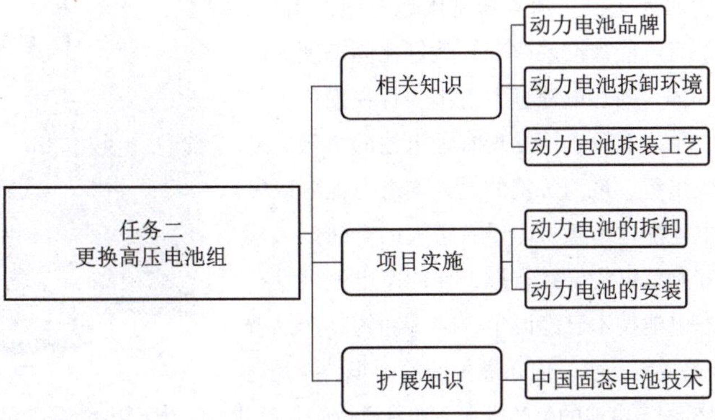

1. 检查与对话

1.1 接车谈话和检查

1）任务描述

有一辆五菱宏光 MINI EV 电动汽车的客户将车辆送修。客户反映说车辆涉水后，无法通高压电及充电。维修站安排维修人员对车辆的动力电池系统进行检查测量，并对测量结果进行分析，最终确诊故障原因，制订维修计划，排除该故障，并向客户简要描述故障原因及维修方案。

延伸阅读：中国固态电池技术

从 2023 年新能源汽车零部件论坛暨动力电池招商大会上获悉，作为新能源汽车的核心部分，我国动力电池的材料和新技术应用不断取得突破，形成了从材料研发、电池生产、回收利用到设备支撑的全球产业链最全、规模最大的动力电池产业体系。正极、负极、电解液和隔膜四大原材料基本摆脱进口依赖，锂电设备国产化率已达 90% 以上，其中关键工序的装备国产化率达到 80% 以上。电池产业发展对电动汽车被市场接受起到了关键作用。当前新能源汽车异军突起，正在全面重塑我国汽车产业新格局。我国拥有完备的新能源汽车产业体系优势，有利于汽车零部件企业通过新技术快速、大规模应用和叠加优化，加速科技成果向现实产业生产力转化。

2023年4月，宁德时代推出了新的动力电池——凝聚态电池，如右图所示。官方称其单体能量密度可以达到500（W·h）/kg，拔高了动力电池能量密度的天花板。随着新型固态电池的出现，这些当前面临的局面都有可能被彻底改变，就好比固态硬盘改变了计算机存储功能一样。固态电池基本上不会存在损耗，并且具有很大的储电量，单位能量密度是现有锂电池的2倍，可以大幅增加汽车的续驶里程。最为关键的是，固态电池可以做得相对小巧，不像锂电池那样笨重，需要占很大的空间，一旦锂电池遇到碰撞或者穿刺就可能导致自燃，而固态电池则没有这些弊端。目前，固态电池技术已经诞生，唯一制约其产品普及进入市场的因素主要是成本，所以现在最关键的一步，就是通过改进工艺等方式，降低固态电池的生产成本，随着科技的不断进步，生产出能够满足新能源汽车需求的市场化固态电池，也只不过是时间问题，等到时机成熟，全球汽车行业必然迎来一轮新的竞争和洗牌。

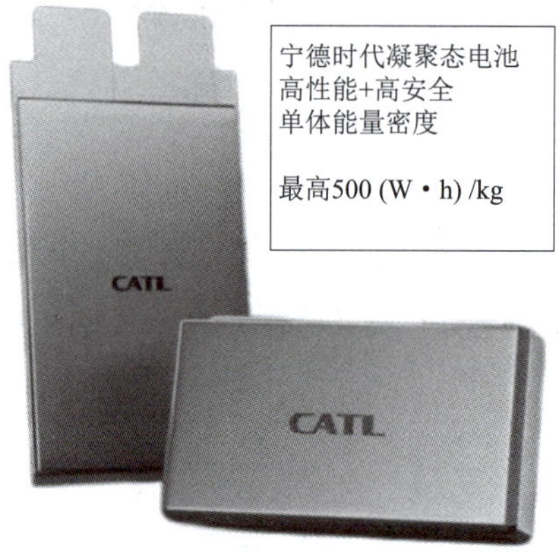

2）客户自述

客户描述："昨天下大雨，车辆有涉水行驶的情况，今天早上用车时发现无法通高压，显示动力系统故障，拖车背回4S店维修。请修理厂师傅帮忙检查看看是什么问题。"

3）客户委托

客户委托书是汽车维修企业与客户确定维修委托关系的重要合同，是具有法律效力的文件。客户委托书的内容影响双方的权益和义务。因此，正确填写客户委托书，是维修人员必须掌握的一项重要技能。

汽车维修委托书一般应包含以下内容。

（1）车辆信息：车号牌、VIN码（底盘号）、发动机号码、车型年款等。

（2）客户（车主）信息：姓名、地址、联系方式（电话）、身份证号码、客户签字。

（3）委托信息：委托类型、承修时间、委托书编号。

（4）故障信息：客户自述、检查结果等。

（5）维修信息：维修项目、耗材费、工时费。

（6）维修信息：维修站名称、服务顾问、维修人、检查人的签名、日期等。

根据与客户的交流信息及实车初步检查所收集的信息，得到"车辆无法行驶"故障检修的大致范围，解释诊断流程并填写汽车维修委托书，如表2-1所示。

——Who：客户。

——What：客户希望能够解决"无法行驶"故障。

——When：车辆在什么状态下产生了故障。

——Where：车辆开到什么异常的环境下出现的状况。

——Why：可能有哪些原因导致的"车辆无法行驶"故障。

——How：诊断该故障大致分几步检查。

——How much：需要的时间有多长，大致产生的费用是多少。

表 2-1　汽车维修委托书样式

汽车维修委托书

编号：________

<table>
<tr><td>维修站名称</td><td></td><td>车辆到店时间</td><td colspan="2">______年__月__日__时</td><td>服务顾问</td><td></td></tr>
<tr><td rowspan="2">客户信息</td><td>□车主　□送修人</td><td colspan="4">身份证号码</td><td>联系电话</td></tr>
<tr><td></td><td colspan="4"></td><td></td></tr>
<tr><td rowspan="2">车辆信息</td><td>车牌号</td><td colspan="2">车型年款</td><td>VIN 码</td><td>发动机号码</td><td>行驶里程数</td></tr>
<tr><td></td><td colspan="2"></td><td></td><td></td><td></td></tr>
<tr><td rowspan="2">作业信息</td><td>维修开始时间</td><td colspan="2">预计交车时间</td><td colspan="2">付款方式</td><td>非索赔旧件是否带走</td></tr>
<tr><td>____年__月__日__时</td><td colspan="2">____年__月__日__时</td><td colspan="2"></td><td></td></tr>
<tr><td rowspan="9">预检信息记录</td><td colspan="2">车内是否有贵重物品？</td><td rowspan="2">油箱存油量</td><td colspan="3" rowspan="2"></td></tr>
<tr><td>有□</td><td>无□</td></tr>
<tr><td colspan="2" rowspan="4">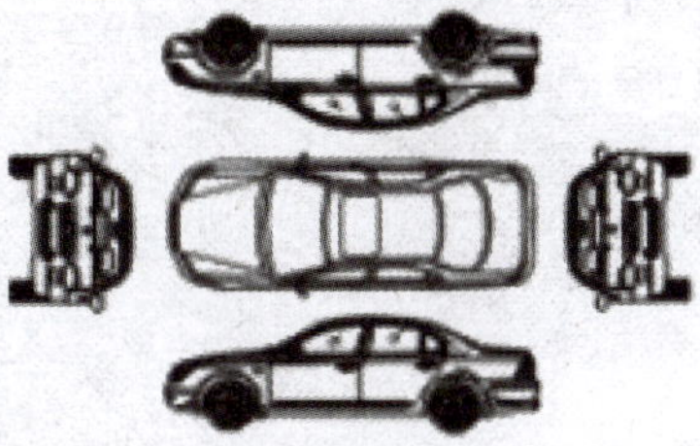</td><td rowspan="4">车辆检查结果</td><td colspan="3">车身检查：</td></tr>
<tr><td colspan="3">车内检查：</td></tr>
<tr><td colspan="3">发动机舱：</td></tr>
<tr><td colspan="3">底盘检查：</td></tr>
<tr><td colspan="2">客户须知：
1. 客户提供的信息真实有效；
2. 维修完成时间以通知客户交车时间为准；
3. 客户应在接到通知 2 h 内领车；
4. 客户因违反“客户须知”产生的风险和损失由客户自行承担</td><td colspan="4">客户送修描述：车辆涉水行驶后，第二天无法行驶</td></tr>
<tr><td colspan="8"></td></tr>
<tr><td colspan="8"></td></tr>
<tr><td>是否外出救援</td><td>是□</td><td>否□</td><td colspan="4">本人已知晓上述信息。客户签字：</td></tr>
</table>

维修信息	维修项目	备件	是否索赔	耗材费	工时费	小计	维修人	检查人
			是□否□					
			是□否□					
			是□否□					
			是□否□					
			是□否□					

客户知晓并认可上述维修项目及费用。客户签字：

小贴士

雨天电动汽车涉水行驶要注意涉水深度，如果涉水深度过大，就很有可能导致车上的其他零部件损坏。当必经路段有积水时，在水深不超过 0.5 m 的时候可视情况考虑，超过 0.5 m 就不建议涉水通过了，车速也尽量保持匀速通行。涉水之后尽量把车辆停在干燥的环境里，下次起动时关注一下有没有故障报警，如果有故障一定要先解决故障再驾驶。

1.2 前期计划和相关问题

1）初步检查

经维修人员初步检查，发现车辆仪表上“动力系统故障指示灯”亮，如图 2-1 所示。试车发现，车辆无法行驶。

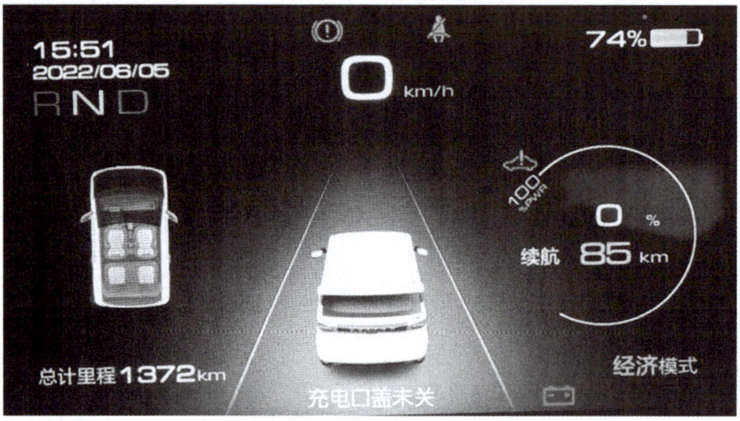

图 2-1　车辆仪表显示的信息

汽车故障查询和故障排除的结果取决于一系列因素，如：

（1）对与故障相关的系统知识的掌握程度是分析车辆工作过程和故障成因的先决条件；

（2）严格遵守相关维修站信息系统的检查和维修说明；

（3）故障检测设备的完好程度和正确操作；

（4）对需要用到的工具的正确操作；

（5）工作场地干净整齐，符合施工要求。

2）车辆“动力系统”故障的思维导图

运用“头脑风暴”法绘制处理“动力系统”故障工作思维导图（图 2-2），进行故障查询和维修的准备工作。根据思维导图和因果分析图提出问题，然后解答这些问题以进行信息收集和分析、制订工作计划和执行具体工作。

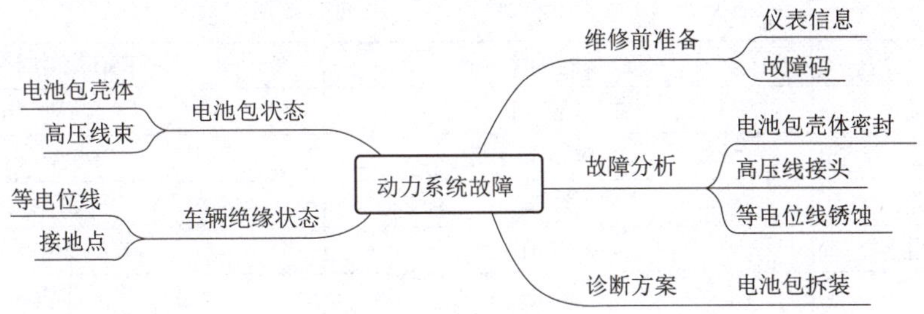

图 2-2　处理“动力系统”故障工作思维导图

3）车辆“动力系统”故障因果分析图

车辆“动力系统”故障因果分析如图 2-3 所示。

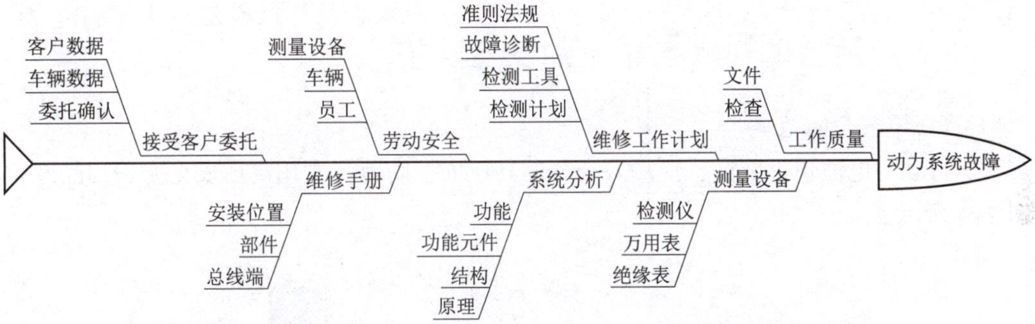

图 2-3　车辆“动力系统”故障因果分析图

小贴士

将思维导图、因果分析图中所提到的因素综合梳理和考虑，形成工作计划并实施。严格执行工作计划是提升汽车故障维修效率的重要手段。

2. 信息收集

对于纯电动汽车而言，动力电池犹如传统燃料汽车的汽油和柴油，是车辆的重要和唯一的能量来源。作为纯电动汽车的基础、核心部件，动力电池技术的发展决定着纯电动汽车的未来。开发高能量密度的动力电池是新能源汽车发展的重点任务和目标。

上汽通用五菱宏光 MINI EV 电池组安装的是条形锂离子电池，方形结构、单体电压为 3.7 V、容量为 24 A·h；整体采用 4P26S/9.3 kW 与 6P26S/13.8 kW 两种结构，总电压均为 96 V。基本数据参数如表 2-2 所示。

表 2-2　五菱宏光 MINI EV 电池组基本数据

名称	E50 低功率	E50 高功率
电池能量	9.2 kW·h	13.8 kW·h
额定电压	96 V	96 V
维修开关	无	无
模组成组	4 并 26 串	6 并 26 串
BMS	一体机	一体机
质量	92 kg	125 kg
防护等级	IP67	
箱体尺寸	908 mm×1 098 mm×186 mm	908 mm×860 mm×186 mm
短路保护	有	

2.1　动力电池包的更换与维修的安全防护

1）高压电安全防范

在进行动力电池包拆装前，应做好充分的高压安全防范。常用高压安全防护用品及工具如图 2-4 所示。

图 2-4　常用高压安全防护用品及工具

2）高压电相关安全防范的基本要求

（1）维修电动汽车的维修人员必须接受过高压电安全和高压电事故急救的培训，必须通过汽车高压电维修操作的认证和具有由应急管理部颁发的低压电工证书。

（2）车辆维修时，禁止非相关人员随意接触车辆。

（3）不可随意触摸贴有高压电警示标识的部件。

（4）进行高压电部件维修操作时，维修人员需穿戴好必要的防护用品，必须戴绝缘手套。

（5）在对高压电部件维修和拆装前，必须进行高压电断电程序，确认已断开 12 V 电源和动力电池主正、主负接插件，并且车辆已经静置 5 min 以上。

（6）在对高压电部件维修和拆装后，重新接通高压电前，必须进行高压电部件绝缘检查和高压电部件壳体接地检查，确认高压电部件的装配和连接可靠，并且高压电部件壳体与车身接地良好。

电池包母线电压高达 130 V 以上，在高压部件的拆卸和安装过程中，必须戴好绝缘手套，穿好高压绝缘鞋。需防止洗涤液、制动液、空调冷媒等进入或飞溅到高压部件上。断开管路/接插件后，需对裸露处进行遮挡，防止杂物进入，造成部件损坏。

动力电池维修前必须进行高压断电及验电操作。高压系统断电应遵循以下操作：

（1）场地要求：电动汽车维修区域需铺设绝缘地毯；

（2）操作人员按照穿戴要求穿好绝缘服、绝缘鞋，戴好绝缘帽、绝缘手套；

（3）断电并收好钥匙，防止他人误通高压电；

（4）拔掉铅酸电池负极、充电枪，静等 3 min，确保电容放电完成，并使用绝缘胶布包裹铅酸电池负极线头，如图 2-5 所示；

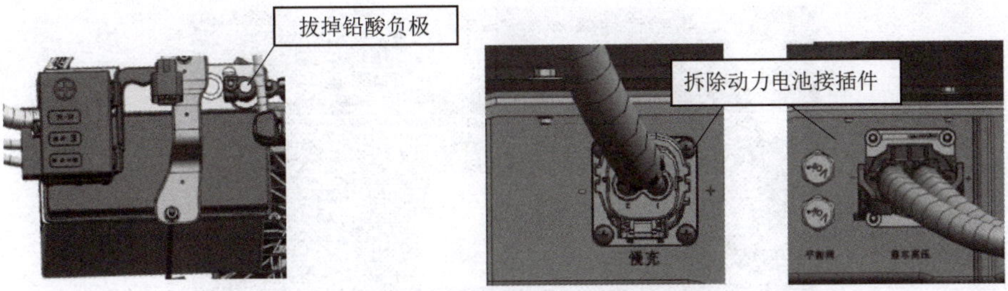

图 2-5 铅酸电池负极及动力电池接插件

（5）使用验电笔检测车身金属部位是否带电；

（6）戴好绝缘手套，拆除与动力电池连接的高压接插件，使用绝缘胶带封好电池接口；

（7）使用万用表测量，确定与电池连接的高压线束正负极之间无电压。

2.2 动力电池维修的应急处理

1）电池运行过程中的异常

在动力电池拆装过程中，应树立良好的安全防范意识，严禁违规操作，避免电池滥用（短路、挤压、针刺、环境过热、大电流放电等）情况的发生。

在充电以及使用过程中电池可能出现的异常如下。

（1）电池温度急剧升高。

（2）电池有异常气味。

（3）电池冒烟、着火。

2）使用过程中电池发生高温、冒烟时的应急措施

在使用电池过程中要特别注意高温报警和电池仓异味、冒烟等，如果发现电池高温报警，有异味或电池仓内有烟冒出，则按照以下顺序进行处理。

（1）尽快停止使用电池系统，并维持在安全状态。

（2）切断电池系统高压。

（3）疏散周围人员。

（4）在条件允许的情况下，断开 12 V 电源。

（5）使用二氧化碳或干粉灭火器对电池系统进行处理，并用沙土或泥土将电池箱体掩埋。如有必要，应及时报警。

（6）电池箱内每组电池之间已做隔断处理，燃烧幅度和速度较慢，因此处理人员要保持沉着冷静。

2.3 动力电池信息查询

拆卸动力电池包（图 2-6）之前，要查询动力电池的基本信息，一般在动力电池包外壳上标注有品牌、型号、电压、冷却形式等电池关键信息。宁德时代动力电池系统总成标牌如图 2-7 所示。

图 2-6　动力电池包

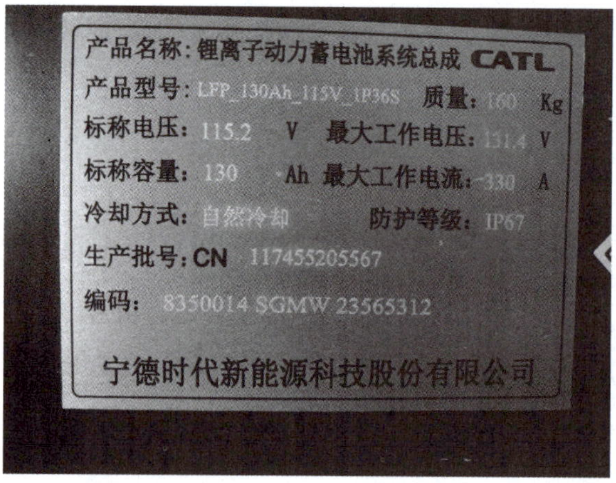

图 2-7　动力电池系统总成标牌

2.4 动力电池的储存

储存环境要求如下。

（1）电池系统应储存在环境温度为（20±5）℃，相对湿度不大于75%的清洁、干燥、通风的室内。

（2）电池储存时，单体电池静止状态的电压保持在（3.5±0.05）V。

（3）应避免与腐蚀性的物体接触，应远离热源不得少于2 m，防湿、防潮。

（4）电池正、负极不得有任何金属杂物。

（5）电池不得倒置或卧放，避免受机械冲击或重压。

（6）电池拆除包装箱之后，禁止摞放。

（7）如果有10箱以上的电池集中储存，则需安装摄像头并进行24 h监控。

储存时的绝缘处理：

将电池箱的正、负极接线柱用高压绝缘套或者其他绝缘材料进行包裹，确保无金属部分裸露在外面，以免造成短路。

储存过程中的维护：

长时间搁置的电池需要定期进行充、放电活化，建议三个月进行一次，可将电池系统通电后，进行电池数据采集。如果任何一只电芯电压低于3.3 V，需及时补电。

3. 执行工作计划

3.1 信息分析：更换动力电池作业的规范操作

连接诊断设备，读取车辆动力电池故障信息及电池单体电量状态，确定动力电池故障指示灯亮的原因。查阅维修电路手册、上汽通用五菱宏光 MINI EV 动力电池拆装技术手册，动力电池拆装流程如图2-8和图2-9所示。

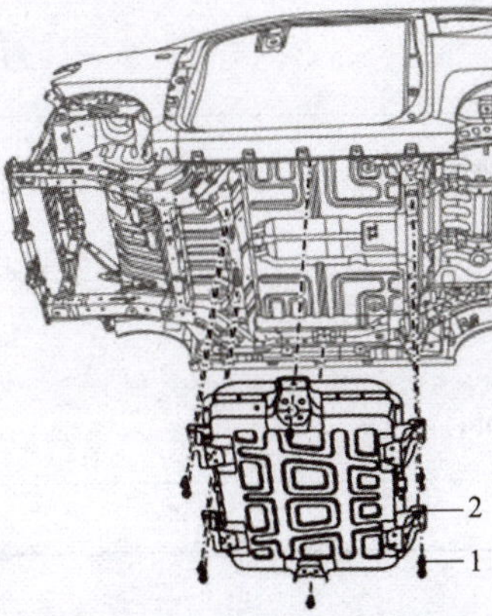

动力电池系统总成的更换

<table>
<tr><th>引出编号</th><th>部件名称</th></tr>
<tr><td colspan="2">预备程序如下。
（1）断开 12 V 电源，并且断电后车辆静置 5 min 以上。
（2）使用专用工具（动力电池举升机构）举升车辆至合适高度</td></tr>
<tr><td>1</td><td>动力电池总成安装螺栓（数量：10）。
告诫：参见“0. 2. 1. 24 有关紧固件的告诫”。
紧固安装螺栓：（60±5）N · m。
规格如下。
材质：10B21 钢；M10×1. 25 mm×35 mm</td></tr>
<tr><td>2</td><td>动力电池系统总成</td></tr>
</table>

图 2-8　五菱宏光 MINI EV 动力电池拆装流程——动力电池系统总成的更换

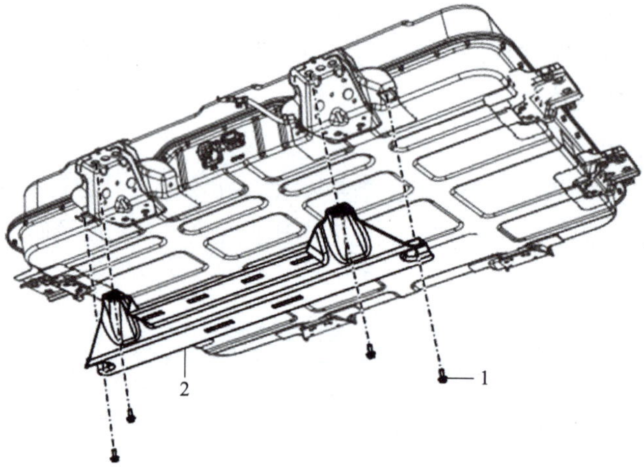

动力电池护板的更换

<table>
<tr><th>引出编号</th><th>部件名称</th></tr>
<tr><td colspan="2">预备程序如下。
告诫：参见“0. 2. 1. 24 有关紧固件的告诫”。
举升车辆至合适高度</td></tr>
<tr><td>1</td><td>（1）动力电池护板安装螺栓（数量：4）。
（2）紧固。
（3）安装螺栓：（5±1）N · m。
（4）规格如下。
材质：钢；M6×1 mm×16 mm</td></tr>
<tr><td>2</td><td>动力电池护板</td></tr>
</table>

图 2-9　五菱宏光 MINI EV 动力电池拆装流程——动力电池护板的更换

3.2　工作计划：制订更换动力电池计划

工具设备准备：

（1）绝缘维修工具套装、工具车；

（2）万用表；

（3）绝缘测试仪；

（4）电池举升平台。

资料准备：

（1）维修手册；

（2）客户手册；

（3）其他资料。

其他准备：

（1）工位、隔离带、安全警告标志牌；

（2）车辆防护；

（3）高压绝缘服、绝缘鞋、绝缘手套

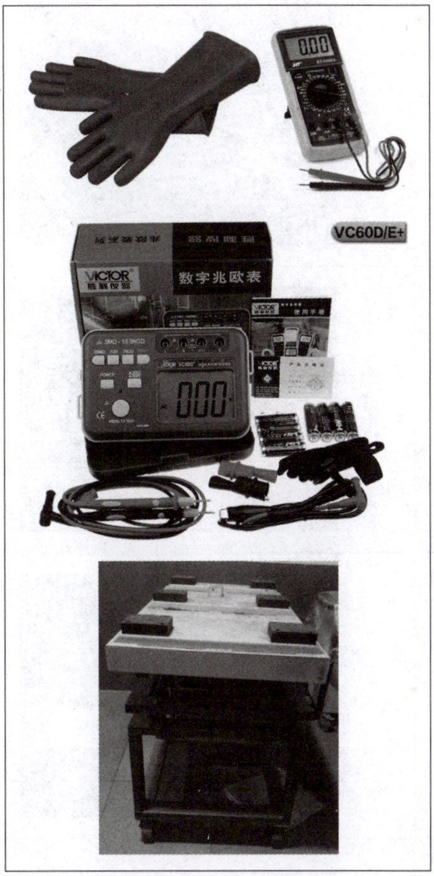

讨论：

（1）如何检查绝缘手套的技术状况？

（2）如何拔开动力电池高压线束？

（3）必须遵守哪些检测条件？

3.3　任务实施：动力电池的拆卸及安装

此任务包括动力电池的拆卸及安装。

1）动力电池的拆卸

动力电池的拆卸如表 2-3 所示。

表 2-3　动力电池的拆卸

序号	示意图	步骤
1		（1）场地准备，做好工位及人身安全防护； （2）关闭点火开关，妥善保管钥匙，防止重启； （3）断开辅助电池（12 V）负极并做好绝缘防护

续表

序号	示意图	步骤
2		（4）举升车辆； （5）拔出动力电池管理系统低压线束插头； （6）拔出动力电池慢充插头
3		（7）断开低压电池（12 V）15 min 后，断开动力电池输出母线主正、主负接插件； （8）使用绝缘测试仪进行电池包绝缘测量及使用万用表验证动力线束主正与主负之间的电压，应小于 5 V
4		（9）使用电池举升平台托住电池包； （10）拆下电池包的四周固定螺栓； （11）拆下电池包连接车身的等电位线
5	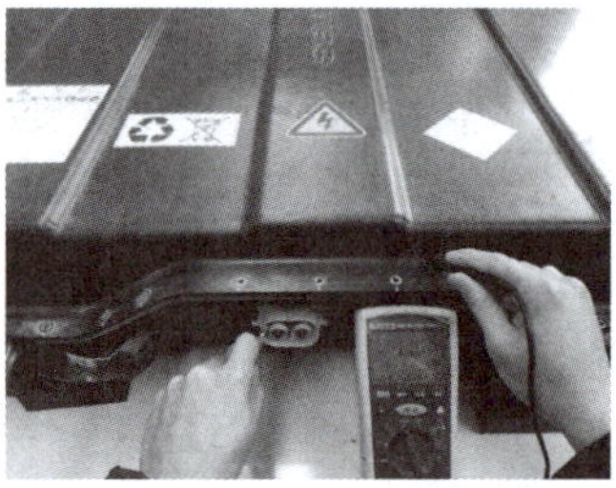	（12）降下电池举升平台； （13）将电池包放在工作台上并做好安全防护措施； （14）分别测量动力电池主正、主负与壳体之间的绝缘阻值； （15）清洁动力电池包外围； （16）记录动力电池铭牌及相关信息
6	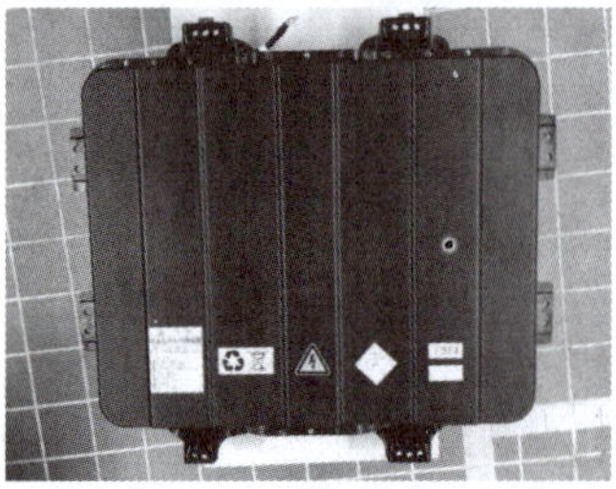	（17）使用绝缘工具拆下电池包的上盖螺栓； （18）取下动力电池包上盖板

2）动力电池包的安装

动力电池包的安装如表 2-4 所示。

表 2-4　动力电池包的安装

序号	示意图	步骤
1		（1）将新电池包放在电池举升平台上，把电池举升平台举升到合适的位置，使用螺栓固定电池包
2		（2）安装电池连接车身的等电位线； （3）安装动力电池管理系统低压线束插头； （4）安装动力电池慢充插头
3		（5）安装动力电池输出母线主正、主负接插件； （6）安装 12 V 辅助电池负极
4	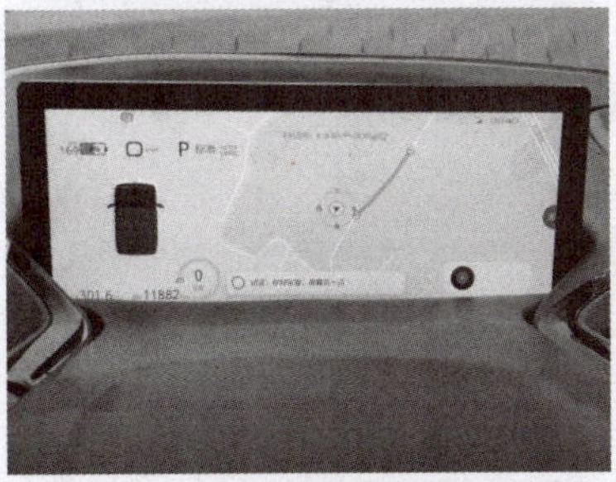	（7）打开点火开关，查看仪表是否有故障码。如果有故障码，则使用解码仪进行清码； （8）现场 6S 管理

动力电池的拆卸

动力电池的安装

3.4 记录、后续工作

在执行动力电池包更换操作任务之前，维修人员要对维修作业环境进行评估，方可继续后续的维修工作。 （1）是否已经验证了断电？钥匙和维修塞是否放置在身上或者锁在专门位置？作业警示牌或者工位标识是否更换为可作业标识？	（1）将工作计划内的所有项目检查一遍，确认所有项目都已圆满完成，并根据展示要求进行详细解释。
（2）是否遵守了断电操作计划？	（2）评价动力电池包更换操作的效率。
（3）动力电池包存放注意事项有哪些？	（3）考虑一下，维修、工作计划的准备工作，工具、检测设备及安全防护等是否达到最佳程度，提出改进建议并在下次维修时加以注意。
（4）个人对维修流程及方案有什么建议及优化？	

学习工作页　更换高压电池组

（1）填写高电压车辆作业场地及标识的要求示意图，并填表 2-5。

表 2-5　高电压作业场地的标识要求

<table>
<tr><th>示意图</th><th>序号</th><th>要求</th></tr>
<tr><td rowspan="11">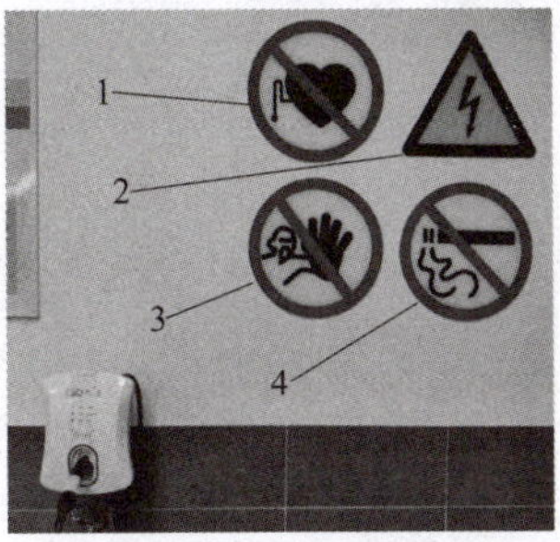
</td><td>1</td><td></td></tr>
<tr><td>2</td><td></td></tr>
<tr><td>3</td><td></td></tr>
<tr><td>4</td><td></td></tr>
<tr><td></td><td></td></tr>
<tr><td></td><td></td></tr>
<tr><td></td><td></td></tr>
<tr><td></td><td></td></tr>
<tr><td></td><td></td></tr>
<tr><td></td><td></td></tr>
<tr><td></td><td></td></tr>
</table>

（2）看图指出断电关键步骤，并填表 2-6。

表 2-6　高压电池断电关键步骤

序号	示意图	步骤	要求
1			
2	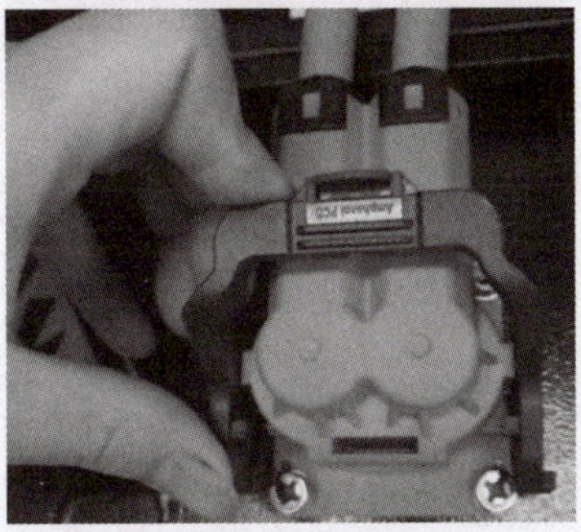		

续表

序号	示意图	步骤	要求
3	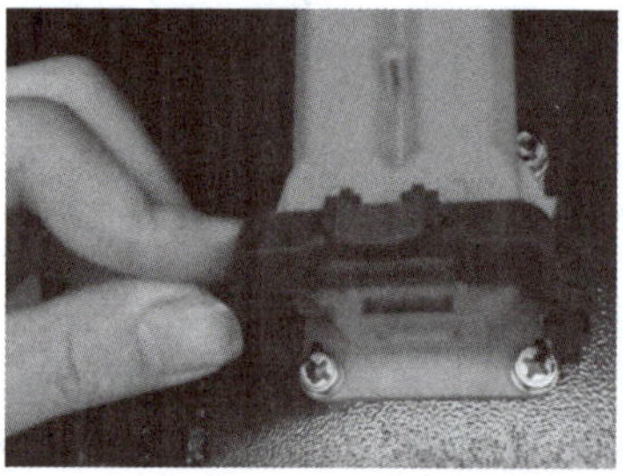		
4	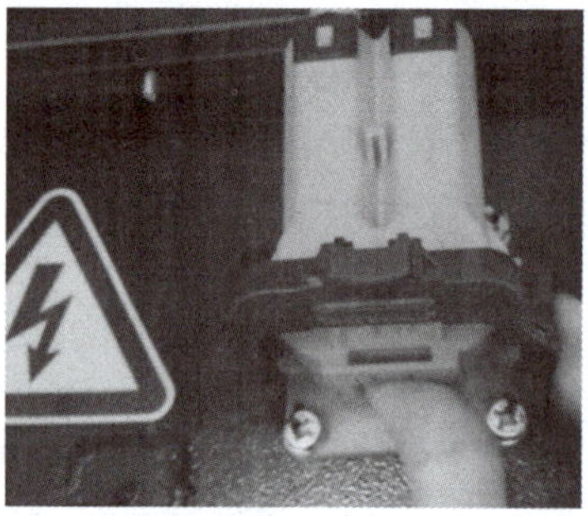		

（3）讨论：电池出现高温报警或有异味情况下的应对措施？

任务三　车辆无法加速故障诊断与检修

学习目标

知识目标

- 能说出电机驱动系统的功能、组成和原理。
- 能说出电机管理系统的结构、组成及作用。
- 能说出三相交流电机的连接形式及工作原理。
- 能说出旋变传感器的工作原理及作用。

技能目标

- 能正确完成驱动电机及其控制器的外观检查，并判断线束及接插件的连接情况。
- 能正确完成驱动电机绕组的测量。
- 能正确完成驱动电机绝缘检查。
- 能正确完成旋变传感器的诊断。
- 能独立读取及分析电机控制器关键信号。

素养目标

- 塑造“中国制造”的自信。
- 能全工作过程规范管理自己及团队成员安全操作。
- 能严格执行高电压车辆维修流程。
- 能全面地与客户描述故障原因及维修方案。

任务知识树

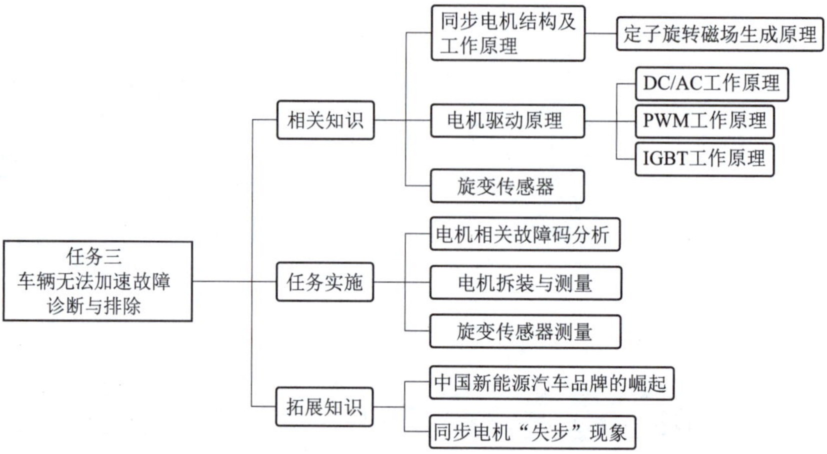

1. 检查与对话

1.1 接车谈话和检查

1）任务描述

有一辆五菱宏光 MINI EV 电动汽车的客户将车辆送修，客户反映说车子不能加速。维修站安排维修人员对车辆的电机驱动系统进行检查测量，并对测量结果进行分析，最终确诊故障原因，制订维修计划，排除该故障，并向客户简要描述故障原因及维修方案。

延伸阅读：中国新能源汽车品牌的崛起

上汽通用五菱品牌旗下推出的产品五菱宏光 MINI EV，自上市以来，一直占据国内纯电动轿车销量的榜首位置。宏光 MINI EV 价格便宜，更符合中国国情，为消费者提供了一个非常低成本的出行方案，因此备受消费者青睐。在 2021 年，五菱宏光 MINI EV 全球累计销量达到 571 011 辆，超过了美国特斯拉品牌。五菱宏光 MINI EV 的成功，是中国汽车民族品牌几十年的发展壮大的成果。

> 汽车生产厂商除了要有优质的产品，还要有优质、完善的售后服务。汽车维修服务在汽车售后服务中占据举足轻重的地位。做好汽车维修服务，不仅关系到汽车产品的质量和完整性，更关系到让客户获得满意、周到的用车服务，是奠定品牌口碑、维护和发展客户的重大策略。上汽通用五菱把提升售后服务质量作为维护品牌的重要手段，作为确保市场竞争优势的有力武器。

2. 客户自述

客户描述：“我的车最近有个毛病，无论爬坡还是在红灯变绿灯时起步，踩油门感觉车子不能加速。请修理厂师傅帮忙检查看看是什么问题。”

3. 客户委托

汽车维修委托书样式如表 3-1 所示。

表 3-1 汽车维修委托书样式

汽车维修委托书

编号：__________

<table>
<tr><td>维修站名称</td><td></td><td>车辆到店时间</td><td colspan="2">____年__月__日__时</td><td>服务顾问</td><td></td></tr>
<tr><td rowspan="2">客户信息</td><td>□车主 □送修人</td><td colspan="4">身份证号码</td><td>联系电话</td></tr>
<tr><td></td><td colspan="4"></td><td></td></tr>
<tr><td rowspan="2">车辆信息</td><td>车牌号</td><td>车型年款</td><td>VIN 码</td><td colspan="2">发动机号码</td><td>行驶里程数</td></tr>
<tr><td></td><td></td><td></td><td colspan="2"></td><td></td></tr>
<tr><td rowspan="2">作业信息</td><td>维修开始时间</td><td>预计交车时间</td><td colspan="2">付款方式</td><td colspan="2">非索赔旧件是否带走</td></tr>
<tr><td>____年__月__日__时</td><td>____年__月__日__时</td><td colspan="2"></td><td colspan="2"></td></tr>
<tr><td rowspan="6">预检信息记录</td><td colspan="2">车内是否有贵重物品？
有□ 无□</td><td>油箱存油量</td><td colspan="3"></td></tr>
<tr><td colspan="2" rowspan="4">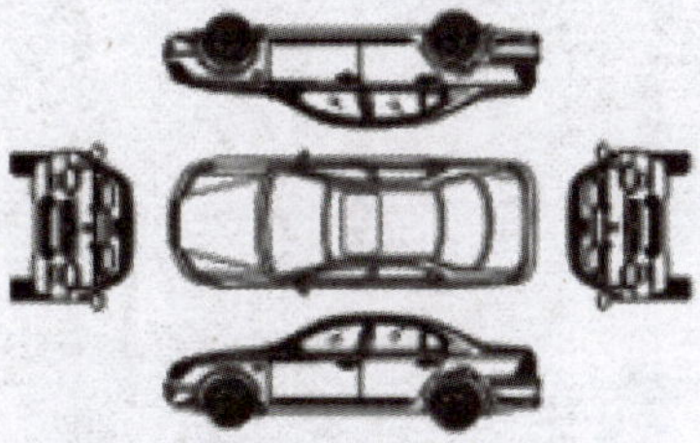</td><td rowspan="4">车辆检查结果</td><td colspan="3">车身检查：</td></tr>
<tr><td colspan="3">车内检查：</td></tr>
<tr><td colspan="3">发动机舱：</td></tr>
<tr><td colspan="3">底盘检查：</td></tr>
<tr><td colspan="2">客户须知：
1. 客户提供的信息真实有效；
2. 维修完成时间以通知客户交车时间为准；
3. 客户应在接到通知 2 h 内领车；
4. 客户因违反“客户须知”产生的风险和损失由客户自行承担</td><td colspan="4">客户自述：</td></tr>
</table>

续表

是否外出救援	是□		否□	本人已知晓上述信息。客户签字：				
维修信息	维修项目	备件	是否索赔	耗材费	工时费	小计	维修人	检查人
			是□否□					
			是□否□					
			是□否□					
			是□否□					
			是□否□					
客户知晓并认可上述维修项目及费用。客户签字：								

小贴士

客户委托书一般为一式三联（复写/压感打印），客户持红色联，黑色、蓝色联为派工、结算联，分别保存于维修企业的车间、财务部门。客户接待和交流是维修人员日常工作的重要一环。

1.2 前期计划和相关问题

1）初步检查

经维修人员初步检查，发现车辆仪表上“动力系统故障指示灯”亮（圆圈部分），如图 3-1 所示。试车发现，车辆的确无法加速。

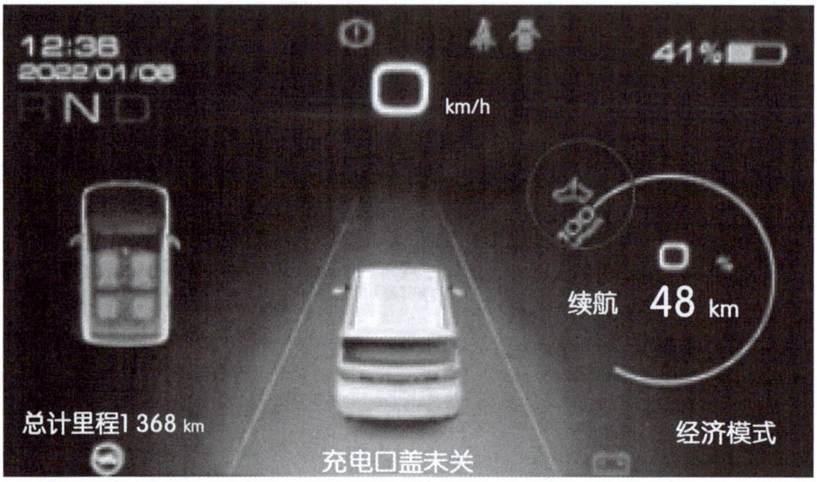

图 3-1　车辆仪表显示的信息

汽车故障查询和故障排除的结果取决于一系列因素，如：

（1）对与故障相关的系统知识的掌握程度是分析车辆工作过程和故障成因的先决条件；

（2）严格遵守相关维修站信息系统的检查和维修说明；

（3）故障检测设备完好和正确操作；

（4）对需要用到的工具的正确操作；

（5）工作环境：工作场地干净整齐，符合施工要求。

2）车辆“无法加速”故障的工作思维导图

运用“头脑风暴”法绘制处理故障的工作思维导图（图 3-2），进行故障查询和维修的准备工作。根据思维导图和因果分析图提出问题，然后解答这些问题以进行信息收集和分析、制订工作计划和执行具体工作。

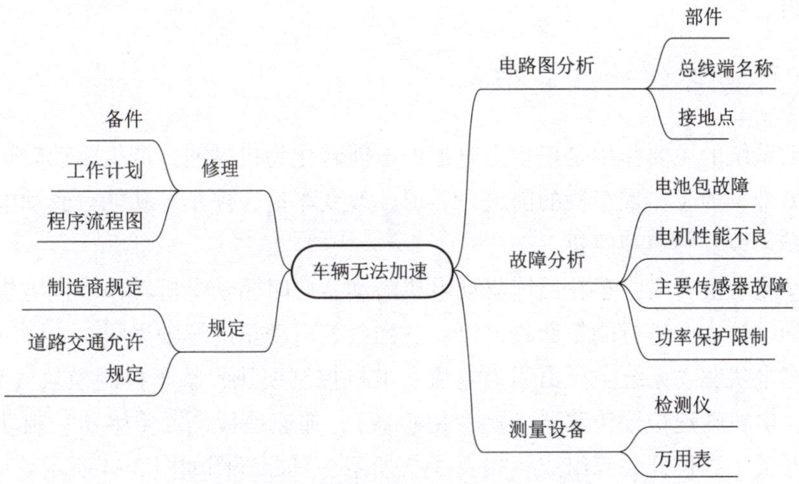

图 3-2　处理车辆“无法加速”故障工作思维导图

3）车辆“无法加速”故障因果分析图

车辆“无法”加速故障因果分析如图 3-3 所示。

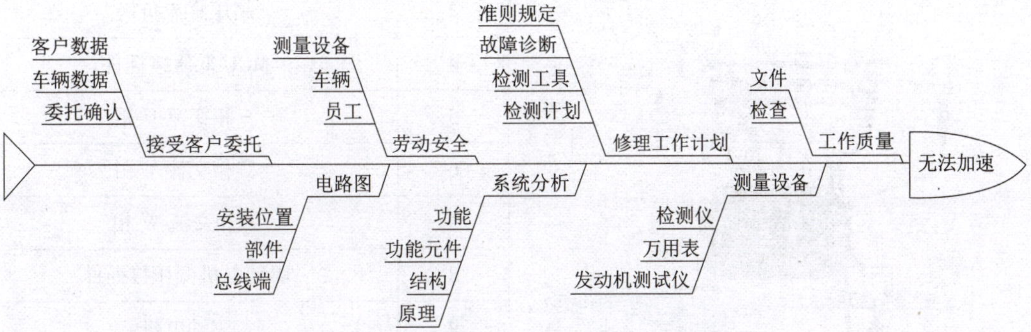

图 3-3　车辆“无法加速”故障因果分析图

小贴士

将思维导图、因果分析图中所提到的因素综合梳理和考虑，形成工作计划并实施，严格执行是提升汽车故障维修效率的重要手段。

2. 信息收集

电机驱动系统是纯电动汽车三大核心部件之一，是车辆行驶的主要执行机构，其特性决定了车辆的主要性能指标，直接影响车辆动力性、经济性和客户驾乘感受。可见电机驱动系统是纯电动汽车中十分重要的系统。本章将对电动汽车的电机驱动系统功能、组成以及工作原理进行介绍。

2.1 电机驱动系统功能及结构

电机驱动系统的主要作用是把动力电池的电能转化为机械能，产生驱动转矩，驱动车辆进行行驶。另外，为了实现车辆的前进、后退、改变车速、停车等功能，驱动电机必须能实现正转、反转、改变转速和停机。

车辆制动或者滑行时，车轮反拖驱动电机转动，此时驱动电机转换成发电机进行发电并将电能储存到电池中，进行能量回收，以此适当延长电动车的续驶里程。

电动汽车电机驱动系统主要由驱动电机、电机控制模块、整车控制模块（VCU）、电机温度传感器、电机转速位置传感器（旋变传感器）、加速踏板位置传感器、制动踏板行程传感器、制动开关、挡位开关等组成，如表 3-2 所示，其原理图如图 3-4 所示。

表 3-2 电机驱动系统部件

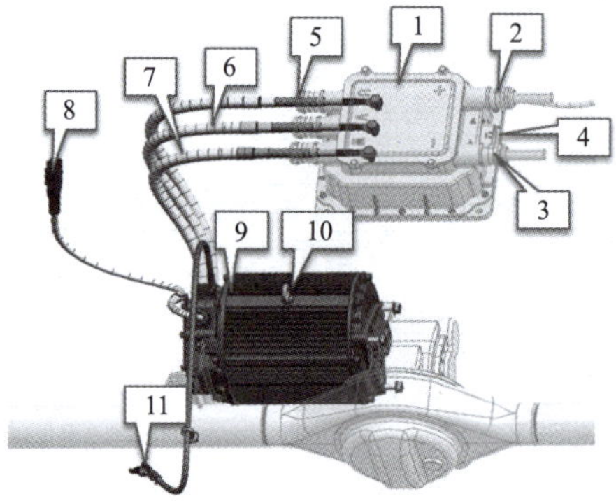

1	电机控制模块
2	高压直流正极
3	高压直流负极
4	MCU 低压接插件
5	三相交流 U 相
6	三相交流 V 相
7	三相交流 W 相
8	驱动电机低压接插件
9	驱动电机
10	吊钩（可拆卸）
11	接地保护线（等电位线）

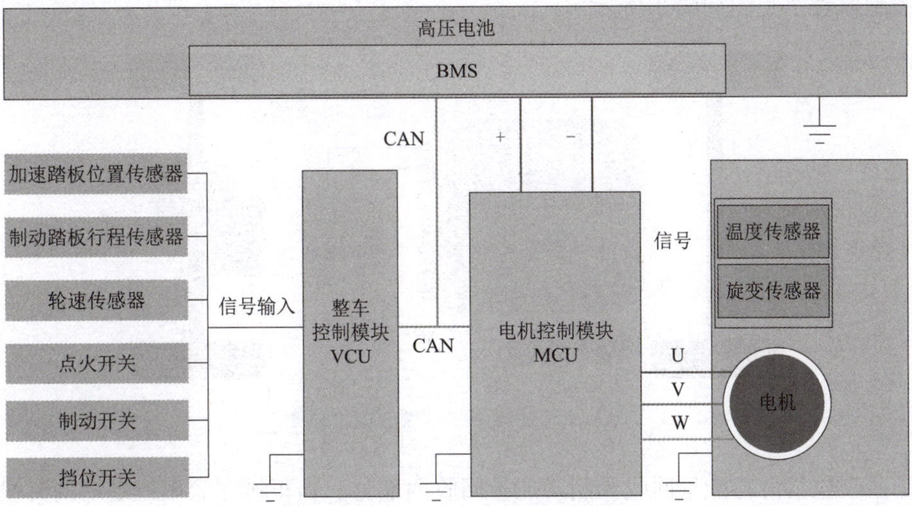

图 3-4 高压驱动系统原理图

2.2 电机控制原理

1）电机驱动控制原理

整车控制模块根据车辆运行的不同情况，包括车速、挡位、电池 SOC 值来决定电机输出扭矩/功率。当电机控制器从整车控制模块处得到扭矩输出命令时，将动力电池提供的直流电转化成三相正弦交流电，驱动电机输出扭矩，通过机械传输来驱动车辆。电机驱动控制原理如图 3-5 所示。

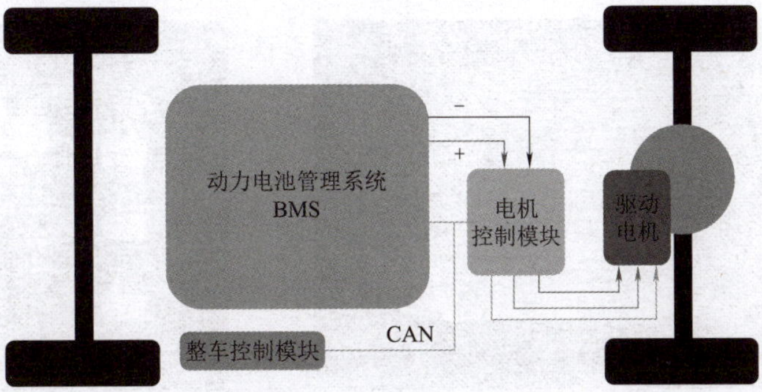

图 3-5 电机驱动控制原理示意图

2）能量回收控制原理

能量回收控制是由整车控制模块进行控制的，整车控制模块对整车的状态信息进行分析，正确判断进入能量回收的条件，并计算能量回收的大小，通过 CAN 总线与驱动电机控制模块进行控制指令交互，要求电机控制系统切换到发电模式，进行一定扭矩的发电输出，此部分发电量可存储在动力电池内部，也可提供给车辆的用电设备，实现制动能量的转换与回收。同时，电机发电模式产生电制动力，通过传动系统和驱动轮对整车产生制动作用。能量回收控制原理示意图如图 3-6 所示。

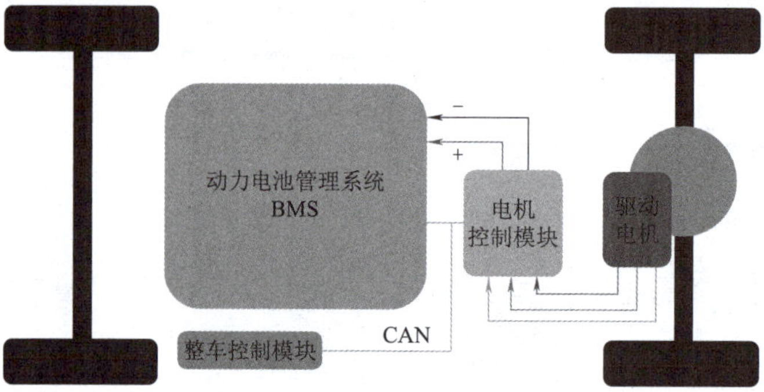

图 3-6　能量回收控制原理示意图

能量回收包括滑行能量回收和制动能量回收两部分。当车辆在溜车或制动的时候，电机控制模块从整车控制模块得到发电命令后，驱动电机控制模块使电机处于发电状态。此时电机会将车子动能转化成电能，然后，三相正弦交流电通过电机控制模块转化为直流电，储存到动力电池中。

2.3　驱动电机结构

驱动电机（图 3-7）是将电能转换成机械能，并且为车辆行驶提供驱动力的电气装置，该装置也具备将机械能转化为电能的功能。

三相交流永磁电机具有效率高、体积小、质量轻及可靠性高等优点，且自身的运行状态等信息可以被驱动电机控制模块采集到。

（a）

（b）

图 3-7　驱动电机

（a）电机外观；（b）驱动盘内部

永磁同步电机主要由定子线圈、永磁转子、位置传感器、电机温度传感器等部件组成。定子和转子之间存在气隙，防止转子转动时产生干涉。

1）定子

电机的定子（图 3-8）由定子铁芯和定子绕组组成，用于产生旋转磁场。定子的作用是在电机工作过程中产生磁场。向三相定子绕组通入对称三相交流电后，就产生了一个以同步转速沿定子和转子内圆空间旋转的旋转磁场。三相永磁同步电机与三相交流异步电机的定子在结构上区别不大。

定子铁芯是电机磁路的一部分，并在其上放置定子绕组。定子铁芯一般由 0. 35 ~ 0. 5 mm 厚、表面具有绝缘层的硅钢片冲制、叠压而成，在铁芯的内圆冲有均匀分布的槽，用以嵌放定子绕组。定子铁芯槽型有半闭口型槽、半开口型槽和开口型槽三种。

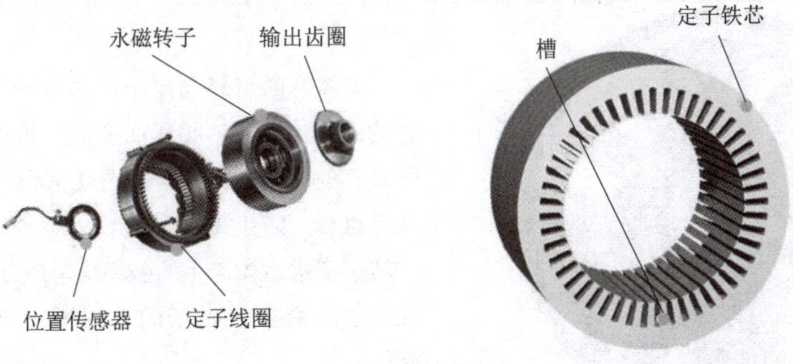

（a）　　（b）

图 3-8　电机定子结构

（a）电机内部结构；（b）电机定子

定子绕组内嵌在定子铁芯槽内，它是电机的电路部分，接入三相交流电会产生旋转磁场。定子绕组由三个在空间互隔 120° 电角度、对称排列的结构完全相同的绕组连接而成，三相绕组有星形（Y）和三角形（△）两种接线方式，如表 3-3 所示。

表 3-3　定子绕组接线方式

接线方式	原理	说明
星形连接	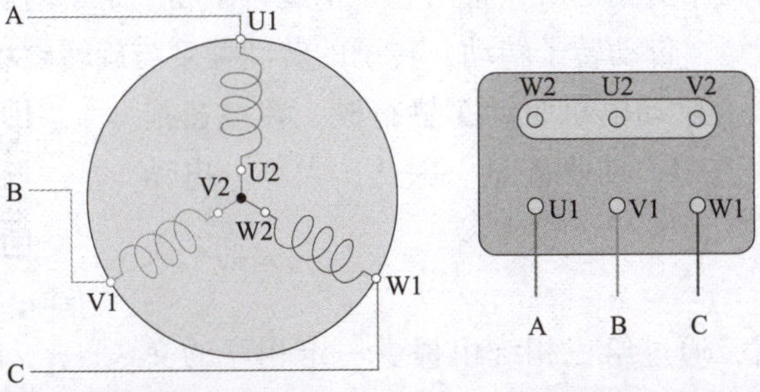	星形连接是指三相绕组的线圈在电机内部铰接在一个铰接点上
三角形连接	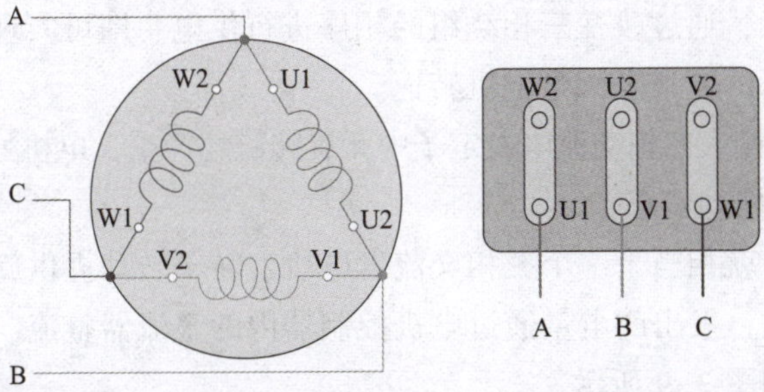	三角形连接是指三相绕组在电机内部两两铰接在一起，共有三个铰接点

2）转子

永磁转子由转子铁芯、永磁体和转子轴组成。三相永磁同步电机比三相交流异步电机的转子结构更复杂，更具有永久磁体这一明显特征，如表 3-4 所示。

表 3-4　转子的结构说明

示意图	说明
	转子铁芯的材料与定子铁芯相同，都是由导磁性良好的硅钢片冲制、叠压而成的。永磁体均匀地嵌入转子铁芯的凹槽中，在其两端通常设计有气隙或安装有隔磁材料，防止漏磁。 转子上永磁体产生的磁场均匀地分布在转子的周围，在定子线圈旋转磁场的作用下，产生转矩带动转子旋转

3）气隙

气隙是电机定子和转子之间的空隙，用于防止定子和转子相互干涉。气隙的大小决定磁通量的大小，气隙越大，漏磁越多，电机的效率会降低。电机的类型不相同，气隙的大小也不相同。

2.4　三相电机工作原理

电机的三相定子绕组通入三相交流电后，将产生一个旋转磁场。定子的旋转磁场与永磁转子中的磁场相互作用产生转矩，带动转子转动，转子的转动速度与旋转磁场同步。

永磁式同步电机既可以作为驱动电机驱动车辆行驶，在减速拖动中又可以作为发电机给车辆充电，回收能量。因此，大部分电动汽车采用永磁电机驱动。

同步电机工作原理

1）驱动状态

正转：当转子位置确定后，通过给三相绕组提供一定相序的交流电使电机实现正转。

反转：当转子位置确定后，通过改变三相绕组的相序进行供电，即可实现电机反转。

改变转速：通过改变供电的频率来调整电机转速。

停止工作：电机内部没有接入三相交流电，定子中无旋转磁场产生，电机处于静止状态。

2）发电状态（车辆减速拖动状态）

当车辆减速时，永磁电机就相当于一个三相交流发电机。转子转动提供旋转磁场，定子内的三相绕组切割磁力线发电，发出的电量通过电机控制器内的整流器整流，输送给动力电池。旋转磁场与角度的变化如图 3-9 所示。

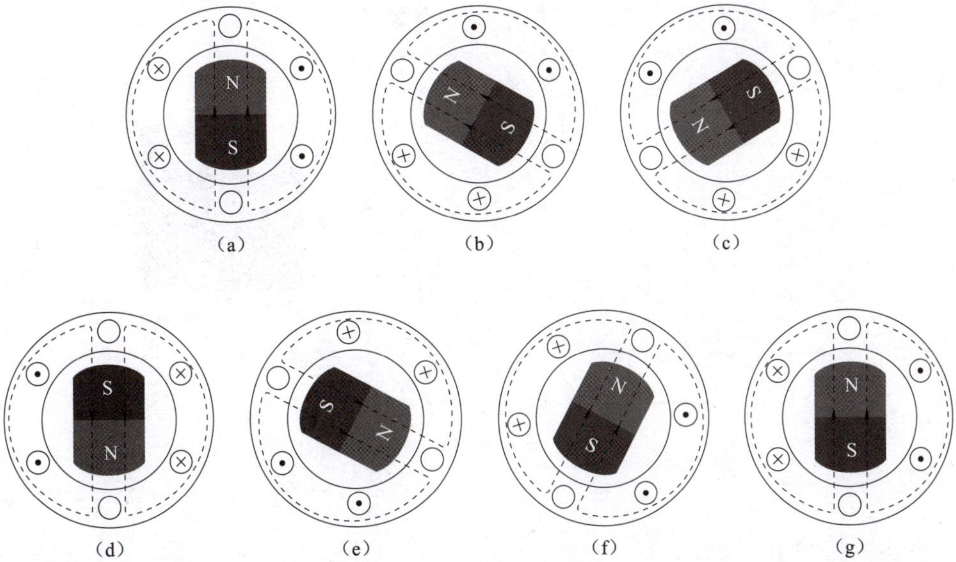

图 3-9　旋转磁场与角度的变化

(a) 0°；(b) 60°；(c) 120°；(d) 180°；(e) 240°；(f) 300°；(g) 360°

3）DC/AC 工作原理

三相交流电机工作时需要将电池包直流电转换为交流电，电机控制器通过对直流电进行逆变，让其转变为某一频率的交流电并供给负载。DC/AC 转换原理如图 3-10 所示：由 S1、S2 构成桥式电路；两个开关不能同时导通；改变开关切换周期，可改变输出交流电频率。

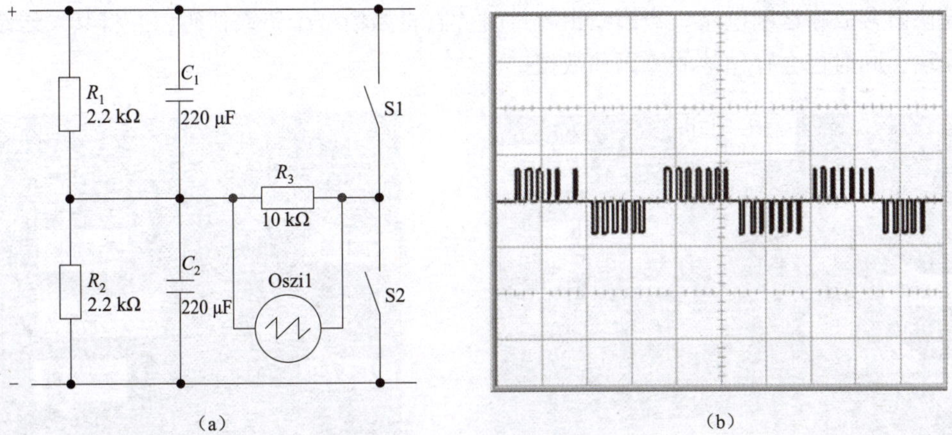

图 3-10　DC/AC 转换原理

(a) 电路原理；(b) 示波器波形图

4）IGBT 工作原理

为了使发动机运转，输出电流需要有可变的大小和频率。这种交流电流来自由逆变器转换的直流电压和直流电流。在中低功率区间，绝缘栅双极型晶体管（IGBT）是逆变器的主要部件。续流二极管实现了电机和逆变器之间的无功率转换。IGBT 工作电路如图 3-11 所示。

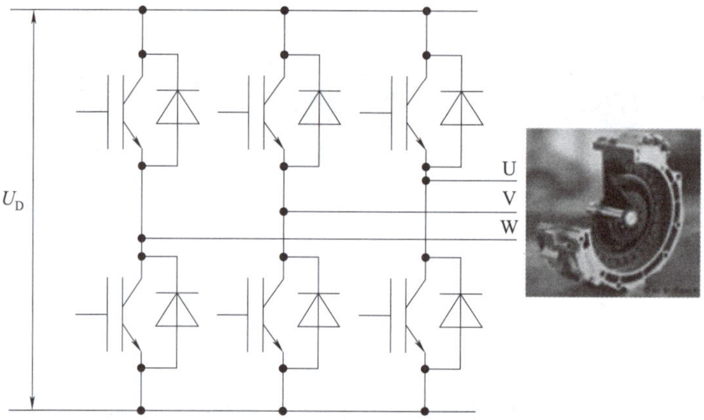

图 3-11　IGBT 工作电路

2.5　驱动电机控制模块

驱动电机控制模块如图 3-12 所示，它是电机驱动系统的控制中心，它接收整车控制模块 VCU 的指令对电机进行控制。驱动电机控制模块将动力电池提供的直流电转换为交流电，然后输出给驱动电机。通过电机的正转来实现整车加速、减速；通过电机的反转来实现倒车。

驱动电机控制模块的另一个重要功能是通信和保护，实时进行驱动电机状态和故障检测，保护电机驱动系统和整车安全可靠运行。驱动电机控制模块对所有的输入信号进行处理，并将驱动电机控制系统运行状态的信息通过 CAN 网络发送给整车控制模块。驱动电机控制模块内含故障诊断电路。当诊断出异常时，它将激活一个错误代码，并将其发送给整车控制模块，同时也会存储该故障码和数据。

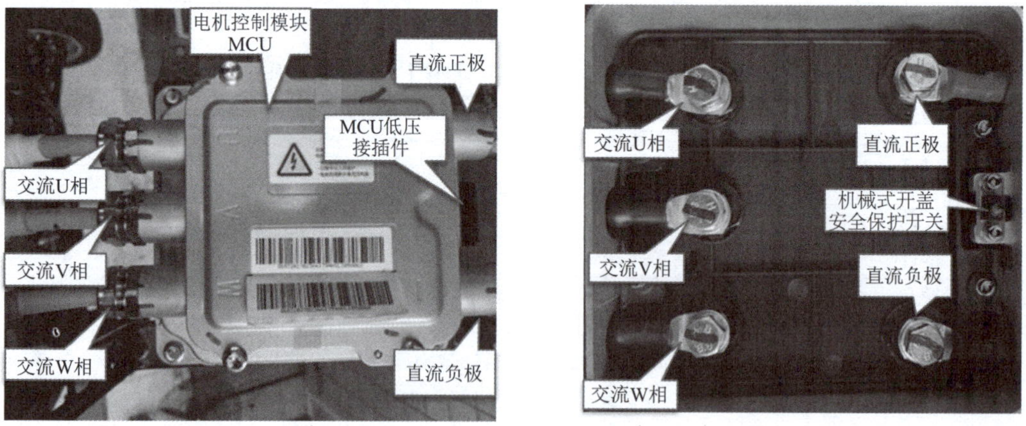

（a）　（b）

图 3-12　驱动电机控制模块 MCU

（a）外观；（b）内部

2.6　旋变传感器工作原理

旋变传感器是检测电机转速与位置的传感器。交流永磁同步电机依靠内置传感器来提供电机的工作信息，这些传感器包括：

（1）电机转速位置传感器——用以检测电机转子位置，控制器解码后可以获知电机转速；

（2）电机温度传感器——用以检测电机的绕组温度，控制器可以保护电机以免过热。

拓展知识：同步电机“失步”现象

电机失步原因

同步电机的转速落后于旋转磁场的转速为失步，就是失掉了同步。同步电机在运行中，若励磁电压降低或供电电压降低，使同步电机的过负荷能力即输出转矩最大值小于机械负荷力矩时，同步电机就会失步。

同步电机失步后转速下降，在绕组中产生感应交变电流，并产生异步转矩，进入异步运行状态。又因为励磁电压并没有退出，在异步运行期间，产生交变转矩，从而转子转速和定子电流发生振荡，严重时可能会引起电气共振甚至使电网崩溃。

电动汽车的同步电机正常运行时，当负荷突然变化时，由于转子惯性作用，转子位移不能立刻稳定在新的数值，因此需要旋变传感器（磁场相位传感器）测量转子的位置。

1）功能

旋变传感器（图 3-13）是用来检测驱动电机输出轴的旋转角度和速度的。驱动电机控制模块利用旋变传感器精确地控制电机的转动方向与速度。

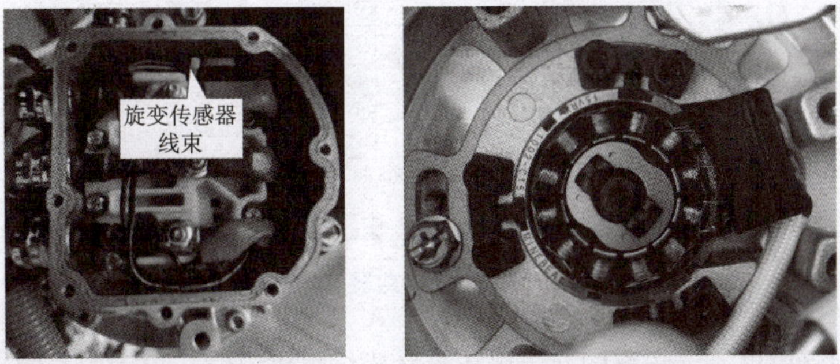

（a）　　（b）

图 3-13　旋变传感器

（a）接线示意；（b）位置示意

2）结构

旋变传感器的结构说明如表 3-5 所示。

表 3-5　旋变传感器的结构说明

<table>
<tr><th>结构示意图</th><th>说明</th></tr>
<tr><td>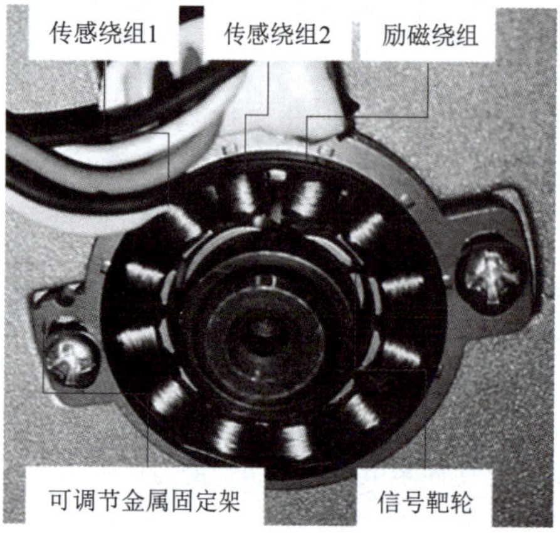
</td><td>旋变传感器是一种输出电压随转子转角变化的传感元件。它主要由传感器本体和传感器的信号靶轮组成。
传感器本体共有三个绕组。
励磁绕组由电机控制模块按照一定频率加载交流电。
传感绕组有两组，分别叫作正弦绕组和余弦绕组，其作用是产生成正弦、余弦变化曲线的感应电压</td></tr>
</table>

3）工作原理

旋变传感器是一种利用气隙磁阻变化而输出信号变化的旋转变压器，依据电磁感应原理，利用气隙变化导致磁阻变化，而使输出绕组的感应电压随凸轮转角产生正弦和余弦变化的波形，如图 3-14 所示。

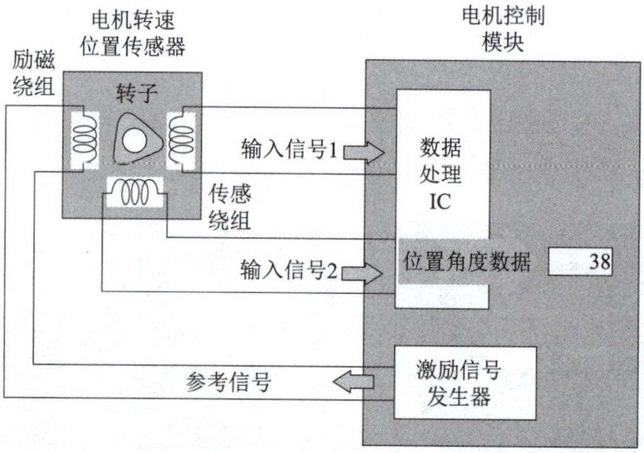

图 3-14　旋变传感器工作原理

当电机控制模块以一定频率的交流电压给励磁绕组供电时，位于中心的转子也会产生磁场。转子四周有若干个椭圆形信号凸起，使转子磁场分布不均匀，当转子转动时，转子磁场会发生强弱不同的变化，其他两组传感绕组就会产生交流电压信号，如图 3-15 所示。

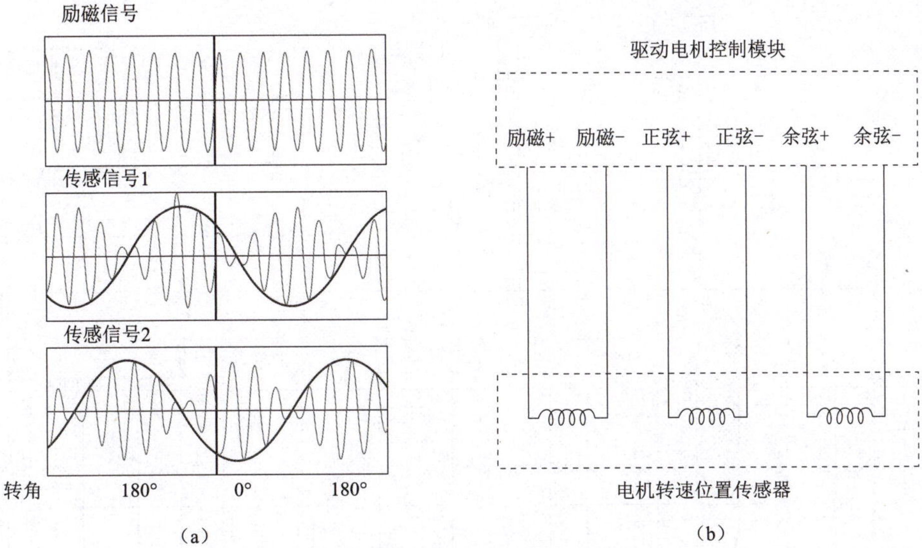

图 3-15　传感器波形

（a）信号波形；（b）电路图

职业能力要求：

旋变传感器是驱动电机内非常重要的传感器，其信号的好坏决定了 MCU 发出的驱动电能是否准确地作用于电机。在掌握旋变传感器结构和原理的基础上，对其进行检测，是对新能源汽车故障诊断岗位技术人员的必备能力。

旋变传感器工作原理

小贴士

维修过程繁琐而凌乱，请按工作计划执行和填写工单，防止工作失误的产生。

3. 执行工作计划

3.1　信息分析：电机相关故障代码分析

利用诊断设备连接车辆，通过导航画面和登录窗口登录诊断系统，读取车辆状态信息，将所有采集的信息和维修手册进行对比并分析。驱动电机系统电路如图 3-16 所示。

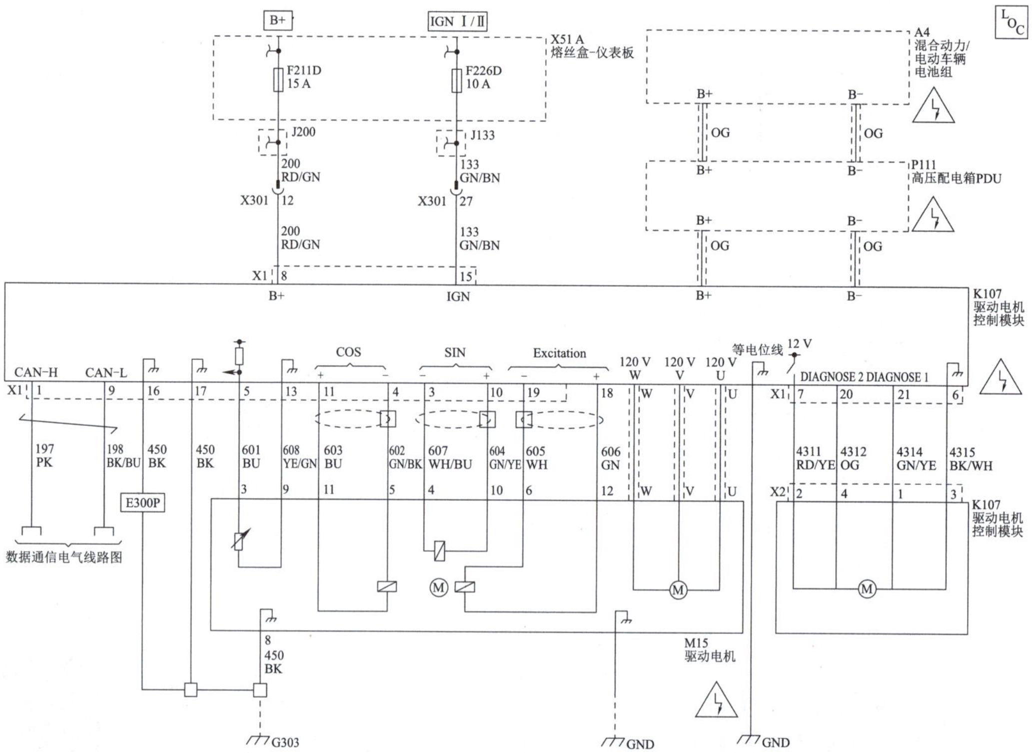

图 3-16　驱动电机系统电路

驱动电机总成安装位置如图 3-17 所示，未下高压及完成验电之前禁止触碰及拆卸。

系统通过旋转变压器/编码器检测电机转子位置/转速和电流传感器对三相交流电流进行实时采样，送入电机控制单元。电机控制单元通过 CAN 总线（CAN Bus）与整车 VCU 进行通信，获得当前转矩指令、运行模式和旋转方向。根据整车和电机反馈得到的信息，控制驱动器产生所需的三相交流电，实现电机正常运行。电机控制原理如图 3-18 所示。

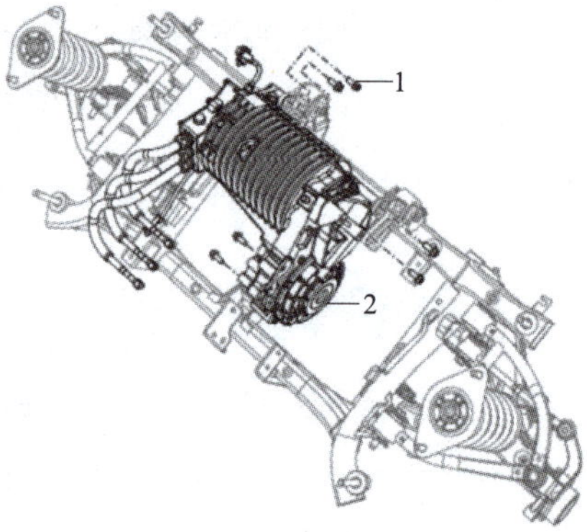

图 3-17　驱动电机总成安装位置

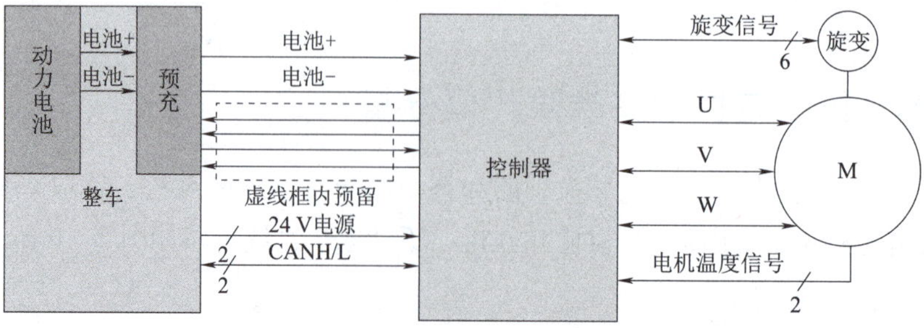

图 3-18　电机控制原理

3.2　工作计划：制订旋变传感器检查计划

工具设备准备：

（1）绝缘维修工具套装、工具车；

（2）万用表；

（3）绝缘测试仪；

（4）诊断仪。

资料准备：

（1）维修手册；

（2）客户手册；

（3）其他资料。

其他准备：

（1）工位、隔离带、安全警告标志牌；

（2）车辆防护；

（3）高压绝缘服、绝缘鞋、绝缘手套。

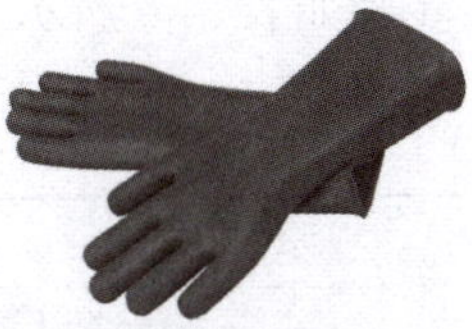

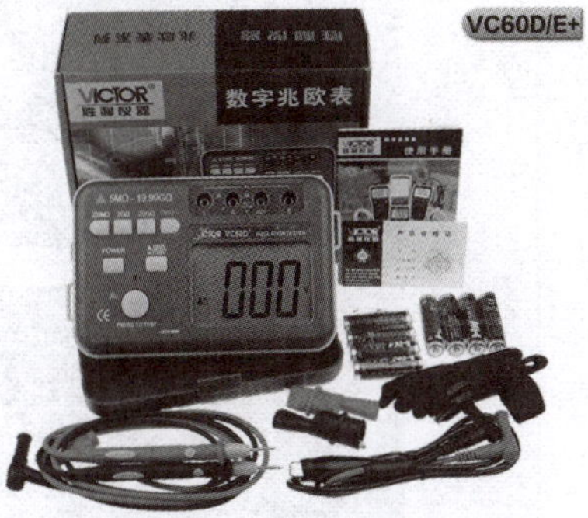

讨论：

（1）如何检查绝缘手套的技术状况？

（2）进行故障诊断和修理前必须做好哪些准备？

（3）必须遵守哪些检测条件？

“1+X”证书中对于新能源汽车维修技能的相关要求

在汽车维修类专业“1+X”职业技能等级证书中，对新能源汽车应掌握的相关知识和技能提出了明确要求，包括对新能源汽车“三电”系统部件能执行正确拆装与更换操作。

3.3 任务实施：电机拆卸与安装

1）电机拆卸与安装

电机拆卸与安装步骤如表 3-6 所示。

表 3-6 电机拆卸与安装步骤

序号	示意图	步骤
1	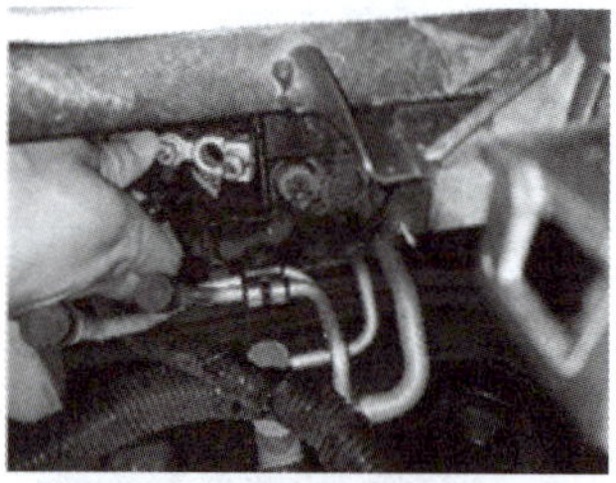	（1）将电子驻车制动解锁并关闭点火开关； （2）拉引擎盖拉锁，取下 12 V 电池负极并等待 15 min
2		（3）预松轮胎螺栓； （4）举升车辆，拆下轮胎； （5）再举升车辆，落下保险
3	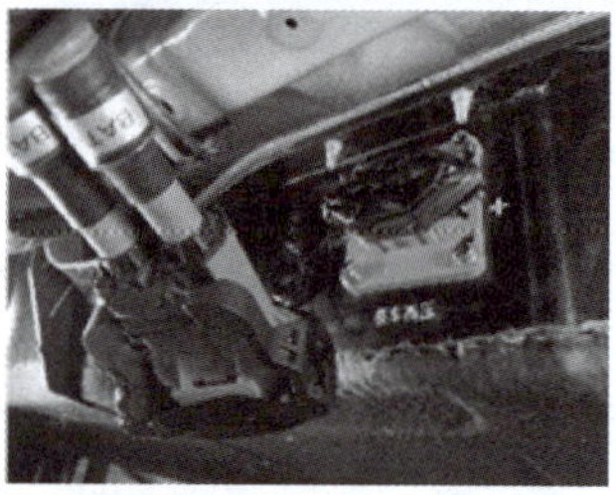	（6）检查绝缘手套是否完好，戴好绝缘手套。拔出电池高压母线插头并用电工胶布包住，防止灰尘进入
4	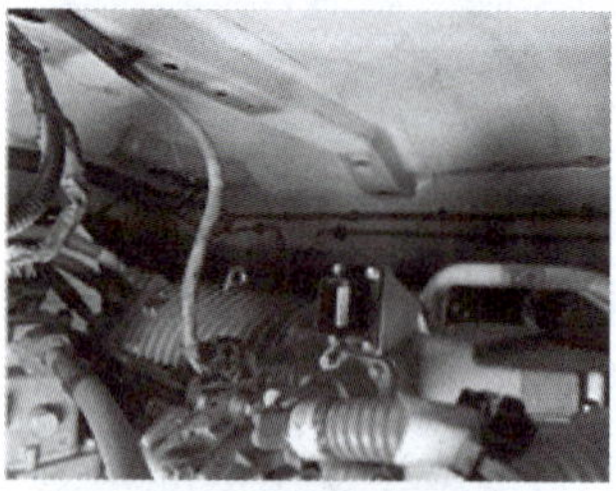	（7）断开电机与车身连接的其他部件
5		（8）拆卸卡钳并用铁丝将其挂置于减振臂上

续表

序号	示意图	步骤
6		（9）使用顶车缓升顶住整个悬架总成
7		（10）拆卸减振臂与悬架总成连接的螺栓及悬架总成与车身连接的螺栓
8	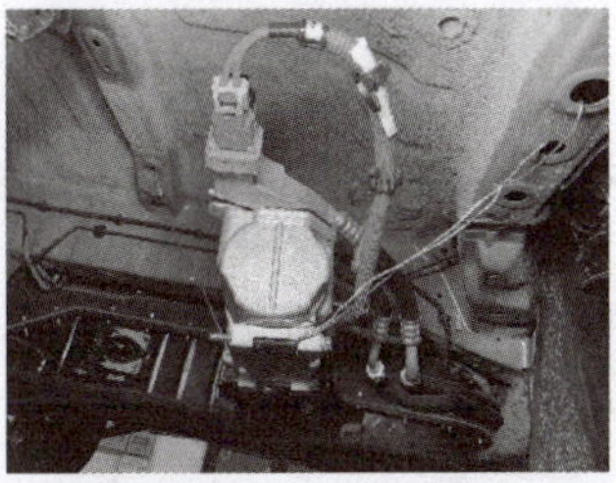	（11）拆卸压缩机与电机总成连接的螺栓并将拆卸后的压缩机用铁丝悬挂于车身
9	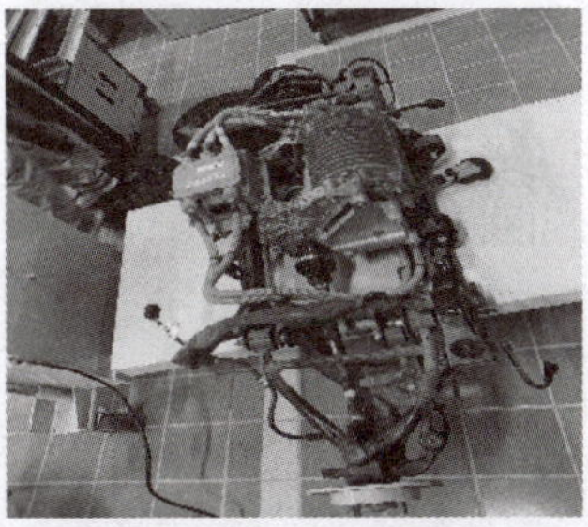	（12）缓缓降下顶车，将悬架总成卸下
10		（13）拆卸等电位线和电机电源线

续表

序号	示意图	步骤
11		(14) 拆卸摆臂、球头螺栓及轮速传感器; (15) 拆卸半轴
12	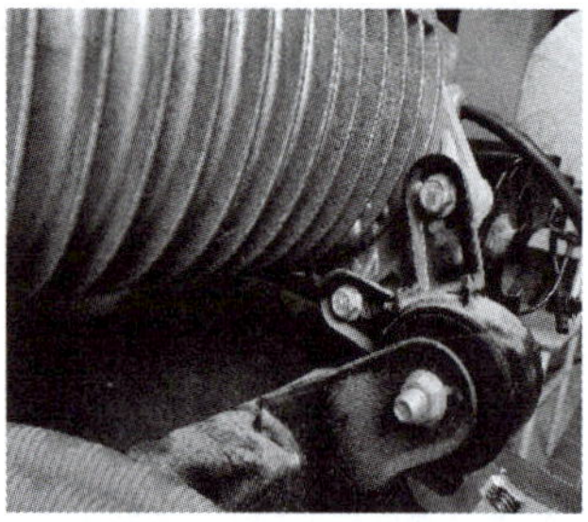	(16) 拆卸电机与悬架的固定螺栓; (17) 取下电机总成; (18) 安装时应从下往上依次进行

小贴士

高电压部件的安全隔离操作将影响车辆的维修结果，请严格遵守企业标准。

驱动电机拆卸方法　　驱动电机安装方法

小贴士

汽车大型维修作业中，要严格执行 6S 制度，以保证维修工作质量和效率。

2）旋变传感器的测量

旋变传感器的测量如表 3-7 所示。

表 3-7　旋变传感器的测量

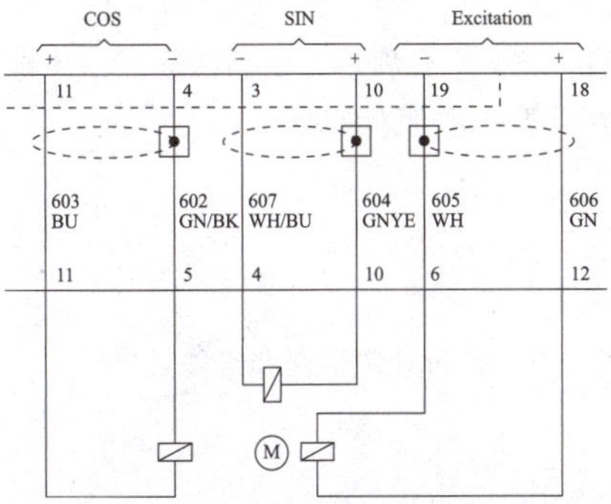	旋变传感器线束接插件端子的认知。 端子 4：驱动线圈正弦−； 端子 5：驱动线圈余弦−； 端子 6：励磁线圈信号−； 端子 10：驱动线圈正弦+； 端子 11：驱动线圈余弦+； 端子 12：励磁线圈信号+
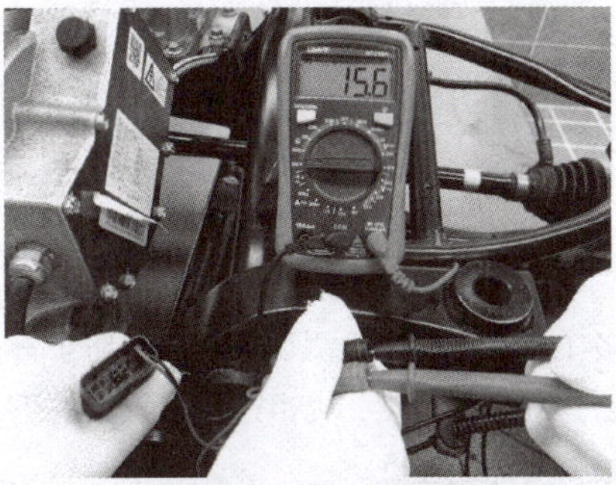	励磁线圈绕组电阻值测量： 测量传感器端子 6 和端子 12 之间的电阻值，标准值为（16±2）Ω，不能有断路或阻值过大现象
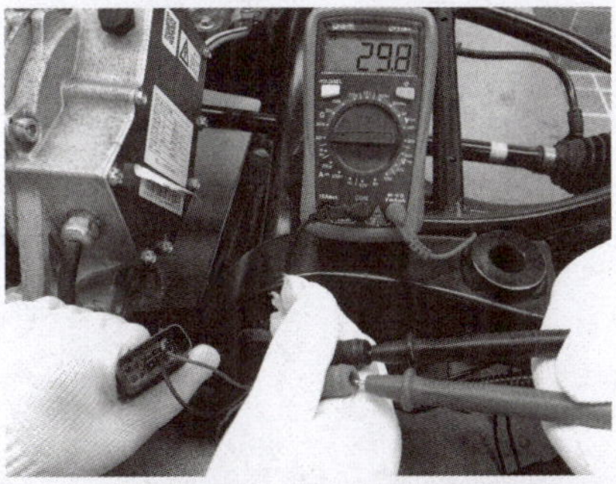	正弦线圈绕组电阻值测量： 测量传感器端子 4 和端子 10 之间的电阻值，标准值为（30±2）Ω，不能有断路或阻值过大现象
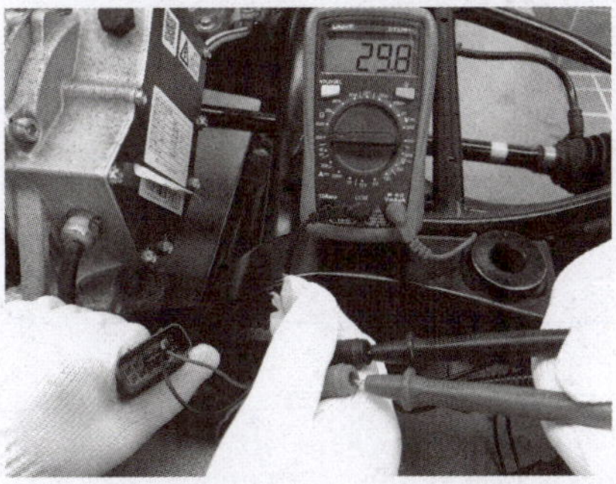	余弦线圈绕组电阻值测量： 测量传感器端子 5 和端子 11 之间的电阻值，标准值为（30±2）Ω，不能有断路或阻值过大现象 旋变传感器的检测

3.4 记录及工作质量评价

在执行诊断维修任务结束时，车辆维修人员要确认工作质量是否全部合格，并上路试车。 （1）是否所有检查项目都已实施并记录？ （2）是否遵守了维修时间？工时和备件是否记录？ （3）哪些信息必须转告给客户？ （4）个人对维修流程及方案有什么建议及优化？	（1）将工作计划内的所有项目检查一遍，确认所有项目都已圆满完成，并根据展示要求进行详细解释。 （2）评价故障诊断和维修效率。 （3）指出维修的方法及后续使用建议。 （4）考虑一下，维修、工作计划的准备工作，工具、检测设备及安全防护等是否达到最佳程度，提出改进建议并在下次维修时加以注意。

小贴士

检测流程涉及的量具都是高灵敏度电子仪器，请注意严格遵守使用流程，防止意外设备损坏。

学习工作页　驱动电机的拆装与测量

驱动电机的拆装步骤如表 3-8 所示。

表 3-8　驱动电机的拆装步骤

<table>
<tr><th colspan="3">填写 MCU 与驱动电机部件的名称</th><th>序号</th><th>名称</th></tr>
<tr><td colspan="3" rowspan="11">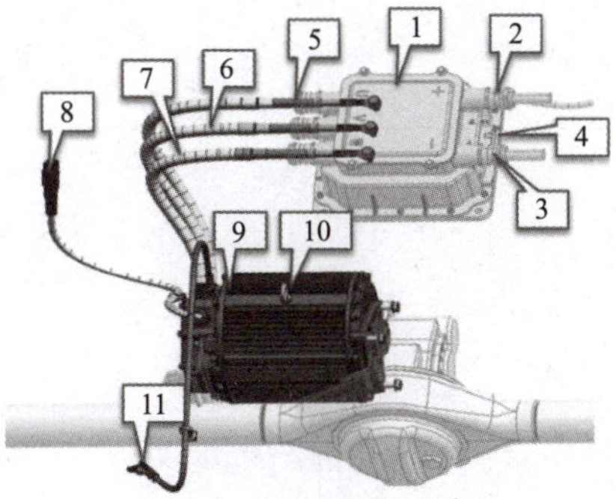</td><td>1</td><td></td></tr>
<tr><td>2</td><td></td></tr>
<tr><td>3</td><td></td></tr>
<tr><td>4</td><td></td></tr>
<tr><td>5</td><td></td></tr>
<tr><td>6</td><td></td></tr>
<tr><td>7</td><td></td></tr>
<tr><td>8</td><td></td></tr>
<tr><td>9</td><td></td></tr>
<tr><td>10</td><td></td></tr>
<tr><td>11</td><td></td></tr>
<tr><td>序号</td><td>拆装步骤</td><td>操作方法及注意事项</td><td>使用的工具</td><td>技术标准</td></tr>
<tr><td>1</td><td></td><td></td><td></td><td></td></tr>
<tr><td>2</td><td></td><td></td><td></td><td></td></tr>
</table>

续表

序号	拆装步骤	操作方法及注意事项	使用的工具	技术标准
3	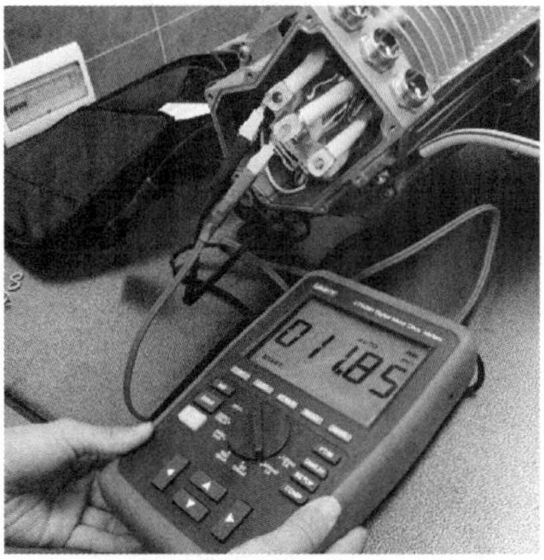			
4	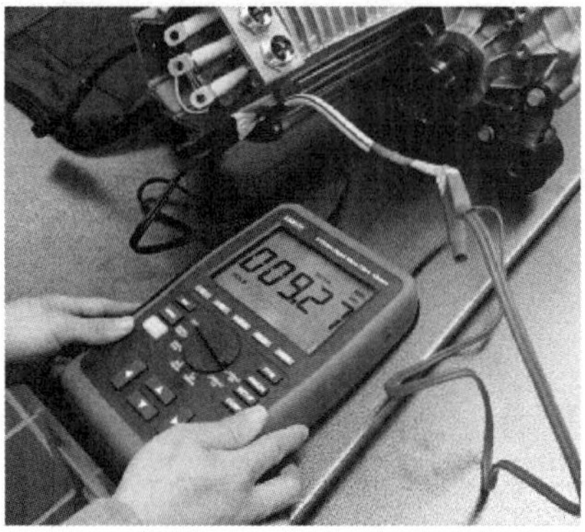			

任务四　车辆高压无法通电故障诊断与检修

学习目标

知识目标

- 能说出高压系统的基本结构、组成及原理。
- 能说出高电压车的电池供电系统常见通电流程。
- 能说出高压系统的各种安全防护装置的原理。
- 能说出高压系统的基本检查流程。

技能目标

- 能正确分析高压系统常见故障成因。
- 能正确完成高电压车辆防护装置的高压互锁的检查。
- 能正确完成高电压车辆防护装置的绝缘检查。
- 能独立读取及分析高压系统的故障码。

素养目标

- 塑造“精益求精”的工匠精神，具备职业自信。
- 能全工作过程规范管理自己及团队成员安全操作。
- 能严格执行高电压车辆维修流程。
- 能全面地与客户分析故障可能和工作方案。

任务知识树

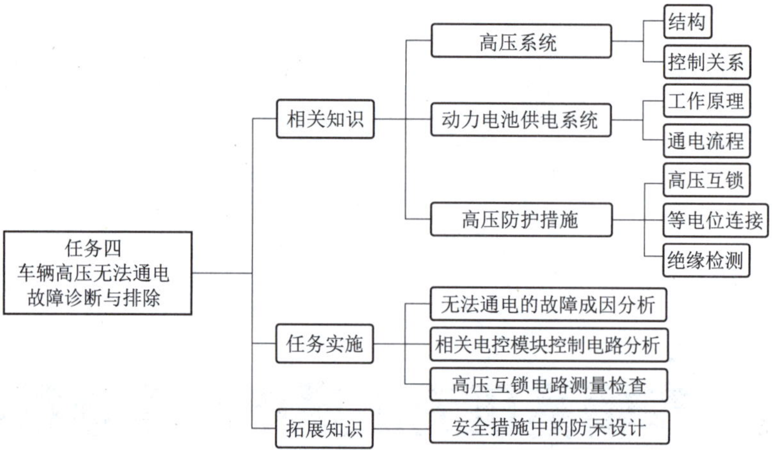

1. 检查与对话

1.1　接车谈话和检查

1）任务描述

有一辆客户车辆紧急报修。客户反映说车子无法行驶。维修站安排维修人员先对车辆进行初步检查，判断故障为“高压无法通电”，然后对车辆的高压系统进行检查测量，并对测量结果进行分析，最终确诊故障原因，制订维修计划，排除该故障，并向客户简要描述故障原因及维修方案。

延伸阅读：安全措施中的防呆设计

防呆（Fool-proofing）是一个源自日本围棋与将棋的术语，后来运用在工业管理上，基本概念应用在日本丰田汽车的生产中，由新乡重夫提出，之后随着工业品质管理的推广传播至全世界。

防呆是一种预防矫正的行为约束手段，运用避免产生错误的限制方法，让操作者不需要花费注意力，也不需要经验与专业知识即可直接无误地完成正确的操作。在工业设计上，为了避免使用者的操作失误造成机器或人身伤害（包括无意识的动作或下意识的误动作或不小心的肢体动作），会针对这些可能发生的情况来做预防措施，称为防呆。

常见的如药瓶设计：需要用力按压才能拧开，以免儿童误食。手机 SIM 卡，有一个缺角，插反了，就插不下去，防止误操作将 SIM 卡插反出现损伤。佩戴安全帽，防止在复杂的工作空间内碰到头部。

许多事情一旦作业量增加，事务变得繁忙，超过一般人可以正常注意并应变的情况下就会发生错误，甚至发生危险造成生命财产的损失。为了预防错误与危险便可运用“防呆”措施。

常见的方法包括用线条粗细形状或颜色区别以便识别、利用各种方法减免错误发生的伤害、透过警告装置提醒操作者做必要的处理等。

防呆设计的主要特征有如下几点。

（1）不需要注意力——即使有人为疏忽也不会发生错误的构造。

（2）不需要经验——外行人来做也不会错的构造与直觉。

（3）不需要专门知识与技能——不管是谁或在何时工作都不会出差错的构造。

大家想一想，在新能源汽车高电压系统中，我们都应用了哪些“防呆”机制来保证车辆使用人员和制造及维护人员的安全？还有哪些地方可以应用防呆设计。

2）客户自述

客户描述：“我的纯电动车五菱宏光 MINI EV 突然无法行驶了，打开点火开关后仪表盘显示剩余电量、车速表及功率表亮、故障指示灯亮，但不能通电，不能挂 D 挡和 R 挡，车辆无法行驶。”他急忙给 4S 店打电话，希望能尽快解决。

3. 客户委托

根据与客户的交流信息及实车初步检查所收集的信息，得到“高压无法通电”故障检修大致范围，解释诊断流程并填写汽车维修委托书，如表 4-1 所示。

——Who：客户。

——What：客户希望能够解决“无法行驶”故障。

——When：车辆在什么状态下产生了故障。

——Where：车辆开到什么异常的环境下出现的状况。

——Why：可能有哪些原因导致“高压无法通电”故障。

——How：诊断该故障大致分几步检查。

——How much：需要的时间有多长，大致产生的费用是多少。

表 4-1　汽车维修委托书样式

汽车维修委托书　　　　编号：________

维修站名称		车辆到店时间	____年__月__日__时	服务顾问	
客户信息	□车主　□送修人	身份证号码			联系电话
车辆信息	车牌号	车型年款	VIN 码	发动机号码	行驶里程数
作业信息	维修开始时间	预计交车时间	付款方式	非索赔旧件是否带走	
	____年__月__日__时	____年__月__日__时			

续表

<table>
<tr><td rowspan="8">预检信息记录</td><td colspan="2">车内是否有贵重物品？</td><td rowspan="2">油箱存油量</td><td rowspan="2"></td></tr>
<tr><td>有□</td><td>无□</td></tr>
<tr><td colspan="2" rowspan="4">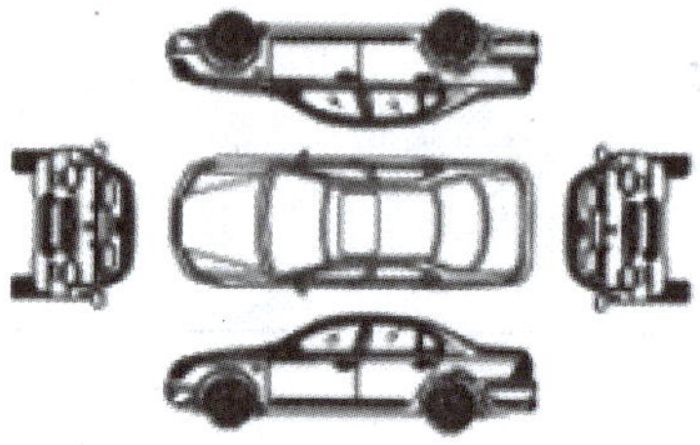</td><td rowspan="4">车辆检查结果</td><td>车身检查：</td></tr>
<tr><td>车内检查：</td></tr>
<tr><td>发动机舱：</td></tr>
<tr><td>底盘检查：</td></tr>
<tr><td colspan="2">客户须知：
1. 客户提供的信息真实有效；
2. 维修完成时间以通知客户交车时间为准；
3. 客户应在接到通知 2 h 内领车；
4. 客户因违反“客户须知”产生的风险和损失由客户自行承担</td><td colspan="2">客户送修描述：不能通电，不能挂 D 挡和 R 挡，车辆无法行驶</td></tr>
<tr><td colspan="4"></td></tr>
<tr><td>是否外出救援</td><td>是□</td><td>否□</td><td colspan="2">本人已知晓上述信息。客户签字：</td></tr>
</table>

<table>
<tr><td rowspan="6">维修信息</td><td>维修项目</td><td>备件</td><td>是否索赔</td><td>耗材费</td><td>工时费</td><td>小计</td><td>维修人</td><td>检查人</td></tr>
<tr><td></td><td></td><td>是□否□</td><td></td><td></td><td></td><td></td><td></td></tr>
<tr><td></td><td></td><td>是□否□</td><td></td><td></td><td></td><td></td><td></td></tr>
<tr><td></td><td></td><td>是□否□</td><td></td><td></td><td></td><td></td><td></td></tr>
<tr><td></td><td></td><td>是□否□</td><td></td><td></td><td></td><td></td><td></td></tr>
<tr><td></td><td></td><td>是□否□</td><td></td><td></td><td></td><td></td><td></td></tr>
<tr><td colspan="9">客户知晓并认可上述维修项目及费用。客户签字：</td></tr>
</table>

1.2 前期计划和相关问题

1）初步检查

经维修人员初步检查，发现车辆故障现象为“高压无法通电”。需要进一步读取故障码，对车辆进行初步诊断。车辆仪表如图 4-1 所示。

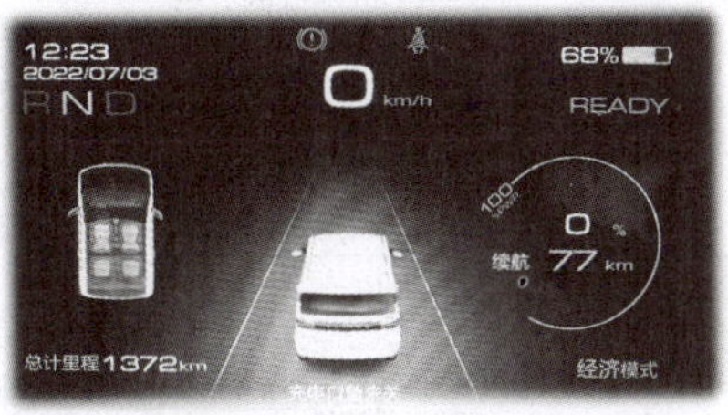

（a）

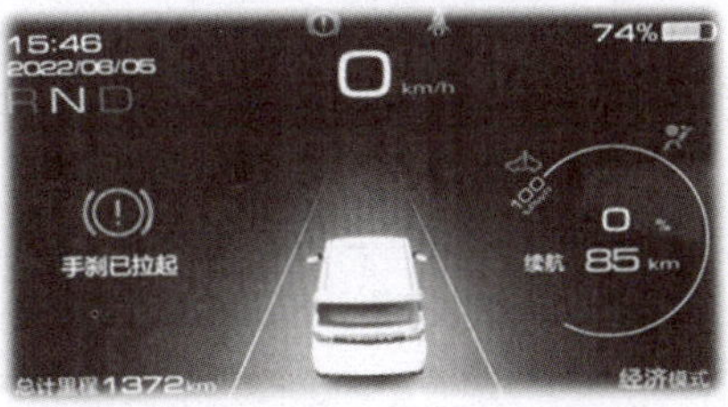

（b）

	READY 指示灯：（即 OK 指示灯）电源开关在 ON 挡，同时踩下制动踏板。这时 READY 指示灯亮，表示车辆准备就绪。如果 READY 指示灯没有亮，操纵换挡旋钮时将没有响应（挂不进挡）
	整车故障指示灯：电源开关旋到 ON 挡时，该指示灯短暂点亮后熄灭，这表明整车高压系统性能正常。当发生动力系统故障或通信故障时，故障指示灯亮

图 4-1　车辆仪表

（a）正常情况，READY 指示灯亮；（b）异常情况

由于故障指示灯亮，按既定的流程读取汽车故障码，如图 4-2 所示，要求如下：

（1）进入 VCU 控制单元，读取故障码，并记录主要信息。

（2）清除故障码后，重新将开关旋至 ON 挡，再次读取故障码，并记录信息。

（3）严格遵守相关维修站信息系统的检查和维修说明。

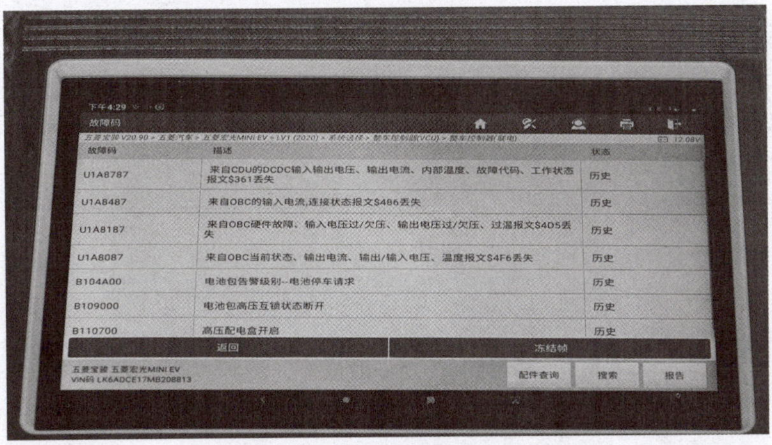

图 4-2　读取相关故障码

2）车辆“高压无法通电”故障的思维导图

运用“头脑风暴”法绘制处理故障的工作思维导图（图 4-3），进行故障查询和维修的准备工作。根据思维导图和因果分析图提出问题，然后解答这些问题以进行信息收集和分析、制订工作计划和执行具体工作。

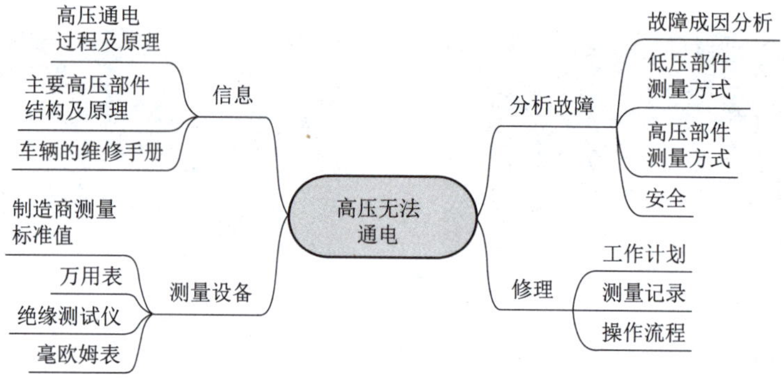

图 4-3　处理“高压无法通电”的工作思维导图

3）“高压无法通电”的六步法工作流程

“高压无法通电”故障诊断与检修工作流程如图 4-4 所示。

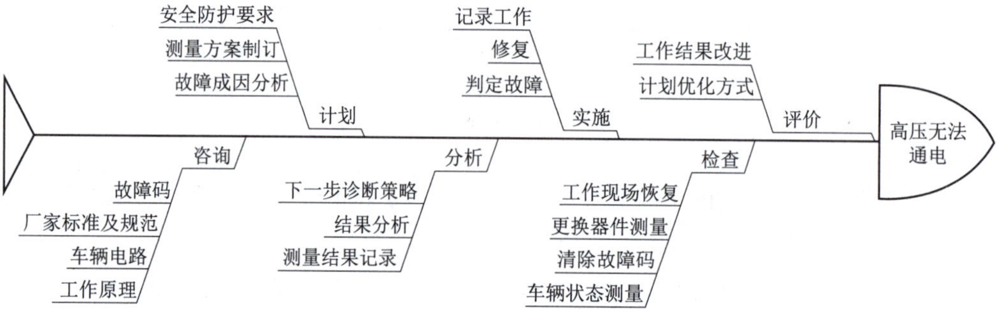

图 4-4　“高压无法通电”故障诊断与检修工作流程

小贴士

涉及高压部件的检测，要按规范执行“高压断电”流程。养成良好工作素养，防止安全事故的发生。

2. 信息收集

2.1　高压系统

1）结构及控制关系

电动汽车的高压系统通常由整车控制模块 VCU、动力电池管理系统 BMS、充配电系统总成 CDU、电机控制模块 MCU、驱动电机、空调 PTC 加热器、电动空调压缩机、交流充电插座、充电枪、高压线束等组成。高压控制关系如图 4-5 所示。

（1）充配电系统总成 CDU 集成高压配电盒、DC/DC 转换器及车载充电机功能；

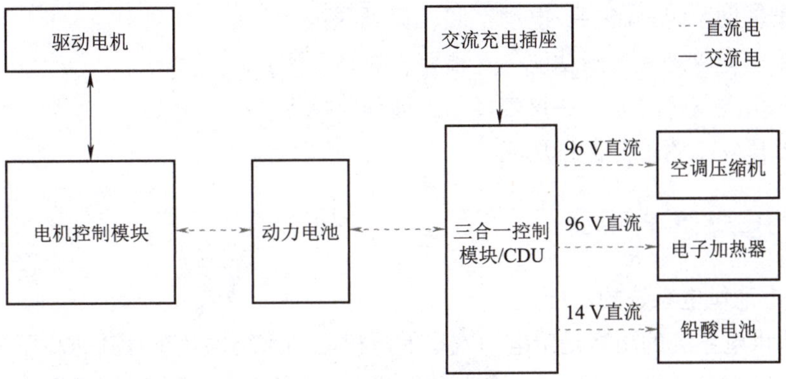

图 4-5 高压控制关系

(2) 外部交流充电设备通过交流充电插座和充配电系统总成给动力电池充电；

(3) 动力电池通过充配电系统总成给电子加热器供电；

(4) 动力电池通过充配电系统总成给空调压缩机供电，压缩机内部将直流电转换成三相交流电，驱动压缩机电机运行；

(5) 动力电池直接给电机控制模块 MCU 供直流电，电机控制模块把直流电转换为三相交流电，给驱动电机供电，同时驱动电机产生的电能可以通过电机控制模块给动力电池充电。

2) 整车控制模块

整车控制模块即动力总成控制器，是新能源汽车的核心控制部件，它必须具有高可靠性以及良好的容错性、电磁兼容性和环境适应性，以保障新能源汽车的安全、稳定运行。图 4-6 所示为整车控制模块功能。

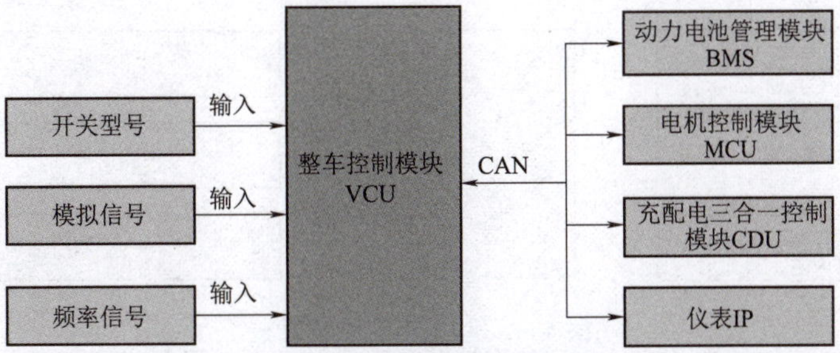

图 4-6 整车控制模块功能

整车控制模块能采集加速踏板位置信号、制动踏板信号及其他部件信号并进行相应判断，控制下层各部件控制单元动作，进而实现相应功能。同时，整车控制模块还能通过 CAN 总线对整车运行状态进行管理和调度。

整车控制模块通过传感器与 CAN 信号的采集，VCU 在通过内部处理器将处理运算后的指令通过 CAN 网络发送到相应的执行器或高压模块。整车控制模块的功能主要有以下几点：

(1) 整车驱动控制——扭矩输出；

(2) 能量管理功能——放电和能量回收；

（3）整车辅助系统控制——电动空调、暖风等；

（4）整车安全管理和诊断功能——预警、故障干预；

（5）整车信息管理功能——仪表显示、远程监控等；

（6）高低压安全管理与保护功能。

2.2 动力电池供电系统

1）动力电池供电系统的功能

动力电池供电系统的功能是给电动汽车的电机驱动系统以及车身其他高压和低压电气元件提供能量，动力电池供电系统的设计不仅要满足整车的动力要求，同时还要考虑电池系统自身的安全及管理设计等方面的要求。

动力电池供电系统的功能如下。

（1）为全车高压和低压用电设备供电。

①动力电池供电系统的主要功能是为全车高压和低压用电设备提供电源；

②为驱动电机控制模块 MCU 提供工作电源，作为电机的动力源；

③为充配电模块提供电源，高压电经充配电模块内部 DC/DC 转换器降压后给全车低压用电设备供电，同时给低压电池充电；

④给空调压缩机、空调暖风加热器 PTC 等车身高压用电设备供电。

（2）对动力电池进行安全检测。

动力电池供电系统如图 4-7 所示。

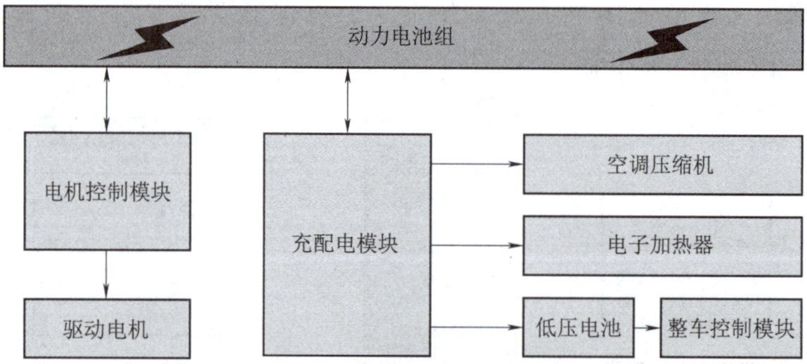

图 4-7　动力电池供电系统

当动力电池过压、欠压、过流、过高温和过低温时，需要进行保护。同时还要进行 SOC 估算、充放电管理、均衡控制、故障报警等，这些措施的最终目的是提高电池的利用率，防止电池出现过充电或过放电，延长电池的使用寿命，保证用电安全。为了实现上述功能，动力电池管理系统必须随时检测动力电池的运行状态。这些检测包括：

①动力电池电压检测；

②动力电池电流检测；

③继电器断开检测；

④继电器粘连检测；

⑤动力电池绝缘检测；

⑥车辆碰撞检测。

2）动力电池供电系统的组成

（1）电池供电系统。

VCU 向高压电池供电系统发送被其监控电路中是否出现故障的信息。大电流继电器即接触器，安装在高压电池供电系统中。接触器是高电压汽车内部的一个电气开关，用于切换大负载。高压电池断电系统用于断开或者接通高压电池供电线路与车辆高电压网络的连接。电池供电系统原理图如图 4-8 所示。

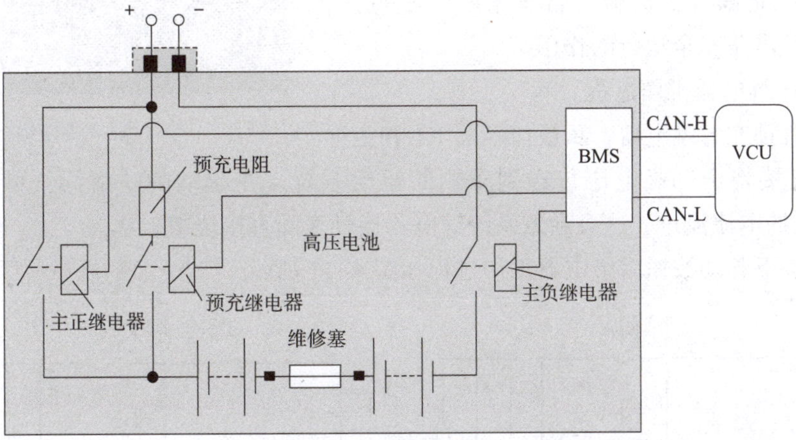

图 4-8　电池供电系统原理

（2）高压继电器。

图 4-9 所示为车用高压断路单元，也叫继电器，各个厂商叫法有所不同。不管是低压继电器还是高压继电器，其作用都是一样的，都是通过小电流来控制大电流的输出，相当于一个开关的作用。它是新能源汽车不可或缺的核心关键零部件，具有动作快、体积小、灭弧安全性高、动作可靠性高、寿命长久等特点。

图 4-9　高压继电器

（3）预充继电器。

许多新能源汽车均安装预充电继电器，这是为了与预充电电阻一起保护系统。当驾驶员进入汽车并且按下起动按钮时，系统起动命令就会立刻被发送至电池管理系统模块 BMS。

当电动汽车动力系统的高压线短路时，导致动力电池瞬间大电流放电，此时动力电池和高压线束的温度迅速升高，将会导致动力电池和高压线束的燃烧，严重时还可能会引起电池爆炸。若电路中正确地安置了熔丝（图 4-10），那么熔丝就会在电流异常升高到一定高度的时候，自身熔断切断电流，从而起到保护电路安全运行的作用。

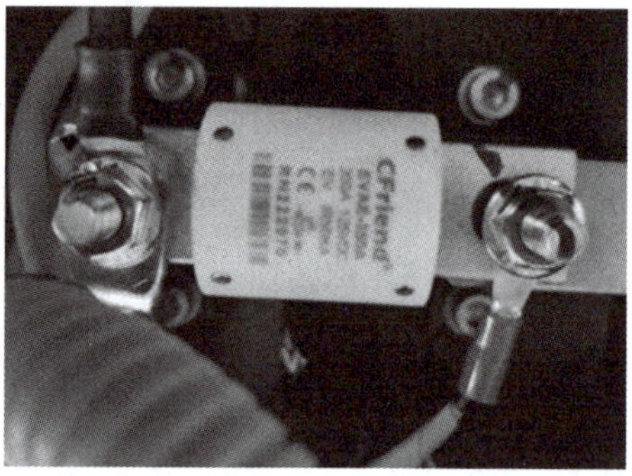

图 4-10　高压熔丝

（4）高压继电器工作过程。

如果没有预充电继电器，负极接触器 K1 和主继电器 K3 会直接将全部高电压传送到车辆的驱动系统。在起动的一瞬间，可能会有高达 1 000 A 以上的电流流过，这会导致系统继电器接触表面直接烧毁。

驾驶员按下起动按钮后继电器工作过程如图 4-11 所示。

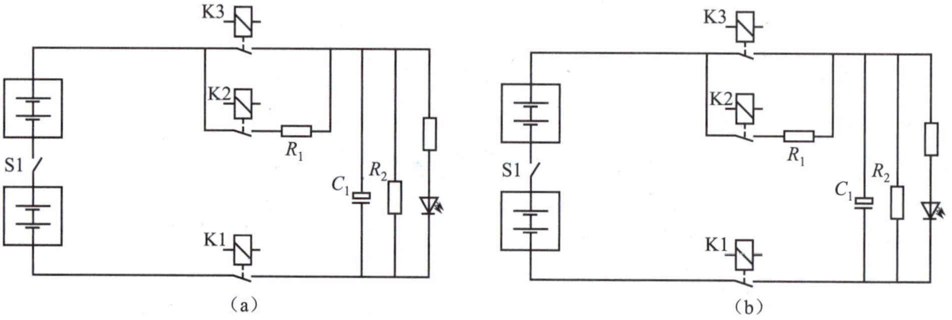

图 4-11　继电器工作过程

（a）预充继电器接通；（b）主继电器接通

电池断电系统中的继电器 K1 和 K2 先闭合，现在有电流流过继电器触点 K2 和预充电阻 R_1。由于经过预充电阻 R_1 出现压降，使 R_2 两端的电压下降。放电电容器 C_1 在接通过程中只能消耗有限的电流来给自己充电。同时，车辆进行所有系统的自动检测，以检查所有线路和部件是否正常运行。只有所有方面都没有问题时，电池控制单元才会接通主继电器 K3 并且关断预充继电器 K2。现在，预充电阻 R_1 两端没有电压降，电容器 C_1 充满电，并且高电压系统获得稳定的供电。高压继电器不吸合故障如表 4-2 所示。

表 4-2　高压继电器不吸合故障

现象	故障原因	检测方法
高压继电器不吸合，电池供电系统无法通电	熔丝故障	检查熔丝是否熔断
	高压继电器失效	检查继电器线圈端供电电源是否正常；继电器是否吸合

续表

现象	故障原因	检测方法
高压继电器不吸合，电池供电系统无法通电	通信故障、温度报警、欠压报警	检查仪表 BMS 报警信息，根据 BMS 报警内容判别故障原因
	BMS 故障	检查低压电源是否供电给 BMS，或者电源电压是否过低
	整车控制模块 VCU 故障	检查整车控制模块是否给出 BMS 命令

（5）泄放电路。

在高压电池组的正负两端并联了一个放电电容 C_1，同时并联了一个电阻 R_2，它们即构成泄放电路。C_1 可防止由于继电器开闭时，自感电压对继电器的损伤。新能源汽车断电后，内部电容存有的大量电荷则会被并联电阻 R_2 消耗掉。采用泄放电路减小对开关等元器件造成的损耗，以及对维修人员的人身安全造成的威胁。

此外，为了保证高压电池的安全，在大部分车辆上，电池的高压插头都含有一根强电流熔丝，该熔丝会在该高压系统发生短路时熔断，从而保护车辆。大部分车辆还配备一个电流传感器，可以持续监控电流消耗情况，从而保护车辆。

2.3　高压系统高压防护措施

新能源汽车动力系统具有高电压、大电流的动力回路的特点，其高压电气系统的工作电压可以达到 300 V 以上，正常工作电流可能达到数十安培甚至上百安培，瞬时短路电流更是成倍增加。高电压和大电流不仅会影响车辆的正常工作，还可能危及车上乘客或维修人员的人身安全。因此，新能源汽车设置了一些高压防护措施。新能源汽车常用的高压防护措施有采用电池断电系统、采用高压互锁回路、安装漏电保护器、设置等电位连接、采用泄放电路等。

1）高压互锁

（1）高压互锁的结构及作用。

高压互锁（high voltage interlock，HVIL）回路也叫危险电压互锁回路，是指通过使用低压信号来检查电动汽车上所有与高压母线相连的各分路，包括整个电池系统、导线、连接器、DC/DC、电机控制模块、高压盒及保护盖等系统的电气连接完整性（连续性）。

ISO 国际标准 ISO 6469-3-2021《电动汽车安全技术规范第 3 部分：人员电气伤害防护》规定电动汽车上的高压部件应具有高压互锁装置，当整个动力系统高压回路连接断开或者完整性受到破坏的时候，就需要启动安全措施，如报警或断开高压回路等。带有高压互锁功能的高压接插件的特点是有一个双线的小插头和插座，如图 4-12 所示。

图 4-12　高压互锁接插件插头

高压互锁的具体作用如下。

①整车在高压通电前确保整个高压系统的完整性，使高压处于一个封闭的环境下工作，提高安全性。

②当整车在运行过程中高压系统回路断开或者完整性受到破坏的时候，需要启动安全防护。

③防止带电插拔高压接插件给高压端子造成拉弧损坏和人身伤害。

（2）高压互锁的结构及工作原理。

高压互锁是怎么实现的呢？首先要了解的是高压接插件中互锁机构的工作原理。如图 4-13 所示，由于高压插头（高压接插件）中高压电源的正负极端子和中间互锁端子的物理长度不一样，当要连接高压插头时，高压插头的电源正负极端子先于中间互锁端子连接好；当要断开高压插头时，高压插头的中间互锁端子先于高压插头中的电源正负极端子脱开，这样的设计也避免了拉弧的产生。

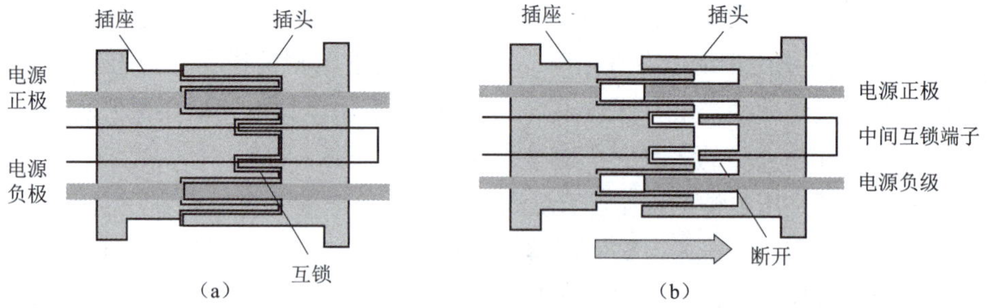

图 4-13　互锁机构的工作原理

（a）互锁插头接合；（b）互锁插头断开

高压互锁回路（图 4-14）还包括用于检测高压部件盖板是否可靠关闭的行程开关（开盖保护开关）。信号线将所有高压器件上的检测点全部串联起来，组成一条检测信号回路，即互锁信号回路。若高压回路内某一个部位没有连接好，互锁信号送入 BMS 内，将断开动力电池。

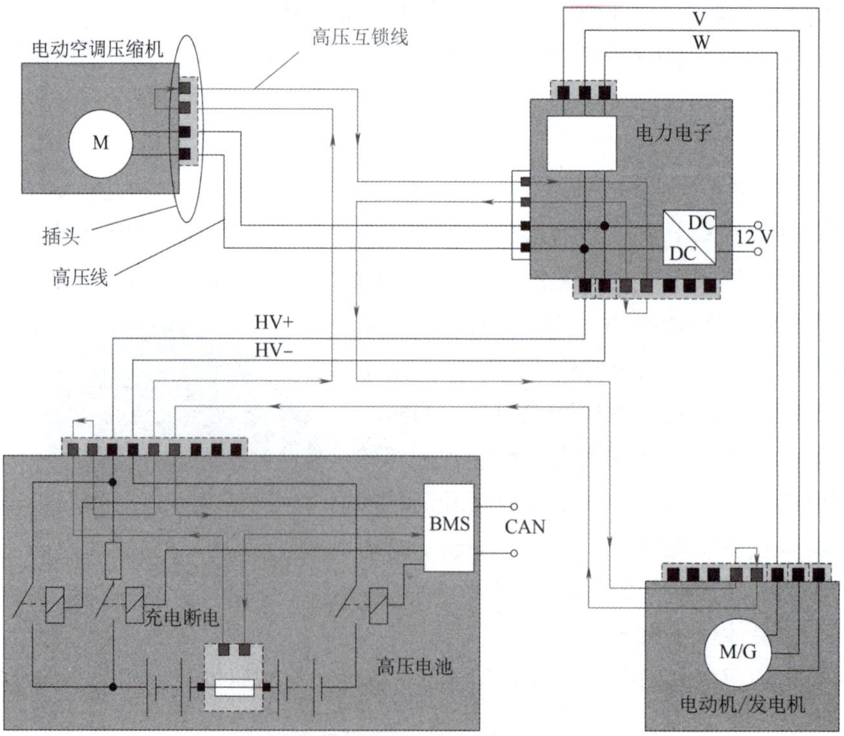

图 4-14　高压互锁回路示意图

高压互锁回路中还可以包括车辆碰撞和翻转信号。当整车发生碰撞（侧翻）时，安全气囊碰撞（侧翻）传感器发出信号，触发断电信号，整车控制模块使高压电源在毫秒级时间内断开，并利用高压系统余电放电电路将汽车高压部件电容端的电压在很短时间内放掉，避免火灾或漏电事故引起人员触电事故的发生，以保障安全。

高压互锁回路采用的是低压 12 V 的串行信号电压进行监控，这个信号输入 BMS 内进行检测，当某一高压接插件未连接到位或车辆碰撞或翻转时，BMS 将控制电池断电系统断开动力电池的电源输出。

（3）高压互锁回路的两种形式。

①环形互锁是与高压电源线并联，并在所有高压接插件端与接插件检测开关连接，将所有的连接串接起来组成一个完整的回路（图 4-15）。对于带屏蔽层的高压线路，可以利用高压线上的屏蔽线组成信号回路的一部分，使整个系统变得更简单、可靠。

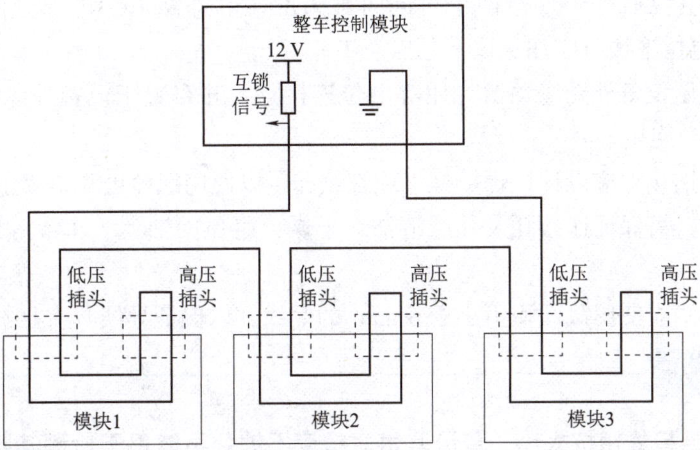

图 4-15　环形互锁

整车控制模块通过一个上拉电阻或下拉电阻发出 12 V 的高电位信号，通过相关模块的高压互锁回路最终接地，构成一个完整的低压回路。当高压互锁回路所有模块低压和高压线束连接良好时，VCU 检测到一个电压为 0 的低电位信号；当某一高压部件的低压或高压连接断开时，VCU 检测到 12 V 的高电位信号。VCU 检测到线路断开的信号后，通过网络把信号发给动力电池主控管理单元，动力电池主控管理单元控制主继电器，断开高压电。

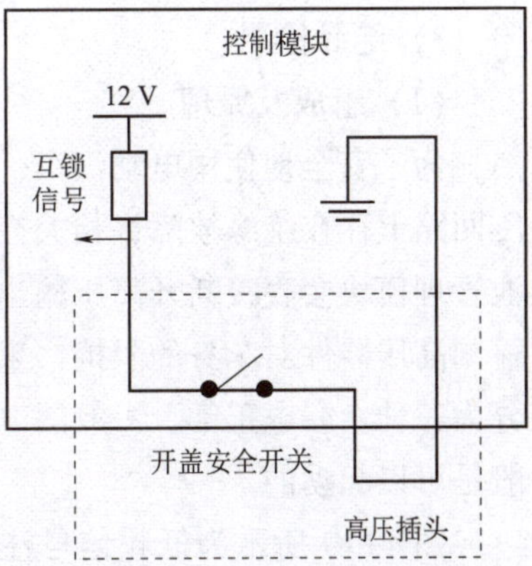

图 4-16　星形互锁

②星形互锁（图 4-16）指的是各个高压部件控制器负责检测各自的高压互锁信号，只有当全部的控制器收到高压互锁接通信号时，才允许接通高压电源。

主控管理单元通过一个上拉电阻（12 V）给互锁检测器提供高电位电压，当拔下高压线路时互锁检测器断开，此时主控管理单元检测到一个高电位信号；当插好高压线路时互锁检测器闭合，此时主控管理单元检测到一个低电位信号。

2）等电位连接

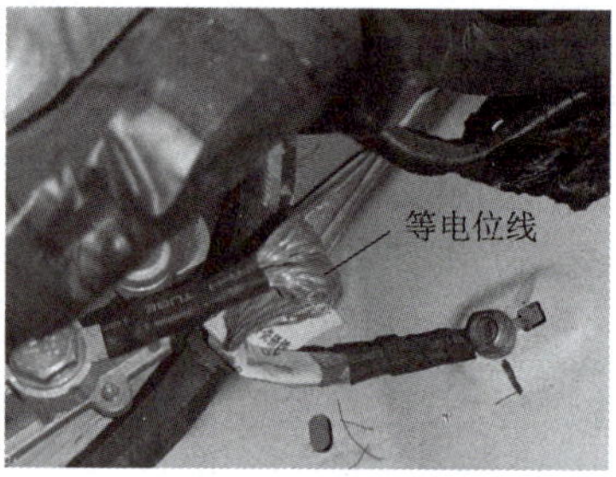

图 4-17　等电位连接

等电位连接是指将高压部件的可导电外壳与底盘连接，使所有高压部件可导电外壳连接在一起，进而使其可导电部分任意两点电位差最小，即具有相同电势，如图 4-17 所示。常采用镀银导线进行等电位连接。

为新能源汽车设置电位均衡连接的原因是新能源汽车储能系统虽为直流供电系统，但包括很多带有电感参数的负载（即感性负载），如驱动电机、电动空调压缩机等。这些感性负载运行时，其内部的绕组和高压连接线束会通过交变电流产生磁场。这时，如果驱动电机和高压线束的屏蔽性或绝缘性不佳，则有可能使高压部件外壳带电，存在安全隐患，造成触电事故。

为了保证等电位通路中任意两个可同时被人触碰的外漏可导电部分间的电阻不大于 0.1 Ω。实施等电位连接时应注意以下几点。

（1）任一高压设备外壳应预留专用等电位连接点，并布置于设备外缘，以便用最短的导线与车架或车身连接。

（2）等电位连接点应设计成焊接螺母或螺纹孔，以便用螺栓可靠地固定连接端子。

（3）连接时，需保证连接孔及孔缘清洁、干燥，避免因油污、车漆等绝缘性物质增大接触电阻。

（4）连接导线应使用截面积不小于 6 mm^2 的铜线，以保证导线具有足够小的电阻。

小贴士

等电位连接线阻抗太小，普通万用表精度不够，不能用于检测其阻值，需使用毫欧姆表，如图 4-18 所示。

3）绝缘检测

（1）组成及原理。

图 4-18　毫欧姆表

为了安全地使用电动汽车，电动汽车设置有漏电报警程序。只要高压回路上存在绝缘故障，相关控制模块都会上报故障，严重漏电时，电池管理模块会直接断开高压输出，车辆无法起动。绝缘监控模块主要是检测高压器件对车身的阻抗，来判断车辆是否存在漏电风险。漏电报警分为三种：漏电正常、一般漏电、严重漏电。在前两种情况下，车辆一般是可以起动的。

图 4-19 所示为低频信号注入法检测原理。R_1 和 R_2 分别是电动汽车的正极绝缘电阻和负极绝缘电阻，GND 为电动汽车系统底盘接地。虚框内为绝缘检测系统的主体电路，其中包括电容 C、电阻 R_3、R_4 以及低频信号发生器 GEN。

信号发生器 GEN 产生一个电压不断变化的交变信号，通过绝缘阻抗 R_1 和 R_2 接地，当动力电池的正极或者负极对地阻抗过小的时候，流过电阻 R_3 的电流就会变大，通过对采样电阻 R_3 上分压的采集，计算得出对地绝缘阻抗的大小。

（2）绝缘检测方法。

常见的系统绝缘故障的原因有整车各高压部件（控制器、压缩机等）进水、接插件进水、电池箱进水、电池模块漏液等。

绝缘监测故障排查时，首先通过诊断仪的故障码功能观察是否有与整车绝缘监控相关的故障码，通过诊断仪的数据流功能判断整车绝缘监控是否正常。

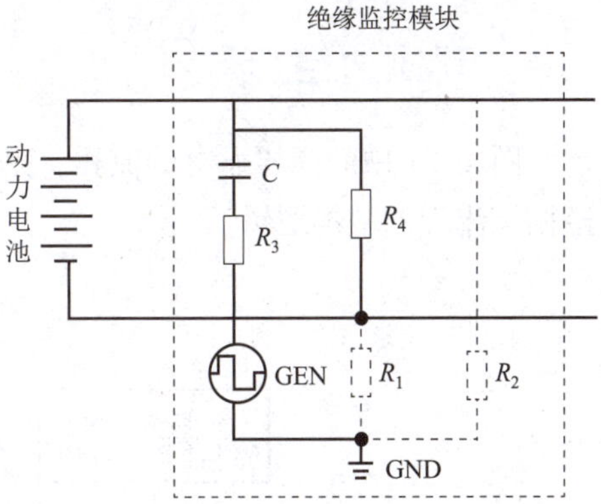

图 4-19　低频信号注入法检测原理

需要利用绝缘表分别测量高压插件与车身之间的绝缘性能，如果绝缘性能低于标准值，首先需要分别对高压线、控制模块以及其他高压部件进行检查，然后根据情况进行维修或者更换，如图 4-20 所示。

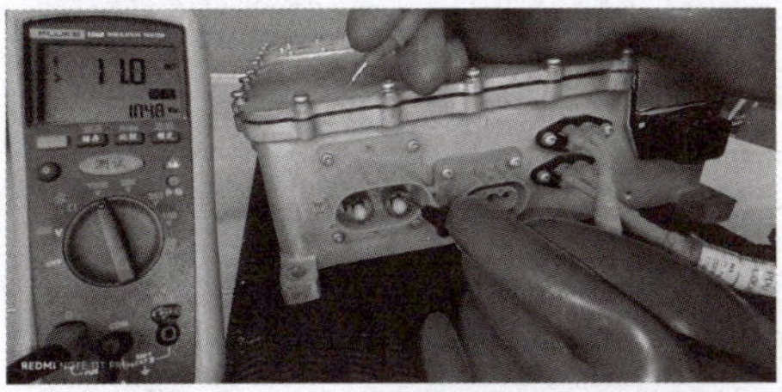

（a）

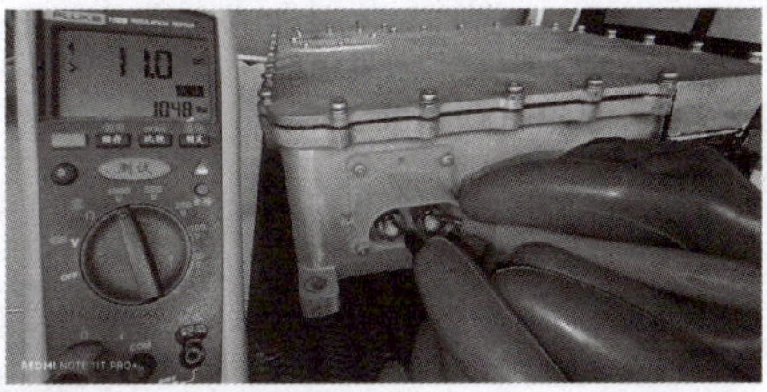

（b）

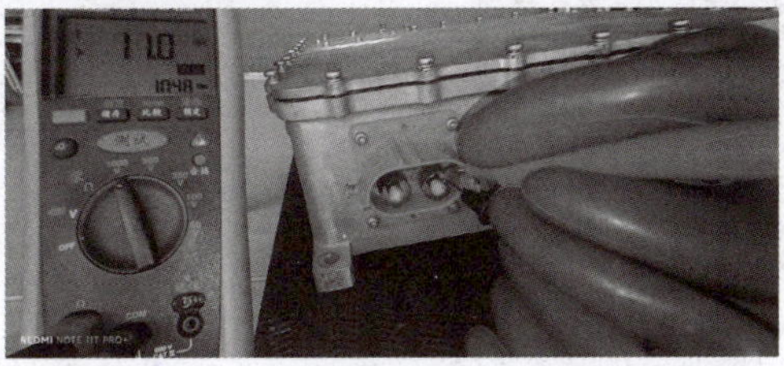

（c）

绝缘阻值的检测

图 4-20　绝缘检测的步骤

（a）分别测量正、负极与壳体绝缘情况；（b）测量正、负极之间的绝缘情况；（c）测量正、负极与高压线屏蔽层的绝缘情况

也可以采用隔离法诊断此类故障。首先将高压互锁信号线人为地短接或对地短路，在保证高压插头断开的情况下，动力系统的高压还能正常输出。然后分别断开相关的高压线路和模块，通过检测仪或者仪表观察漏电报警是否消除，如果漏电报警消除，说明隔离的部件或者线路存在高压漏电故障。

小贴士

不能通过万用表检测阻值来检测绝缘性能，高压系统的绝缘性能检测必须用绝缘测试仪，并将其调至 1 000 V 挡位。

2.4 高压通电流程

图 4-21 中的高压通电的流程，是以宏光 MINI EV 为例的。各生产商略有差异，但基本遵循该流程的基本逻辑。

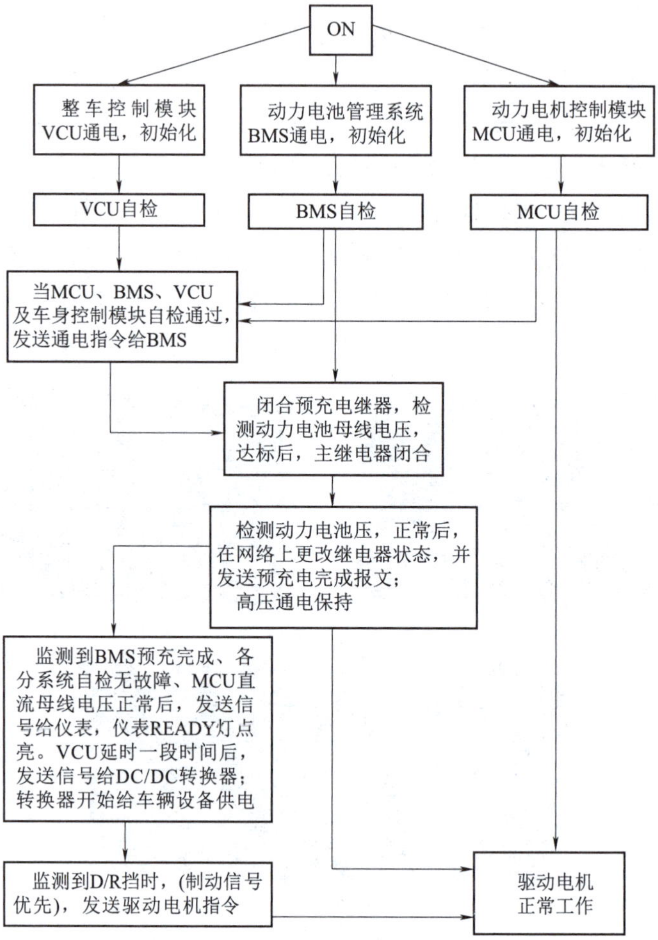

图 4-21　高压通电流程

3. 执行工作计划

3.1 信息分析：无法通电的原因分析

用思维导图（图 4-22）分析故障的可能成因，应尽可能多地将其列出，并根据检测的步骤分类。

登录诊断系统，读取车辆状态信息。根据相关故障码及相关数据流“充配电盒盖开启”，查找车辆相关信息。

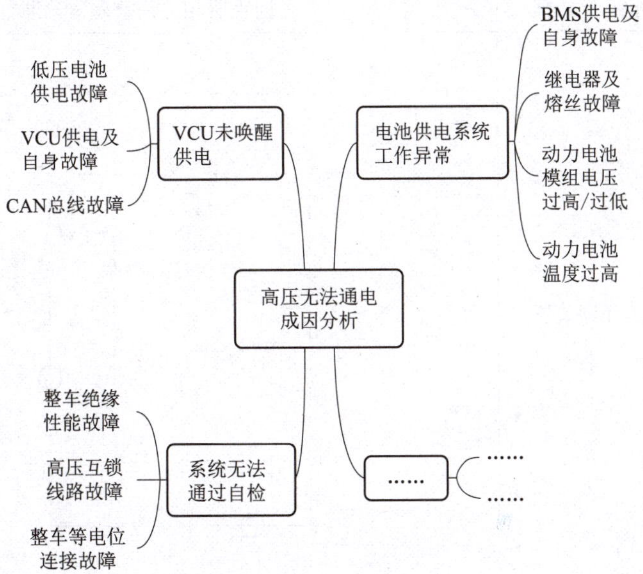

图 4-22　高压无法通电成因分析

3.2　工作计划：制订高压互锁装置检修计划

根据相关故障码及相关数据流“充配电盒盖开启”，查找车辆相关信息，将所有采集的信息和维修手册进行对比并分析，确定初步检测计划，如表 4-3 所示。充配电模块的高压互锁原理如图 4-23 所示。

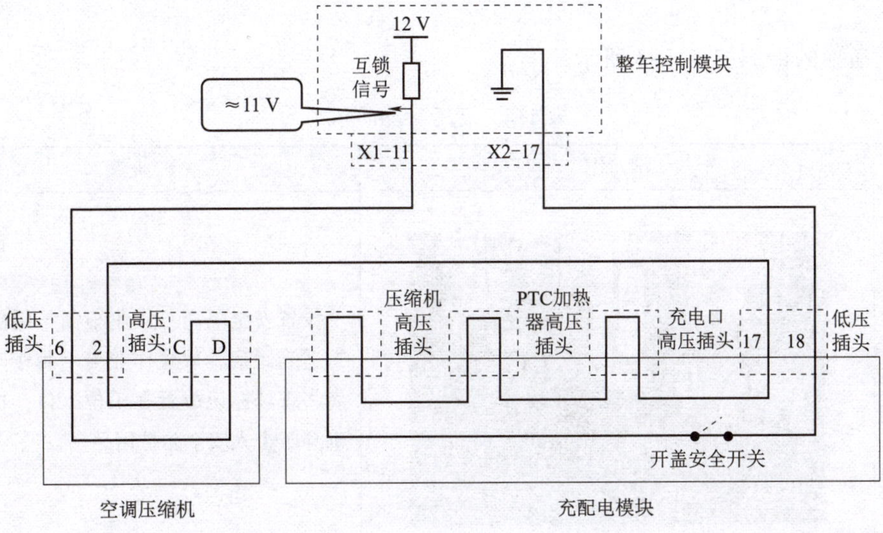

图 4-23　充配电模块的高压互锁原理

表 4-3　高压互锁装置故障制度

故障初步判断	查询手册相关信息确定诊断计划
充电总成相关的高压互锁装置	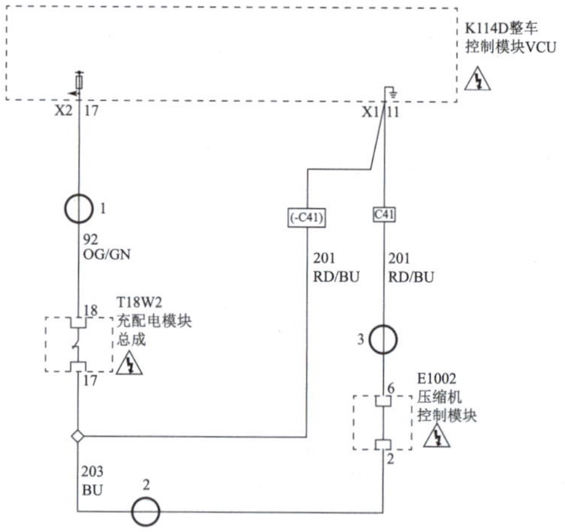

小贴士

当进行复杂的故障维修时，检查及诊断往往比修理更费时，在委托报价时需要经验和交流技巧。

3.3　任务实施：高压互锁的检测

高压互锁的检测如表 4-4 所示。

表 4-4　高压互锁的检测

序号	示意图	步骤
1		设置安全隔离，作业车辆与周围车辆保持适当距离；放置作业警示牌于车顶，或者将现场标识放置在工位入口，检查并正确穿戴个人安全防护用品

续表

序号	示意图	步骤
2	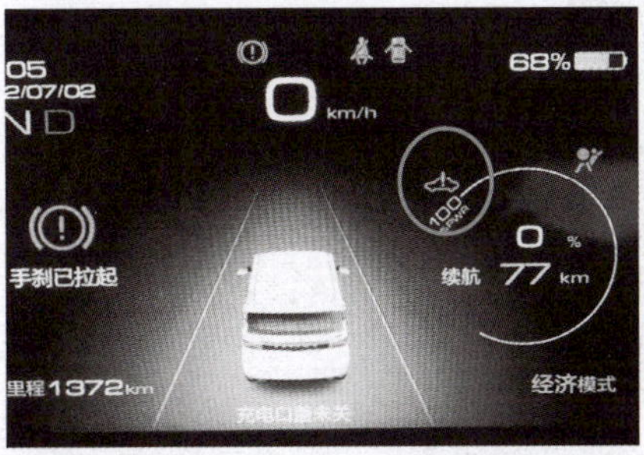	打开点火开关，动力系统故障指示灯亮，但 READY 灯不亮
3	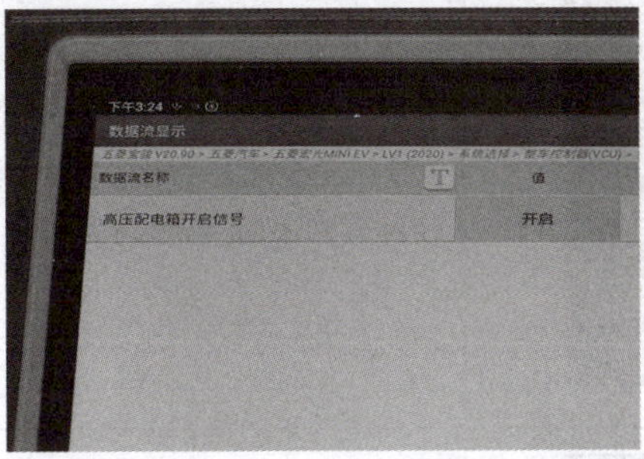	连接诊断仪，进入 VCU 单元；读取故障码，显示“”；继续读取数据流，显示在转速=0 时，高压配电盒开启信号为“开启”，说明高压系统存在故障，初步判断为高压互锁机构故障
4	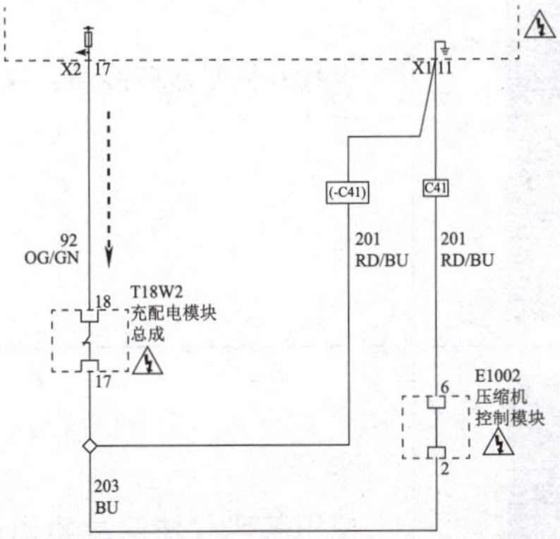	查找维修手册相关内容，并制订检测计划。根据手册进一步分析，可能故障有： （1）高压互锁监控模块故障； （2）高压互锁回路异常； （3）高压互锁部件内部故障
5	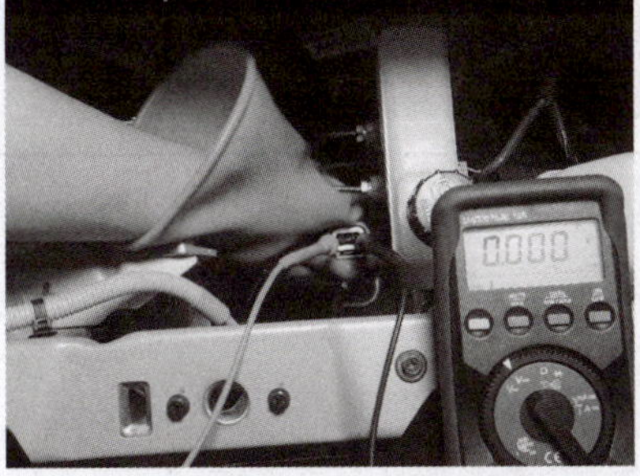	进行高压断电操作（具体操作见任务一）

续表

序号	示意图	步骤
6	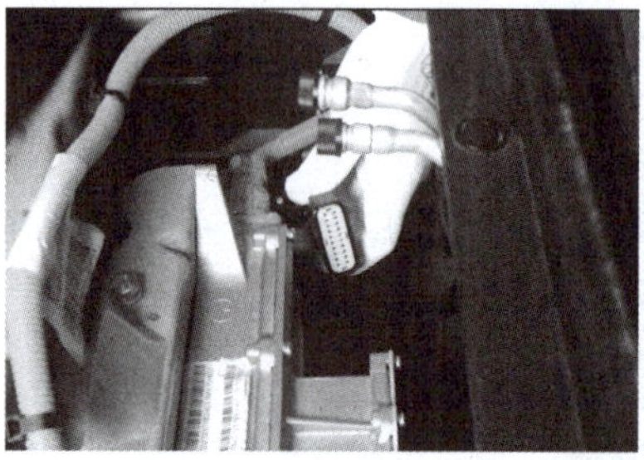	断开充配电总成低压线束接插件。通电后检测 17 号针脚，电压为 0，异常
7		拔下空调低压接插件，电压为测量 6 号针脚，电压为 10.6 V，正常。测量空调 2 号针脚充配电 17 号针脚，电阻为无穷大，这种异常说明线路短路
8	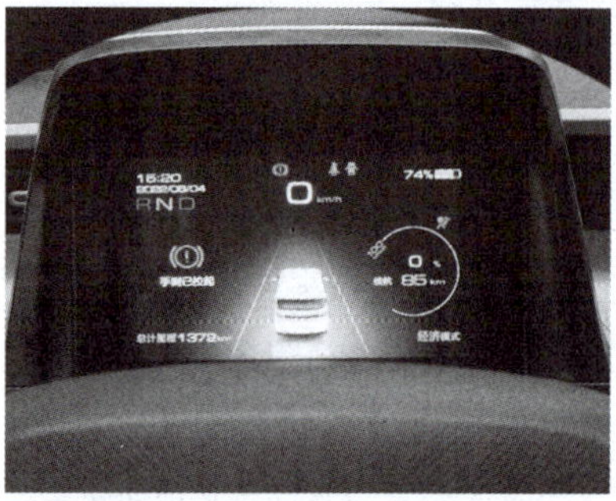	查找并恢复故障线路，仪表指示灯正常
9	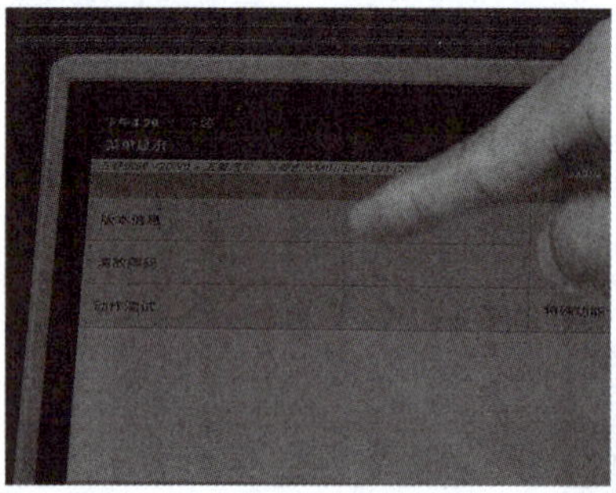	使用解码仪清除故障码后，重新读取，恢复正常，故障排除

高压互锁的检修

3.4　记录及工作质量评价

在执行诊断维修任务结束时，车辆维修人员要确认工作质量是否全部合格，并上路试车。 （1）是否所有检查项目都已实施并记录？ （2）是否遵守了安全防护要求？所工作的场所是否有按操作要求隔离？维修时间是否在计划中？ （3）哪些关于工作的信息是必须与客户沟通和确认的？ （4）个人对维修流程及方案有什么建议及优化？	（1）将工作计划内的所有项目检查一遍，确认所有项目都已圆满完成，并根据展示要求进行详细解释。 （2）评价故障诊断和维修效率。 （3）指出维修的方法及后续使用建议。 （4）考虑一下，维修、工作计划的准备工作，工具、检测设备及安全防护等是否达到最佳程度，提出改进建议并在下次维修时加以注意。

学习工作页　高压无法通电故障检修

1）故障排除练习

（1）请各小组学习、思考和讨论解决问题的具体工作计划，考虑时间、工具、物料并将流程（以图、表等方式）画在下面空白处。同时用白板展示工作计划，各组派出代表陈述本组的工作方案。

（2）各小组按上述工作计划完成故障排除训练，并学习填写学生实训记录，如表 4-5 所示。

表 4-5　学生实训记录

班级		车型及年款	
姓名		车辆识别码	
学号		里程数	
实训步骤及测试结果			
结果分析			
防范措施			
自我评价	良好□　合格□　不合格□		
教师评价	良好□　合格□　不合格□　教师姓名：		________年__月__日

（3）各小组对其他组的工作计划进行互评，教师总评，并将评语写在评价框内。各小组根据教师和各组的评价进行方案优化。

2）学习过程评价

（1）请进行必要的最终检查和“6S”管理。

（2）请根据实施过程进行总结并完善改进工作计划；填写总结内容和改进工作计划。

（3）学生填写自评表；要求每一个小组派代表上讲台讲述小组的学习成果和经验收获。

（4）教师填写总评表及教师评价结果，如表 4-6 所示。

表 4-6　任务评价

<table>
<tr><th rowspan="2">项目名称</th><th rowspan="2" colspan="2">评价内容</th><th rowspan="2">满分/分</th><th colspan="3">评分/分</th></tr>
<tr><th>自评</th><th>互评</th><th>师评</th></tr>
<tr><td rowspan="6">职业素养
考核项目
40%</td><td colspan="2">无迟到、无早退、无旷课</td><td>6</td><td></td><td></td><td></td></tr>
<tr><td colspan="2">仪容仪表符合规范要求</td><td>6</td><td></td><td></td><td></td></tr>
<tr><td colspan="2">具备良好的安全意识与责任意识</td><td>10</td><td></td><td></td><td></td></tr>
<tr><td colspan="2">具备良好的团队合作与交流能力</td><td>6</td><td></td><td></td><td></td></tr>
<tr><td colspan="2">具备较强的纪律执行能力</td><td>6</td><td></td><td></td><td></td></tr>
<tr><td colspan="2">保持良好的作业现场卫生</td><td>6</td><td></td><td></td><td></td></tr>
<tr><td rowspan="4">专业能力
考核项目
60%</td><td colspan="2">积极参加教学活动，按时完成任务工单</td><td>12</td><td></td><td></td><td></td></tr>
<tr><td colspan="2">操作规范，符合作业规程</td><td>18</td><td></td><td></td><td></td></tr>
<tr><td colspan="2">操作熟练、工作效率高</td><td>12</td><td></td><td></td><td></td></tr>
<tr><td colspan="2">任务完成情况良好</td><td>18</td><td></td><td></td><td></td></tr>
<tr><td colspan="3">合计</td><td>100</td><td></td><td></td><td></td></tr>
<tr><td>总评</td><td>自评（20%）+互评（20%）+师评（60%）=</td><td colspan="2">综合等级：________</td><td colspan="3">教师签名：________</td></tr>
</table>

任务五　低压电池亏电故障诊断与检修

学习目标

知识目标

- 能说出直流升压和直流降压的原理。
- 能说出电动汽车低压电池充电系统的组成和原理。
- 能说出 DC/DC 变换器的工作原理。

技能目标

- 能正确完成充配电系统的外观检查，并判断线束及接插件的连接情况。
- 能正确完成高压绝缘检查。
- 能独立读取及分析充配电系统的检查数据。
- 能正确对充配电系统的故障进行诊断与维修。

素养目标

- 养成“先计划、后实施”的工作习惯。
- 能全面地与客户沟通交流并完成维修方案。
- 能全工作过程规范管理自己及团队成员安全操作。
- 能严格执行高压车辆维修流程。

任务知识树

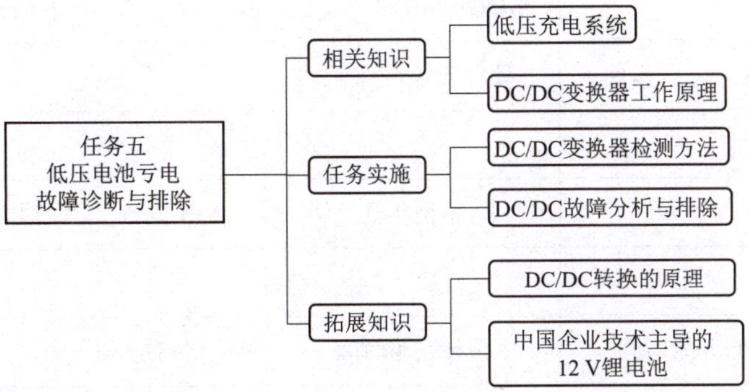

1. 检查与对话

1.1　接车谈话和检查

1）任务描述

有一辆北汽 EV450 电动汽车的客户将车辆送修，客户反映说仪表盘有个电池灯亮起。维修站安排维修人员对车辆的 12 V 电池进行检查测量，发现电压偏低，存在亏电现象。维修人员对车辆进行检测，最终确诊故障原因，制订维修计划，并向客户简要描述故障原因及维修方案。

2）客户自述

客户描述："我的车最近仪表里老出现个电池符号，感觉车子似乎出现了什么异常。请修理厂师傅帮忙检查看看是什么问题。"

3）填写客户委托书

根据与客户的交流信息及实车初步检查所收集的信息，得到"低压电池亏电"故障检修大致范围，解释诊断流程并填写客户委托书，如表 5-1 所示。

——Who：客户。

——What：客户希望能够解决"电池警报灯亮"故障。

——When：车辆在什么状态下产生了故障。

——Where：车辆开到什么异常的环境下出现的状况。

——Why："电池亏电"故障大致范围。

——How：诊断该故障大致分几步检查。

——How much：需要的时间有多长，大致产生的费用是多少。

表 5-1　汽车维修委托书样式

汽车维修委托书

编号：________

维修站名称		车辆到店时间	____年__月__日__时	服务顾问	
客户信息	□车主　□送修人	身份证号码			联系电话
车辆信息	车牌号	车型年款	VIN 码	发动机号码	行驶里程数
作业信息	维修开始时间	预计交车时间	付款方式	非索赔旧件是否带走	
	____年__月__日__时	____年__月__日__时			
预检信息记录	车内是否有贵重物品？		油箱存油量		
	有□	无□			
	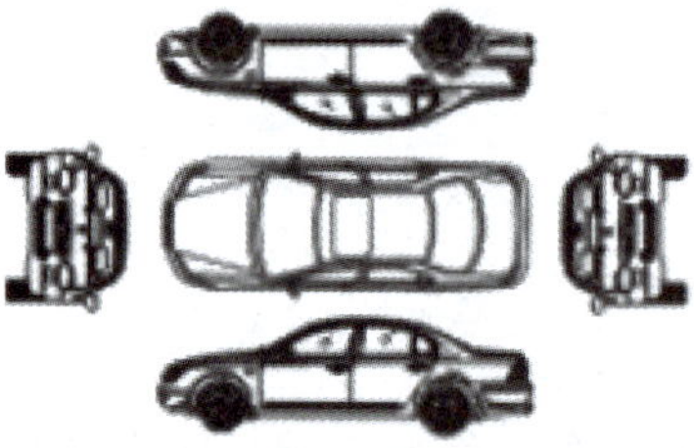		车辆检查结果	车身检查：	
				车内检查：	
				发动机舱：	
				底盘检查：	
	客户须知： 1. 客户提供的信息真实有效； 2. 维修完成时间以通知客户交车时间为准； 3. 客户应在接到通知 2 h 内领车； 4. 客户因违反“客户须知”产生的风险和损失由客户自行承担		客户自述：		
是否外出救援	是□	否□	本人已知晓上述信息。客户签字：		

维修信息	维修项目	备件	是否索赔	耗材费	工时费	小计	维修人	检查人
			是□否□					
			是□否□					
			是□否□					
			是□否□					
			是□否□					
客户知晓并认可上述维修项目及费用。客户签字：								

1.2　前期计划和相关问题

1）初步检查

经维修人员初步检查，发现车辆仪表上电池警报灯亮，如图 5-1 所示。试车发现，车辆可以正常加速行驶。但电池警报灯一直亮，实际测量电池电压为 11.2 V。

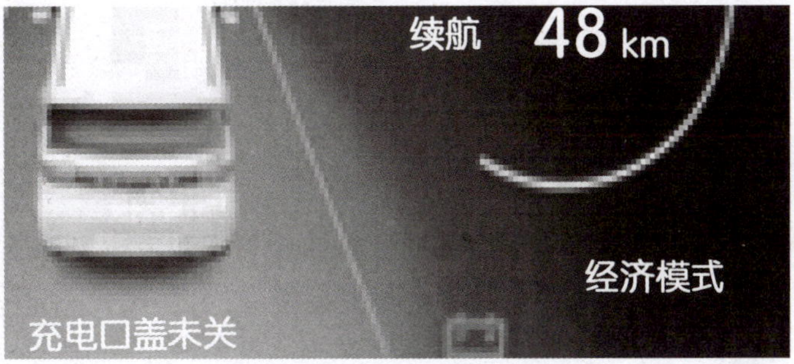

图 5-1　车辆仪表显示的信息

汽车故障查询和故障排除的结果取决于一系列因素，如：

（1）对于低压电池故障相关的系统知识的掌握程度；

（2）“低压电池亏电”故障成因分析；

（3）能查询到车辆维修信息；

（4）严格遵守相关法规和制造商的维修说明；

（5）故障检测设备的正确操作；

（6）工作场地干净整齐，符合高电压车辆施工要求。

2）“低压电池亏电”故障的思维导图

运用“头脑风暴”法绘制处理故障工作思维导图（图 5-2），进行故障查询和维修的准备工作。根据思维导图和因果分析图提出问题，然后解答这些问题以进行信息收集和分析、制订工作计划和执行具体工作。

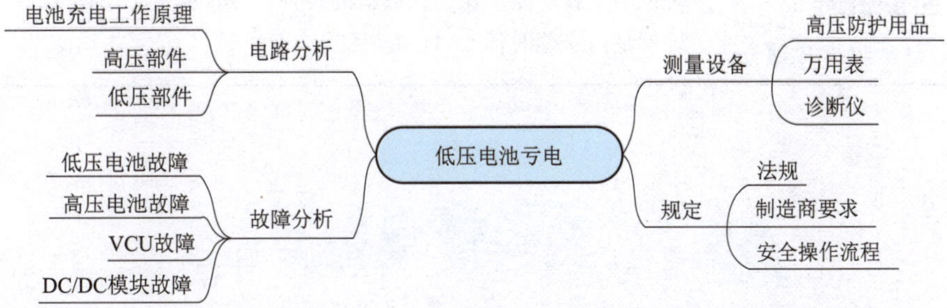

图 5-2　处理“低压电池亏电”故障工作思维导图

3）车辆“低压电池亏电”故障检修的“六步法”工作流程

车辆“低压电池亏电”故障检修流程图如图 5-3 所示。

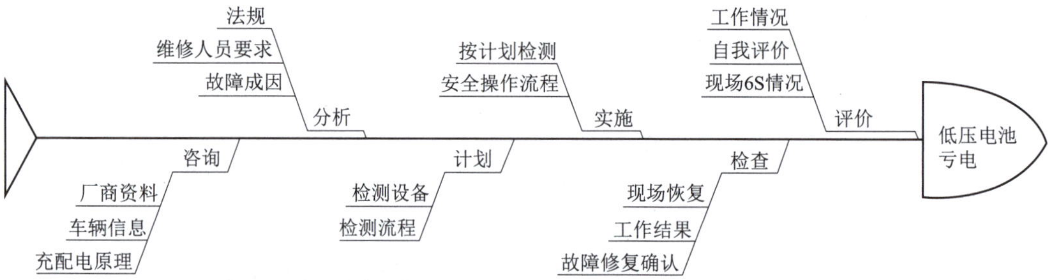

图 5-3　车辆“低压电池亏电”故障检修流程图

小贴士

将思维导图、因果分析图中所提到的因素综合梳理和考虑，形成工作计划并实施，严格执行是提升汽车故障维修效率的重要手段。

延伸阅读：中国企业技术主导的 12 V 锂电池

随着新能源汽车的发展，越来越多的车辆使用了 12 V 锂电池替代 12 V 铅酸电池。其中，比亚迪的 12 V 锂电池发展较早、领先其他厂家。它的插电混动车型有一个很大的特点，就是 12 V 起动电池并非安装在前机舱内，而是安装在副驾驶的座椅下方。这个电池不需要更换，与整车的寿命是相同的。同时，这个位置在发生正面碰撞时，受损的概率也比较低。

经过 3 代的发展，比亚迪的 12 V 锂电池目前主要有 3 个规格，对应不同的质量、体积和电池容量。比亚迪真正的“黑科技”是动力电池，它可以给 12 V 电池自动补电，当动力电池电量也不足时，还可以起动汽油发动机发电来给 12 V 电池补电。这种具有智能充电功能的 12 V 锂电池拥有独立的电源管理系统 BMS，当检测到 12 V 电池亏电时，向主控或动力电池 BMS 发出补电请求。

比亚迪低压锂电池的唤醒方法

随着中国锂电池技术的发展，12 V 锂电池已经不再是比亚迪独步天下的技术了，包括骆驼、天能、国轩高科等一大批中国电池企业纷纷推出主打产品。比如，最新的特斯拉 Model S 所用的 12 V 锂电池系统就是由宁德时代 CATL 提供的。

2. 信息收集

2.1　低压充电系统

电动汽车出于安全设计考虑，在停车状态时，动力电池是不向外输出的，所以通常设置有 12 V 的低压电池。同时，车辆没有发动机，也不会有独立的发电机给低压电池充电。低压电池的作用是在车辆起动时（DC/DC 变换器工作之前）给全车低压用电设备供电。当车辆起动后，由 DC/DC 变换器给全车低压用电设备供电。图 5-4 所示为传统的充电方式和电动汽车充电方式对比。

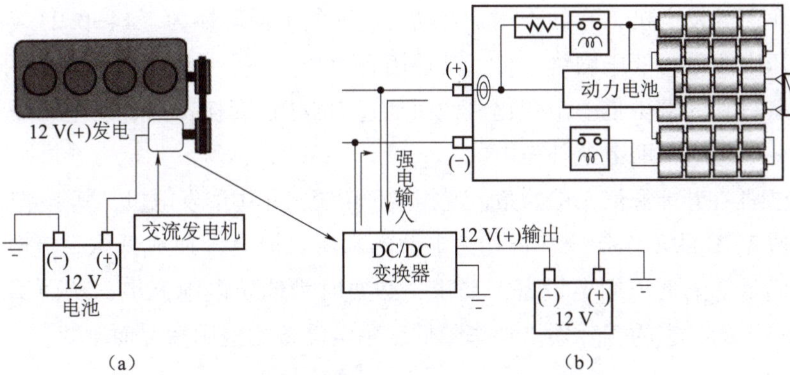

图 5-4　传统的充电方式和电动汽车充电方式对比

（a）一般发动机汽车；（b）电动汽车、混合动力汽车

电动汽车/混合动力汽车省略了发电机，取代发电机的是 DC/DC 变换器模块。如果 DC/DC 变换器模块出现故障无法向低压电池充电，低压电池将会亏电，车辆各个电控单元（VCU、PDU、MCU、BMS、BCU 等）无法正常工作，车辆无法起动行驶。因此，低压充电系统也是非常重要的。

低压电池充电系统主要由 DC/DC 变换器、低压电池以及动力电池组成。DC/DC 变换器集成在充配电模块总成内部。低压充电系统的组成框架如图 5-5 所示。

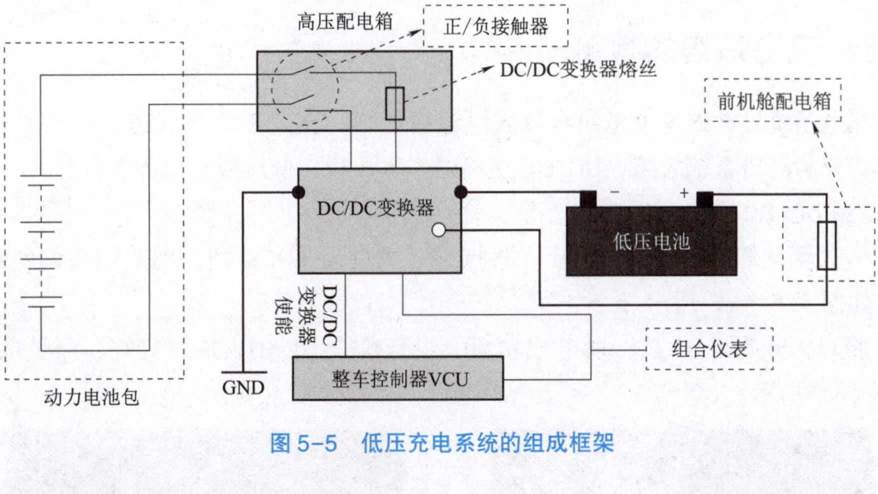

图 5-5　低压充电系统的组成框架

打开点火开关，组合仪表“低压电池指示灯”会先亮，当通电成功后，组合仪表 READY 指示灯亮，同时组合仪表“低压电池指示灯”熄灭，表明现在 DC/DC 变换器开始向低压电池和低压用电网络供电。当车辆在行驶中，一旦“低压电池指示灯”亮，就需要检查低压充电系统。

2.2 DC/DC 变换器

DC/DC 变换器也叫直流/直流转换器，集成在充配电模块总成内部。DC/DC 变换器相当于传统燃油车上的发电机，它的作用是将动力电池的电源转换为（14±0.2）V 的低压直流电。输出的低压直流电与低压网络连接，其功用有两个：一个是电池电压在使用过程中不断下降，用电设备得到的电压是一个变化值，而通过 DC/DC 变换器后，用电设备可以得到稳定的电压；另一个是给辅助电池补充电能。

DC/DC 变换器在新能源汽车中的角色就相当于传统汽车中的发电机，其电路原理如图 5-5 所示。通过接收 VCU 的工作指令，将动力电池的高压直流电转换成低压直流电，为低压网络提供电源，满足整车低压用电设备的要求，必要时为低压电池充电，从而实现整车低压充、放电的动态平衡。它的实际输出功率随低压用电设备的使用情况而改变。

2.3 DC/DC 变换器的控制策略

如图 5-5 所示：

（1）整车控制单元 VCU 完成初始化，并自检通过后，通过 DC/DC 使能信号唤醒 DC/DC 变换器。

（2）DC/DC 变换器根据 VCU 发送的工作模式进行输出或停止。

（3）断掉高压后，VCU 关断 DC/DC 变换器。

（4）DC/DC 变换器通常有自动充电功能，车辆静置时间超过一定时间，VCU 控制 DC/DC 变换器给 12 V 电池充电 15 min。

2.4 低压充电系统的检测

低压充电系统异常的现象是组合仪表电池指示灯一直处于常亮状态，DC/DC 变换器故障常见模式分为高压系统故障、DC/DC 变换器本体故障、低压线路故障 3 种。

1）检测 DC/DC 变换器的工作情况

（1）首先测量低压电池静态电压。将点火开关旋至 LOCK 挡，把万用表调整到直流电压挡位，如图 5-6（a）所示。

（2）将点火开旋至 ST 挡，通电成功后，组合仪表 READY 指示灯亮，测量电池电压，如图 5-6（b）所示。

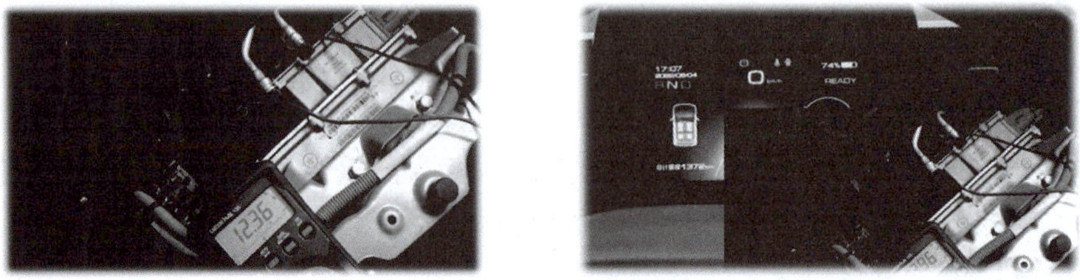

（a）　（b）

图 5-6　DC/DC 工作正常状态

（a）LOCK 挡；（b）ST 挡

（3）读取第二步的电压，如果在 13.5～14.8 V，则说明 DC/DC 变换器向低压电池充电，如果较大幅度低于第一步所测量的电压，说明 DC/DC 变换器转换模块不发电，如果电压略小于 13 V，则说明 DC/DC 变换器发电量小。

2）检测高压系统

（1）将 DC/DC 变换器模块上的高压线束拆卸下来（图 5-7），短接模块端插座互锁，通电后使用万用表测试 DC/DC 变换器模块的高压直流电压，正常情况下应等于动力电池的直流母线电压，直流母线电压可以从 BMS 或其他模块控制器数据流上获取。如果无高压直流电，检查 DC/DC 变换器高压熔丝是否熔断，并且 DC/DC 变换器模块会储存“降压侧电压过低或欠电压”的故障。

（2）如果 DC/DC 变换器模块直流母线电压低于动力电池包直流母线电压，但是 DC/DC 变换器熔丝未熔断，则需要对动力电池、高压配电盒和高压线路进行检查。

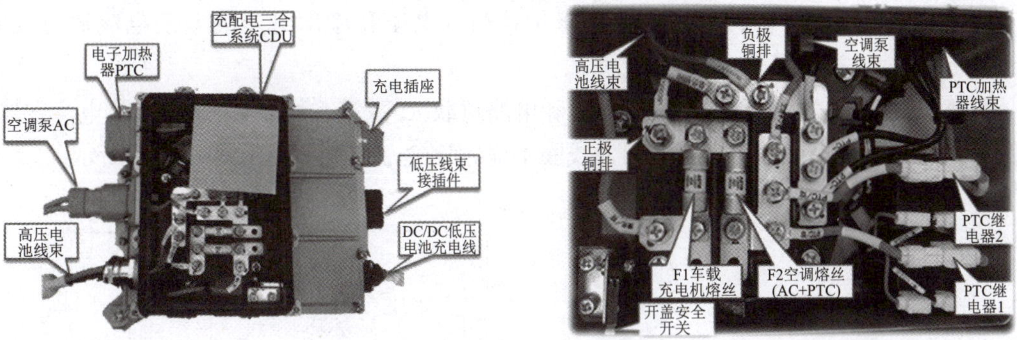

（a） （b）

图 5-7 高压配电盒外部和内部

（a）配电盒外部；（b）配电盒内部

3）检测 DC/DC 变换器本体

（1）读取动力电池的直流母线电压正常，使用万用表测量 DC/DC 变换器模块高压直流电压正常，但是读取 DC/DC 变换器数据流直流母线电压异常，说明 DC/DC 变换器模块有故障，需要更换 DC/DC 变换器模块。图 5-8 所示为 PDU 内部结构。

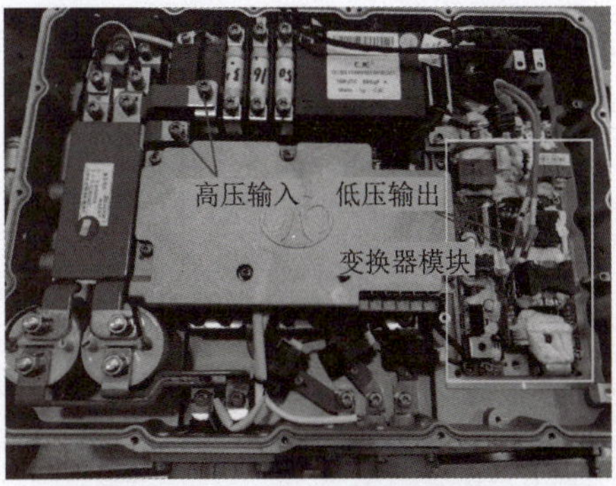

图 5-8 PDU 内部结构

（2）DC/DC 变换器模块降压侧电压过高，检查低压电池接地线正常，低压线路正常，低压直流输出侧>16 V，则证明 DC/DC 变换器模块内部采样线路故障，需要更换 DC/DC 变换器模块。

（3）DC/DC 变换器模块降压侧电压过低，检查低压电池接地线正常，低压线路正常，低压直流输出侧小于 9 V，则证明 DC/DC 变换器模块内部采样线路故障，需要更换 DC/DC 变换器模块。

（4）DC/DC 变换器模块系统无应答，按照车辆电路图进行检查。12 V 供电电源，接地线如果正常，则需要更换 DC/DC 变换器模块。

低压充电 DC/DC 的检测

小贴士

高电压部件的带电检查，通常厂商有严格的规定，需要认证资质。

2.5 DC/DC 转换的原理（拓展知识）

1）直流/直流降压

直流/直流降压变换器用于将较高的直流电压转换为较低的直流电压。该变换器通过电阻或电压调节器完成转换。图 5-9（a）所示为 U_1-U_2 降压转换的电压转换方式。

开关闭合时，电流通过 L_1 进入车辆的车载网络，线圈开始充电。在这一过程中，电流不断变大。电容器负责匹配不断增加的电流 i_1 与稳定的负载电流 i_2。开关只能闭合较短时间，否则输出电压会升高到输入电压的水平。输入电压和输出电压的差使电流通过线圈，图 5-9（b）简单描述了这一过程。

断开开关后，线圈 L_1 通过二极管 D_1 和电路负载 R_2 放电，线圈 L_1 在此处放电。在这一过程中，电流持续减小。在断电期间，线圈不应“完全放电”，如图 5-9（c）所示。

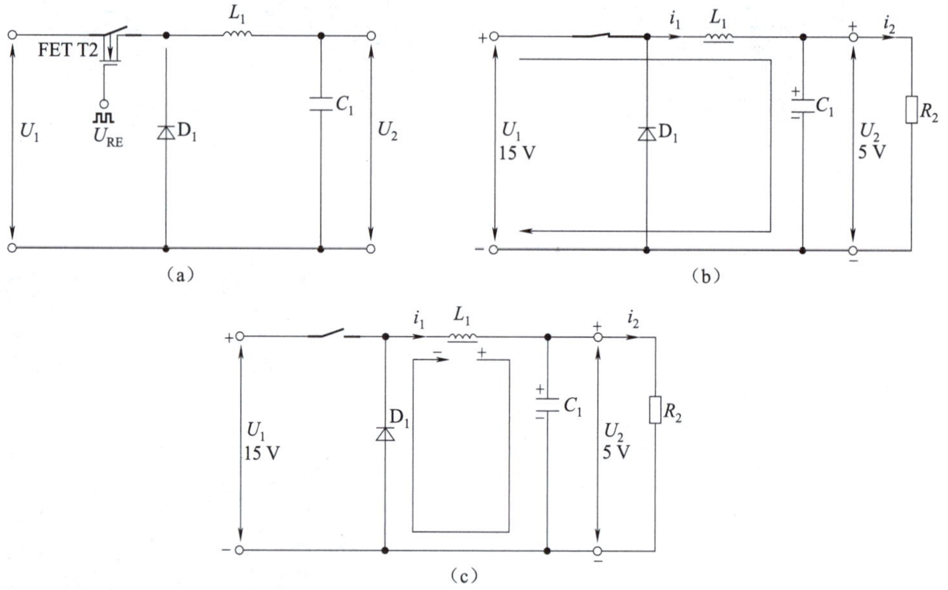

图 5-9　直流/直流降压转换过程

（a）电路整体；（b）开关闭合；（c）开关断开

如果线圈在下一次通电时间前完全放电，则线圈电流会暂时接近 0。此时，断电时间结束并且在开关再次闭合前出现停顿。

线圈在通电时间获得的电能 E_{in} 直接取决于开关的通电时间 T_{on} 和线圈的电压。线圈的充电电压等于 U_2 和 U_1 之间的差。

线圈在断电时间（T_{off}）放出的电能 E_{out} 取决于开关的断电时间和线圈的电压。放电电压为 U_2。

E_{in} 和 E_{out} 应大致相等。如果希望通过线圈的电流（=负载电流）保持相对不变（显示较小的锯齿形图案），则必须满足（$U_{in}-U_{out}$）$\times T_{on}=U_{out}\times T_{off}$。

针对输出电压重新调整后得到 $U_{out}=U_{in}\times T_{on}/(T_{on}+T_{off})$

可见，相等的通电时间和断电时间会使电压减半。这一等式仅适用于通过线圈时未出现停顿的电流。如果是间歇性的电流，则为输出电压/通电期间电流的二次方。

实践中，开关、电线和二极管两端的压降会降低输出电压。随着车载网络上负载的增加，线圈需要储存更多的电能。线圈的饱和会限制电路的功率。

2）直流/直流升压

直流/直流升压转换器用于将较低的直流电压转换为较高的直流电压。

当开关 T_1 闭合时，线圈 L_1 中有电流 i_L 流过，电量随着电流时间而增加，如图5-10（b）所示。

断开开关后，线圈中依然有电流 i_L，直到放电结束为止，在此过程中，电流持续减小。在断电期间，线圈 L_1 的感应电压与输入电压 U_1 串联。输入电压和感应电压叠加在一起，通过二极管给电容器 C_1 充电。因此，车载网络负载 R_2 出现较高的输出电压，如图5-10（c）所示。

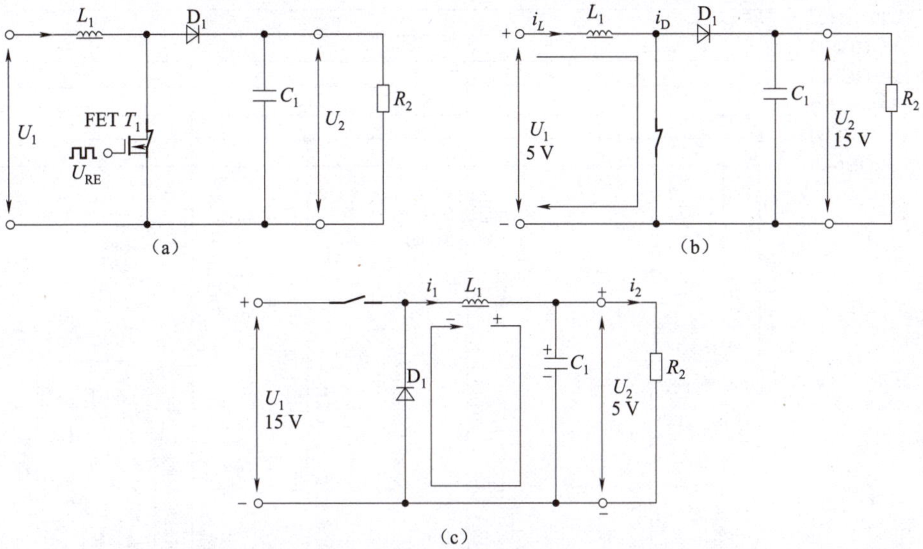

图5-10　直流/直流升压转换过程

（a）电路整体；（b）开关闭合；（c）开关断开

如果线圈 L_1 在下一次通电时间前完全放电，则线圈电流会暂时接近0。此时，断电时间结束并且在开关再次闭合前出现停顿。

线圈在通电时间获得的电量 Q_{in} 直接取决于开关的通电时间 T_{on} 和线圈的电压，充电电压为 U_{in}。线圈在断电时间放出的电能 Q_{out} 取决于开关的断电时间和线圈的电压，放电电压为 $U_{out}-U_{in}$。

两次的电量应相等：$U_{in}\times T_{on}=(U_{out}-U_{in})\times T_{off}$

针对输出电压重新调整后得到 $U_{out}=U_{in}\times(T_{on}T_{off})/T_{off}$

可见，相等的通电时间和断电时间会使电压变成两倍。如果通电时间是断电时间的两倍，则输出电压为输入电压的三倍。

实践中，各部件和线路会连续降低输出电压。如果电路规格不合理，将在负载下崩溃。停顿时间不得加到计算中。

3. 执行工作计划

3.1 信息分析：低压电池亏电故障的电路分析

利用诊断设备连接车辆，通过导航画面和登录窗口登录诊断系统，读取车辆状态信息，对所有采集的信息和维修手册进行对比并分析。DC/DC 相关电路如图 5-11 所示。

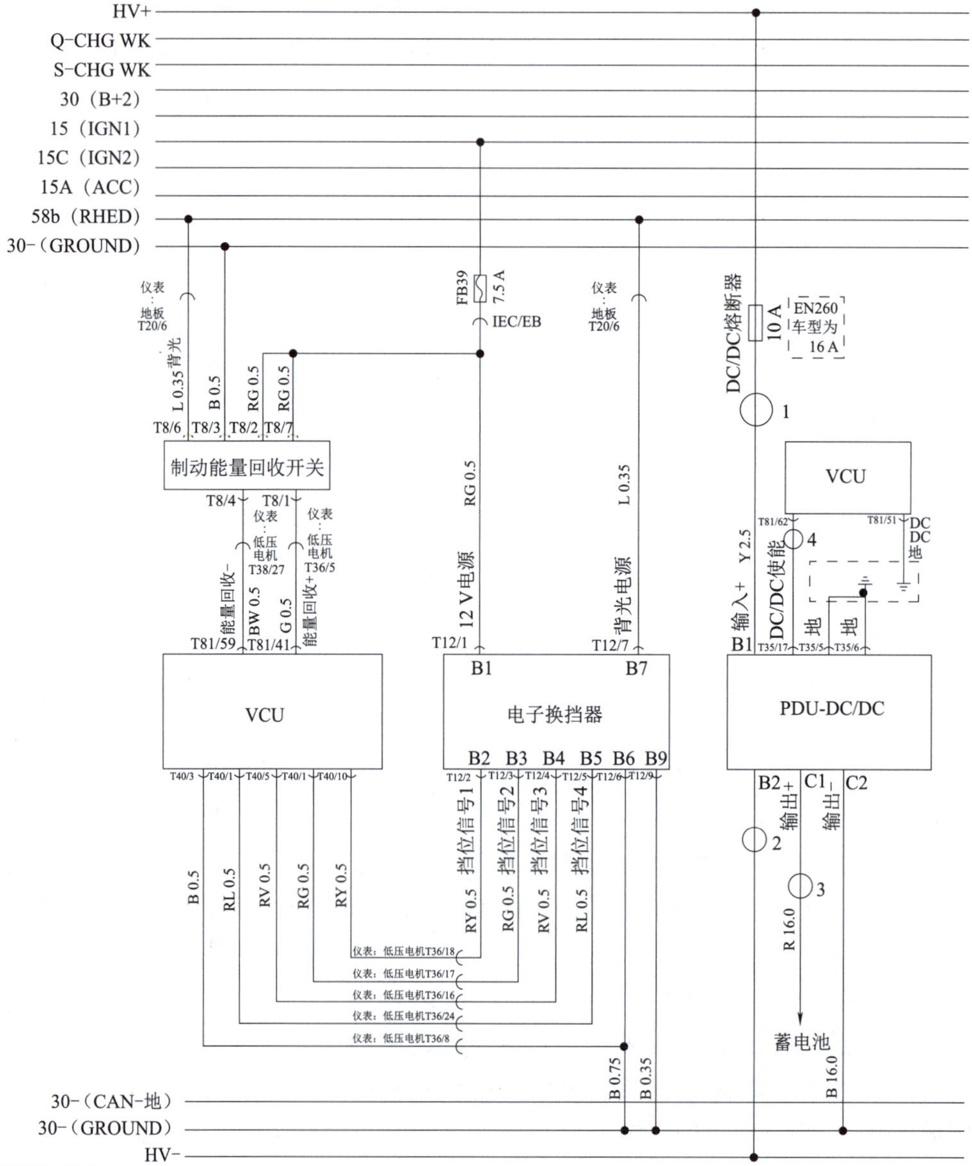

图 5-11 DC/DC 相关电路

整车控制模块 VCU 在通电后发送 DC/DC 使能信号给 PDC 中的 DC/DC 模块，收到信号后，模块工作，将动力电池输入的高压电通过直流降压后，向电池充电。根据整车和低压电池充电电流得到的信息，控制充电电流。控制电路图如图 5-11 所示。

3.2 工作计划：制订低压电池亏电故障检修计划

根据收集的资料，可以初步规划自己的诊断计划，可以用文字、表格、流程图、鱼骨图等表现出来，这些方式可以很好地帮助维修人员整理维修思路，提高工作效率。图 5-12 为以流程图的方式表示的故障检修计划。

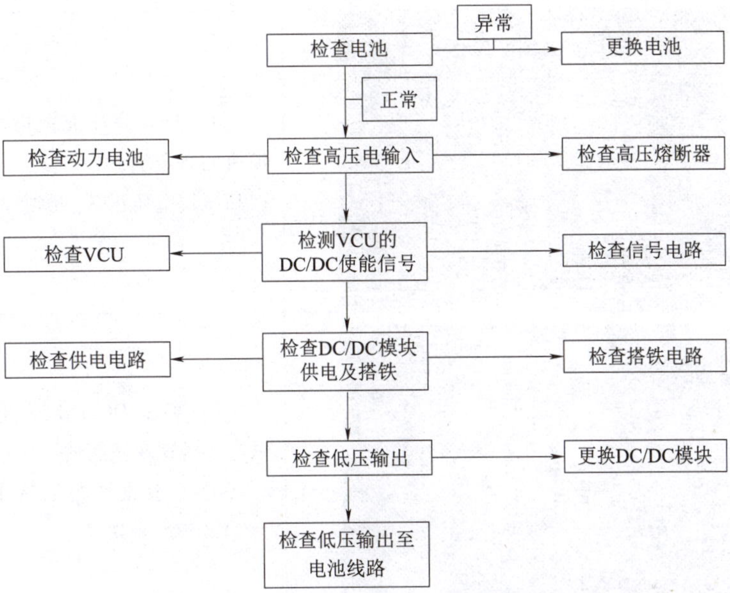

图 5-12 “低压电池亏电”故障检修计划

3.3 任务实施：DC/DC 变换器的检测

DC/DC 变换器的检测如表 5-2 所示。

表 5-2 DC/DC 变换器的检测

序号	示意图	步骤
1		（1）将车辆放置到高电压车辆专用工位； （2）需要通高压电操作，拉隔离警示带，并挂警示牌，防止人员闯入

续表

序号	示意图	步骤
2	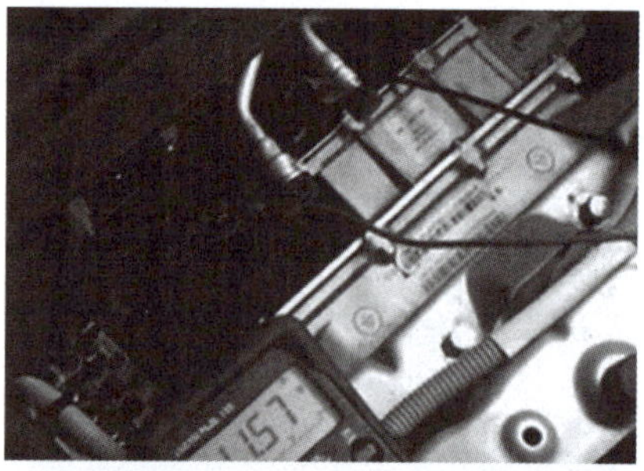	（3）测量车辆低压电池电压为 11.57 V；打开 ST 挡下降到 11.2 V，异常
3	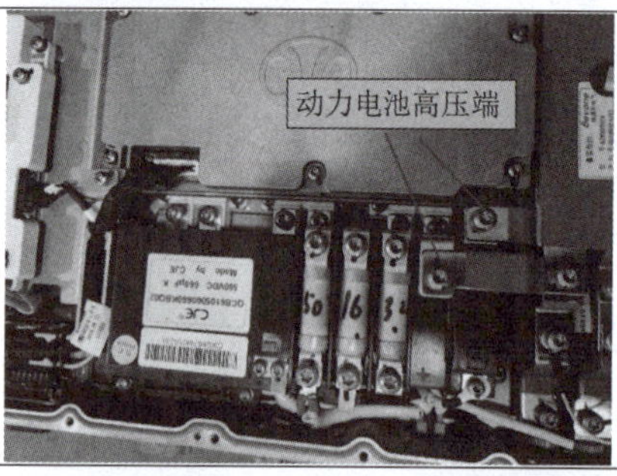	（4）打开高压充配电盒，测量 DC/DC 模块的高压端； 高压端电压正常。测量两端熔丝均正常
4	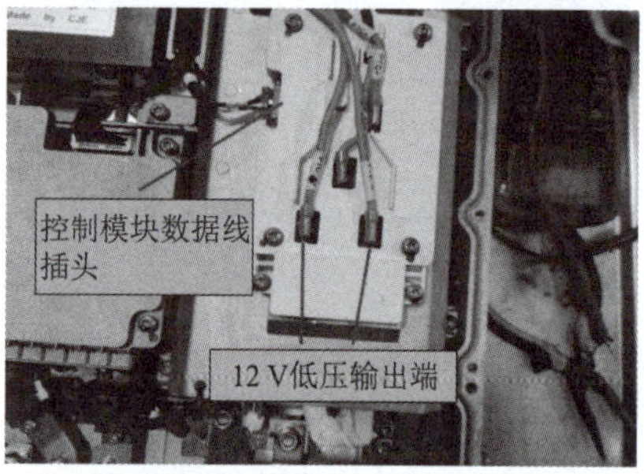	（5）测量 DC/DC 控制模块的控制端，供电、搭铁及使能信号均正常； （6）测量模块的 12 V 低压输出端电压为 11.2 V，异常
5	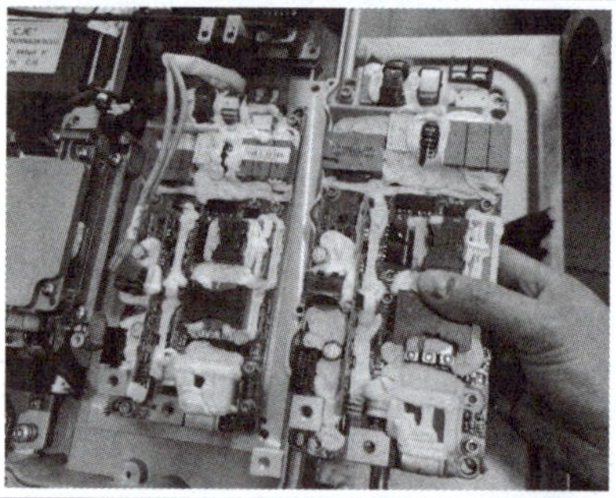	（7）判断为控制模块损坏；更换控制模块
6		（8）更换 DC/DC 模块后，恢复通电。测量电池两端电压达到 13.89 V，正常

续表

序号	示意图	步骤
7	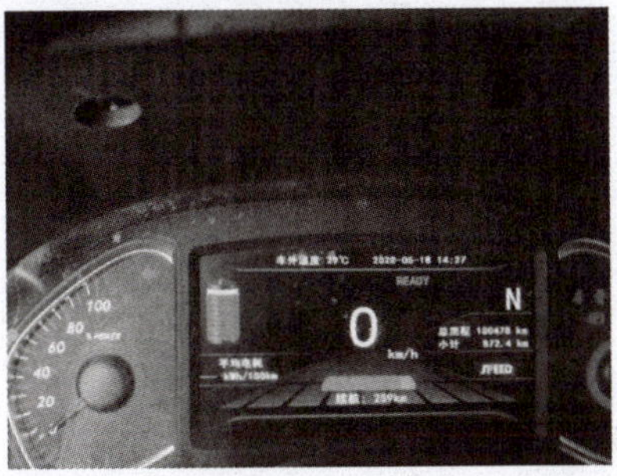	（9）检查仪表，故障符号消失，能正常通电。用诊断仪连接后读码，车辆恢复正常

小贴士

高电压部件的通电操作，需要遵守安全操作流程（详见任务一），且工作人员必须持有低压电工证。在进行高压系统测试训练前，务必严格遵守法规要求，获得相关资格。

3.4　记录及工作质量评价

在执行诊断维修任务结束时，车辆维修人员要确认工作质量是否全部合格，并上路试车。 （1）是否所有检查项目都已实施并记录？	（1）将工作计划内的所有项目检查一遍，确认所有项目都已圆满完成，并根据展示要求进行详细解释。
（2）是否遵守了维修时间？工时和备件是否记录？	（2）评价故障诊断和维修效率。
（3）在制订工作计划之前、之中、之后哪些信息是必须转告给客户的？	（3）指出维修的方法及后续使用建议。
（4）个人对维修流程及工作方案有什么建议及优化？	（4）考虑一下，维修、工作计划的准备工作，工具、检测设备及安全防护等是否达到最佳程度，提出改进建议并在下次维修时加以注意。

学习工作页　低压电池亏电故障检修

（1）检查组合仪表和中控的故障提示。

仪表显示情况：________________________

中控显示情况：________________________

操作换挡杆，车辆运行状态：________________________

（2）任务描述中的故障现象以及现场的故障现象分别是：

（3）请在翻页纸上画出五菱宏光 MINI EV 电动汽车低压充电系统电路图，简单描述工作控制策略。

（4）查阅你画的电路图，分析故障范围，可能的故障原因有：（可以用图形或表格在翻页纸上陈列）

（5）在表格中填写好工作计划，并实施测量和记录于表 5-3 中。

表 5-3　学生实训记录

班级		车型及年款	
姓名		车辆识别码	
学号		里程数	
实训步骤及测试结果			
结果分析			
安全措施			
自我评价与总结	良好□　合格□　不合格□		
教师评价	良好□　合格□　不合格□　教师姓名：　________年__月__日		

（6）各小组对完成的工作进行自评和总结，根据工作结果进行方案优化。优化后的流程图陈列在翻页纸上，并安排小组成员展示及讲述。

任务六　电动空调无法工作故障诊断与检修

学习目标

知识目标

- 能说出电动汽车空调系统的功能、组成和原理。
- 能描述电动汽车空调暖气和冷气的形成过程。
- 能描述电动汽车空调电路的控制过程。

技能目标

- 能正确对电动压缩机进行拆装。
- 能正确对 PTC 加热器进行检测。
- 能正确分析空调不制冷、不制暖等故障的原因所在。
- 能对空调不制冷等故障制订工作计划并实施。

素养目标

- 能在整个工作过程中规范管理自己及团队成员安全操作。
- 能严格执行高电压车辆维修的安全流程。
- 能准确向客户描述空调故障的原因及介绍维修的方案。
- 具备环保意识。

任务知识树

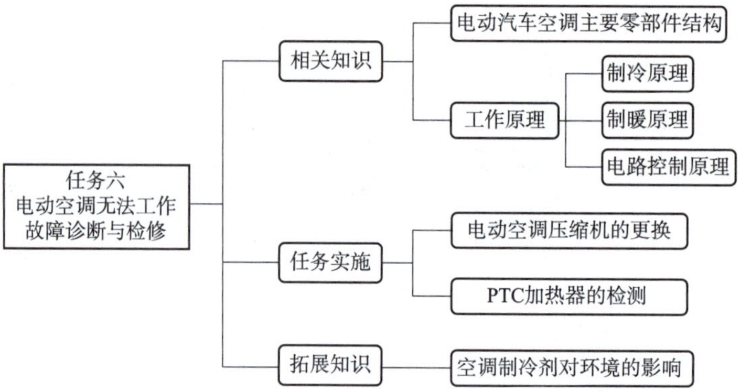

1. 检查与对话

1.1 接车谈话和检查

1）任务描述

一辆五菱宏光 MINI EV 电动汽车送修。客户反映车辆空调不制冷。维修站安排维修人员对该车辆空调系统进行检查，发现出风口只吹出自然风。请你和你的团队制订维修计划，继续对车辆进行诊断，确诊故障原因，最终排除该故障，并向客户简要描述故障原因及维修方案。

2）客户自述

客户抱怨说：“我一直觉得这个车子空调的冷气不够凉，没想到现在连一点冷气都没有了。我怀疑是车子的质量问题。请师傅赶快帮我检查一下吧。”

3）处理客户抱怨

与客户的直接接触是汽车维修站最为敏感的环节。在这个环节里所犯的错误，迅速且持续地造成影响。下面是针对客户抱怨做出的一项统计结果：

（1）平均来说，26 个不满意的客户中，只有 1 个客户会将其不满情绪用抱怨的方式表达出来。

（2）平均来说，不满意的客户会向 15 个人诉说不满情绪。

（3）7 个积极满意的结果才能抵消 1 个消极结果所造成的不利影响。

（4）赢得新客户的成本是维护老客户成本的 6 倍。

若不能及时、妥善处理客户抱怨，不仅会降低客户满意度，还会因为客户抱怨情绪得不到平息而蔓延，影响更多的潜在客户，从而对汽车维修服务企业的口碑、信誉度造成不利影响，甚至影响企业的业务量和发展，作为企业员工，势必会受到其间接影响。

客户有权自由地选择到哪家汽修企业接受修车服务。因此，吸引客户开车到本企业，并为之提供良好的服务，也是汽修服务企业的一项重要工作。成功的汽修企业，其成功的因素往往取决于客户的满意度。但试想，一个不友好的服务顾问，一个精神状态不佳的配件销售员，或一个将油污留在汽车转向盘、座椅及车漆表面的维修工，这些因素都会对提高客户满意度起到消极作用，进而负面影响到客户关系的良好维护。

小贴士

与客户良好的沟通可以消除客户的顾虑和猜疑，增加客户的信任感和黏性。

良好的沟通方案有：

倾听客户谈话	主动提问、鼓励客户谈话
积极倾听，同时不要打断客户的话，不仅要仔细听而且要试图了解客户的情绪，并能够给予适当的反应，包括： （1）保持安静并且不在对方说话时打断他； （2）点头表示认同； （3）表示出感兴趣的脸部表情。 赞同和理解的信号可使客户获得认同感，增进彼此的关系，并营造更融洽的沟通氛围。 例如，服务顾问在听完客户的描述后立即回应："您说得对……""我完全赞同您的观点……""想不到您对这方面这么了解……"。 使用启发性的语言，可以把对方往特定的方向引导，如"使用四驱模式能给您的驾驶带来更多的益处，因为……"	提问和鼓励客户谈话表示对其感兴趣，在这里需要运用正确的提问技巧。根据目的的不同，使用不同的提问方式： （1）直接提问，目的是让对方进行表达并给出信息。例如："您说的这个故障一般在什么情况下发生？" （2）一个判断问句往往会得到准确和简短的答案。例如："您希望我们对您车的漆面进行修复吗？" （3）提出选择问句，让对方在设定的两种可能答案之间进行选择。例如："本次保养，您想使用普通机油还是合成机油？" （4）提出建设性的设问，有意识地不直接说出答案，但实际答案已经是肯定的。例如："您一定喜欢这套漂亮的真皮座椅吧？"

在与客户有效沟通的前提下，采取一系列工作方式方法，才能平息客户抱怨。处理客户报怨的一般流程如图 6-1 所示。

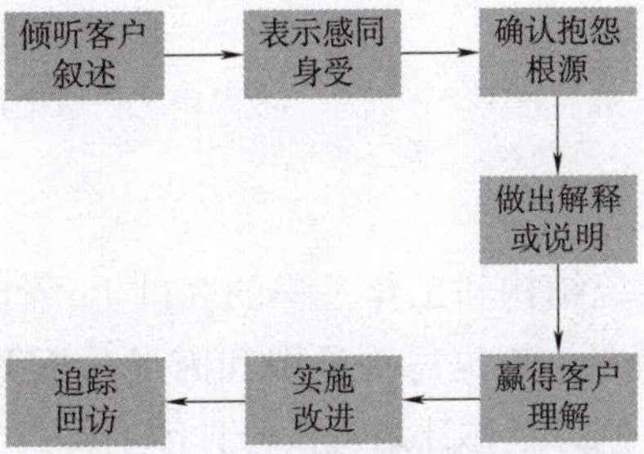

图 6-1　处理客户抱怨的一般流程

1.2 前期计划和相关问题

1）初步检查

经维修人员测量出风口温度（图 6-2）和测试空调压力（图 6-3），确认出风口温度为常温，且制冷剂压力符合静态压力值，确认空调的确存在不制冷故障。

图 6-2 测量出风口温度

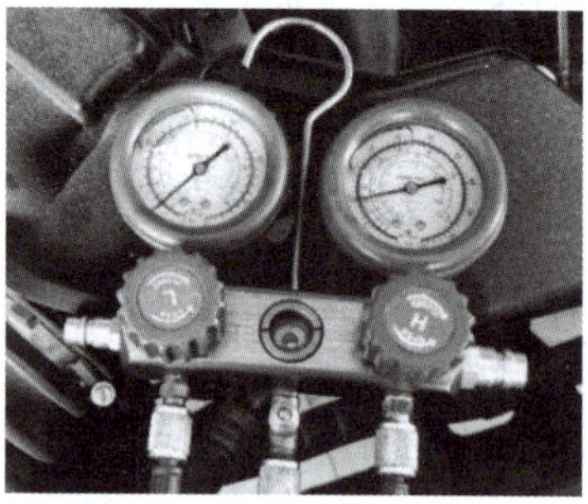

图 6-3 测量空调压力

汽车空调故障的诊断结果和排除的效果取决于一系列因素，如：

（1）对与故障相关的空调系统知识的掌握程度是分析故障成因的先决条件；

（2）严格遵守相关维修站信息系统的检查和维修说明；

（3）故障检测设备、工具的完好程度和正确的操作；

（4）对需要用到的工具的正确使用；

（5）工作环境和工作场地干净整齐，符合施工要求。

2）车辆空调“不制冷”故障的思维导图

基于上述因素，运用“头脑风暴”法绘制处理故障的工作思维导图，如图 6-4 所示，进行故障查询和维修的准备工作。

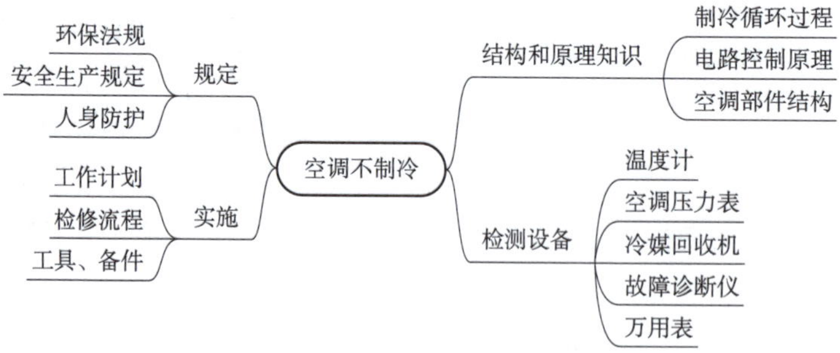

图 6-4 处理“不制冷”故障的工作思维导图

3）绘制因果分析图

在充分认识该车辆空调系统结构和工作过程的基础上，针对车辆空调“不制冷”故障得出因果分析图，如图 6-5 所示。根据思维导图和因果分析图提出问题，然后解答这些问题，以进行信息收集和分析、制订工作计划及执行具体工作。

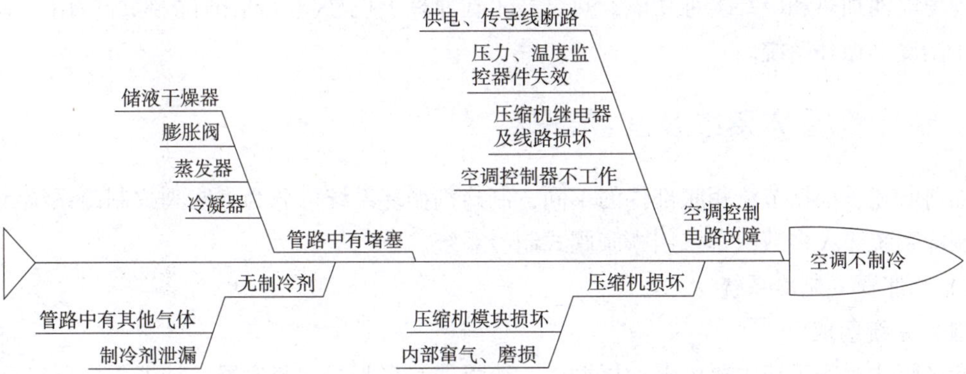

图 6-5　电动汽车空调“不制冷”故障因果分析图

2. 信息收集

2.1　电动汽车车载空调概述

汽车车载空调的作用是通过制造冷气或暖气来调节驾驶室内的温度，并可实现驾驶室内空气与外界空气的交换，同时兼顾前风窗玻璃除雾除霜的功能。汽车空调系统能提高驾乘人员的舒适性，也通过驾驶员的舒适感受，影响行车安全性。因此，汽车空调系统是汽车的一个重要组成部分。

对于电动汽车而言，由于不具备发动机装置，不能利用发动机的热量制暖，也不能使用发动机驱动的机械式压缩机进行制冷。电动汽车必须采用新的器件和原理，实现空调的制冷和制暖功能。目前广泛采用的方案是以电驱动的压缩机，即电动压缩机作为制冷循环的动力源；同时，使用电加热系统进行制暖。部分高档车型采用热泵系统，兼顾了制冷和制暖。因此，电动汽车的空调系统零部件在结构和原理上与燃油汽车有较大不同，特别是在电动压缩机、电加热器以及热泵系统的结构原理方面。另外，控制电路和控制逻辑也有所差异。因此，在学习电动汽车空调的同时，也可对比燃油汽车空调的结构原理，将两者融会贯通、总结归纳，构建完整的知识体系。

电动汽车的空调系统由于没有发动机装置驱动，故制冷和制暖的能量均来源于动力电池。根据制暖装置的不同可分为 PTC 加热器和热泵；根据制冷原理不同，可分为制冷剂循环式制冷系统、半导体制冷系统。其中，根据实现制冷剂膨胀吸热器件的不同，又可分为膨胀阀式制冷系统、节流管式制冷系统。

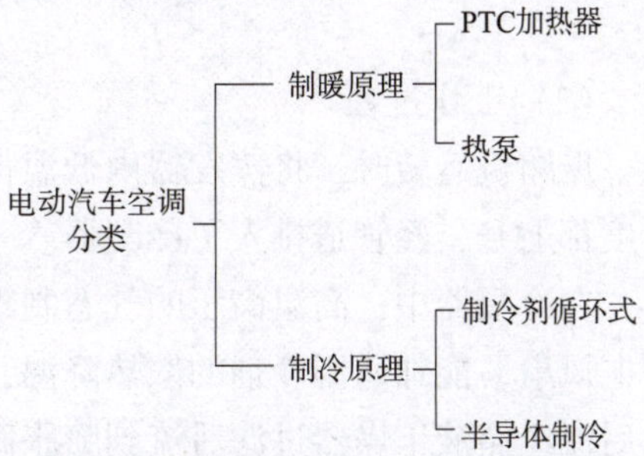

图 6-6　电动汽车空调的分类关系

图 6-6 所示为电动汽车空调的分类关系。部分高端车型采用了热泵式空调系统，兼顾了制冷、制

暖、动力电池加热和冷却多种功能。热泵技术在原理上也是制冷剂循环的综合应用，本质上也属于制冷剂循环系统。

2.2 制冷剂循环系统及其零部件

如前所述，根据节流膨胀部件的不同，制冷剂循环系统可分为膨胀阀式制冷系统和节流管式制冷系统。大多数汽车采用膨胀阀式制冷系统。

1）膨胀阀式制冷系统

（1）系统组成。

膨胀阀式制冷系统主要由电动压缩机、冷凝器、膨胀阀、蒸发器、储液干燥器以及连接它们的管路构成。图 6-7 所示为膨胀阀式制冷系统的组成结构示意图。

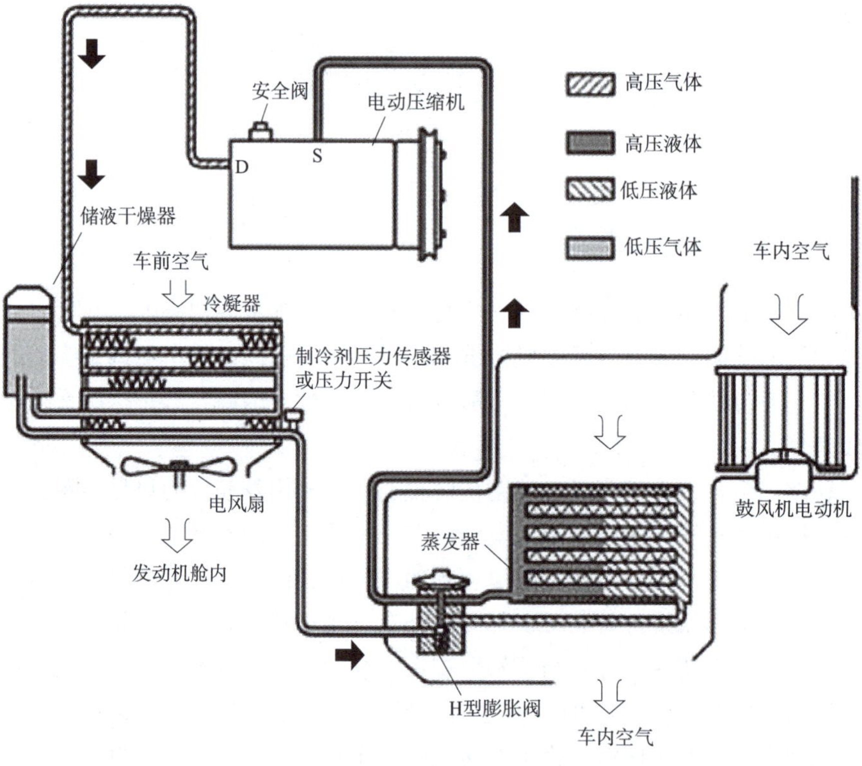

图 6-7 膨胀阀式制冷系统的组成结构示意图

（2）工作过程。

压缩机运转时，将蒸发器内低温低压的气态制冷剂吸入，经过压缩后，制冷剂的压力和温度都上升，经管道排入了冷凝器。

在冷凝器中，高温高压的气态制冷剂与外界空气进行热交换放出热量。在冷凝器附近设置电风扇，能加速制冷剂的散热降温，提高冷凝效果。降温后的制冷剂冷凝成高压的液体，然后流经储液干燥器过滤后流到膨胀阀。

在膨胀阀的节流作用下，制冷剂以雾态喷入蒸发器。在蒸发器内，制冷剂在低压环境下迅速膨胀降温，使整个蒸发器形成低温区域。热空气流经蒸发器外表面，完成热交换降温，得到凉爽的“冷气”。而吸收热空气热量后升温汽化的制冷剂，被吸入压缩机，进行下一轮循环。

按照这样的路径，制冷剂在封闭的管路内经历压缩、冷凝、节流膨胀和蒸发四个过程，完成一个制冷循环。

在制冷系统中，压缩机起到压缩和输送制冷剂的作用，它是整个制冷系统的核心部件。膨胀阀对制冷剂起到节流降压的作用，同时可自动调节进入蒸发器的制冷剂流量，它是系统高压低压的分界线。冷凝器和蒸发器都是热量交换器件，所不同的是，蒸发器是形成“冷气”的部件，制冷剂在蒸发器内吸热降低了蒸发器周围的空气温度，降温后的空气经鼓风机的输送从出风口吹出，形成驾乘空间所需要的“冷气”；冷凝器是放热器件，制冷剂在冷凝器内释放热量（Q_2）。制冷剂从蒸发器中吸收的空气热量（Q_1），以及压缩机对制冷剂做功消耗的能量（W），均在冷凝器中以热能的形式释放到周围的空气中。三者关系为

$$Q_2=Q_1+W$$

式中　Q_2——制冷剂在冷凝器内释放的热量；

Q_1——制冷剂从蒸发器吸收的空气热量；

W——压缩机对制冷剂做功消耗的能量。

可见，制冷过程也体现了能量的守恒。

（3）主要部件。

①电动压缩机。

电动压缩机是汽车空调系统的核心部件，其外观如图 6-8 所示。其作用是吸入来自蒸发器的低温、低压气态制冷剂，将其压缩为高温、高压的气态制冷剂，并送入冷凝器进行冷却。与燃油汽车不同的是，驱动压缩机运行的是一个电动机，如图 6-9 所示。压缩机控制模块内的逆变器将动力电池提供的高压直流电逆变为三相交流电，驱动该电动机旋转，带动一个活塞式或螺旋式吸气泵运行，于是在泵腔室内形成低压区，将来自蒸发器的制冷剂吸入工作腔，再经压缩后形成高压气体排到冷凝器，从而在管路中形成制冷剂的压力差，促使制冷剂实现不断的循环。

图 6-8　电动压缩机外观

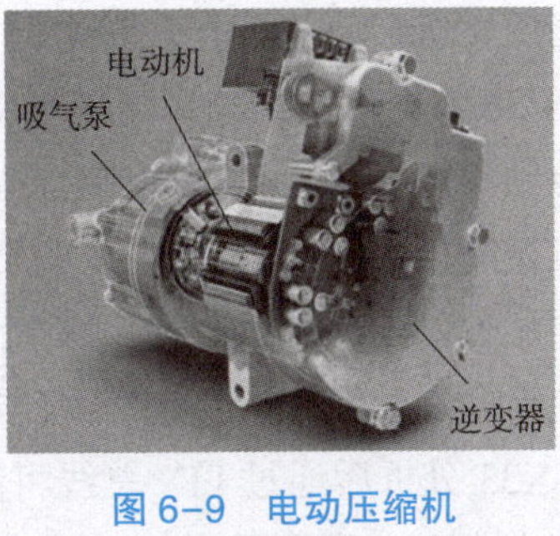

图 6-9　电动压缩机

电动压缩机的控制：电动汽车电动压缩机的控制方式与燃油汽车有较大的不同。图 6-10 所示为五菱宏光 MINI EV 电动汽车的空调压缩机控制电路图。以下以该车为例，简要说明电动汽车空调压缩机的控制过程。

如图 6-10 所示电路图，空调压缩机 G1 和压缩机控制模块 E1002 是集成一体的总成部件。压缩机控制模块 E1002 的核心是一个可调控电动机转速的逆变控制器，将动力电池送

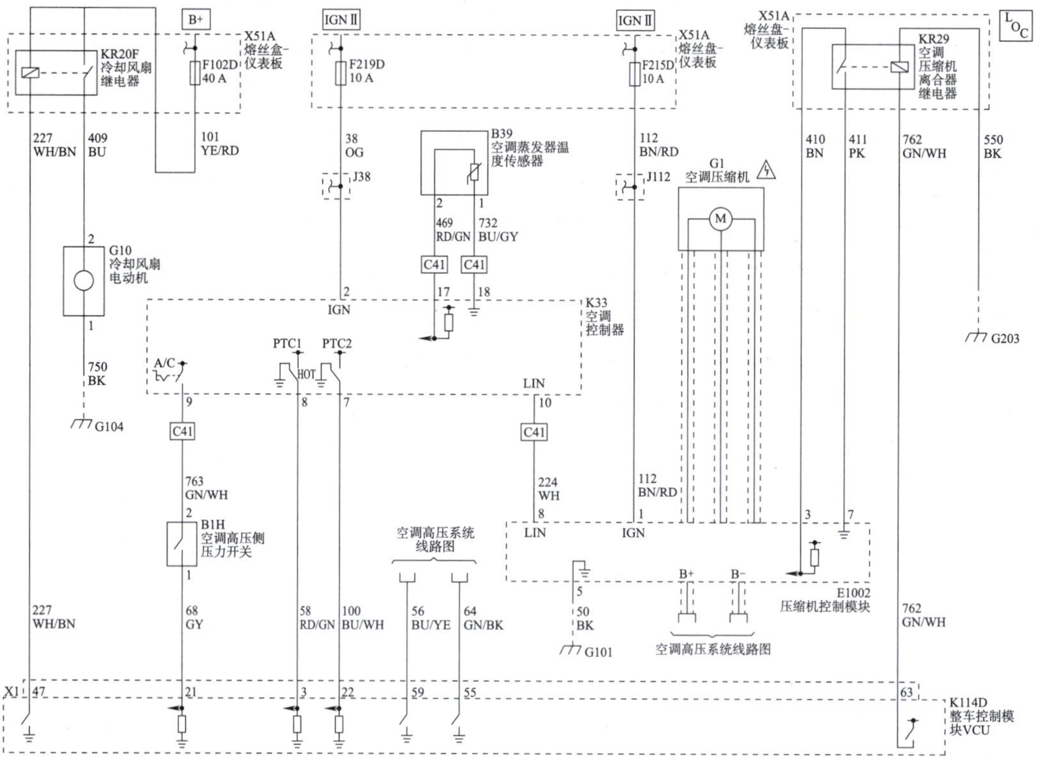

图 6-10　五菱宏光 MINI EV 电动汽车空调压缩机控制电路图

来的高压直流电（详见该车空调高压系统配电图）逆变为三相交流电，并将其输送到空调压缩机 G1，驱动 G1 运转。除此之外，压缩机控制模块 E1002 通过其低压插头的 1#端子、5#端子分别获得 12 V 低压电池的正、负极供电，作为模块内部电路运行的能量。压缩机控制模块 E1002 插头的 3#端子和 7#端子是工作状态控制端，当空调压缩机离合器继电器 KR29 吸合时，3#端子和 7#端子外部电路连通，允许压缩机控制模块 E1002 控制空调压缩机 G1 的运行，反之，空调压缩机会停止工作。该电路巧妙地利用了继电器 KR29 来接通压缩机控制模块 E1002 插头的 3#端子和7#端子，而继电器 KR29 的线圈受整车控制模块 K114D 供电控制，从而使整车控制模块 K114D 成为控制空调压缩机的起动和停止的关键部件之一。

另外，压缩机控制模块 E1002 通过插头第 8#端子的总线 LIN 与空调控制器 K33 通信。在 LIN 总线上，空调控制器 K33 可将制冷负荷需求传输到压缩机控制模块 E1002，让压缩机能随蒸发器温度的高低自动调整负荷。蒸发器温度由蒸发器温度传感器 B39 采集并输送给空调控制器 K33，K33 分析后通过 LIN 总线将制冷负荷传输到压缩机控制模块 E1002。具体控制策略：在制冷模式下，蒸发器温度传感器 B39 采集的温度信号高，意味着要进一步降低空气温度，K33 将大负荷信号传输给压缩机控制模块 E1002，E1002 提高压缩机转速，加大制冷负荷，使制冷循环加强得到更冷的“冷气”；反之，若蒸发器温度低，蒸发器温度传感器 B39 采集的温度信号也低，说明制冷达到预期，压缩机则可降低转速，减小制冷负荷。通过这样的闭环反馈控制，系统将车内温度稳定在一个较为合适的范围内，提高驾乘空间的舒适度。

②冷凝器。

电动汽车的冷凝器一般安装于动力舱散热器的前面，由铜或铝质的管子和散热片组成，其外观如图 6-11 所示。其作用是通过与空气的热交换，将压缩机排出的高温高压气态制冷剂降温冷凝成温度略低的液态制冷剂。物理学中，气态变为液态称为“冷凝”，这也是冷凝器名称的由来。

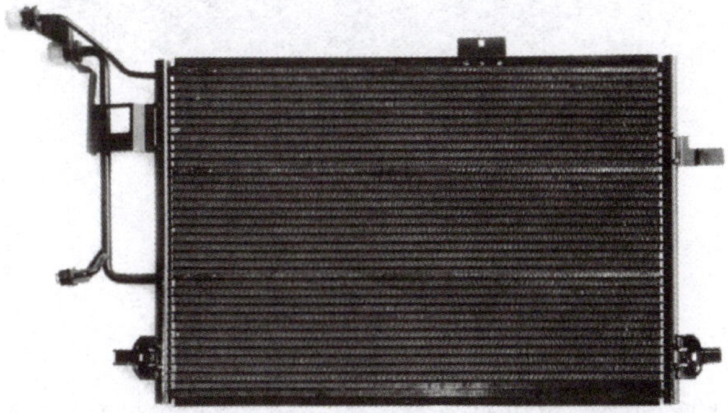

图 6-11　冷凝器外观

③膨胀阀。

膨胀阀也称为节流阀，是一个感温感压的调节阀，其外观如图 6-12 所示。膨胀阀安装于蒸发器的入口处。它能把从冷凝器过来的液态制冷剂通过节流降压后，变成温度很低的雾态制冷剂喷入蒸发器。膨胀阀在感知蒸发器出口处制冷剂的温度和压强变化后，自动调整节流孔的开度。因此，它可以根据制冷负荷自动地调整制冷剂流量，以满足制冷循环的需求。膨胀阀内部构造如图 6-13 所示。

图 6-12　膨胀阀外观

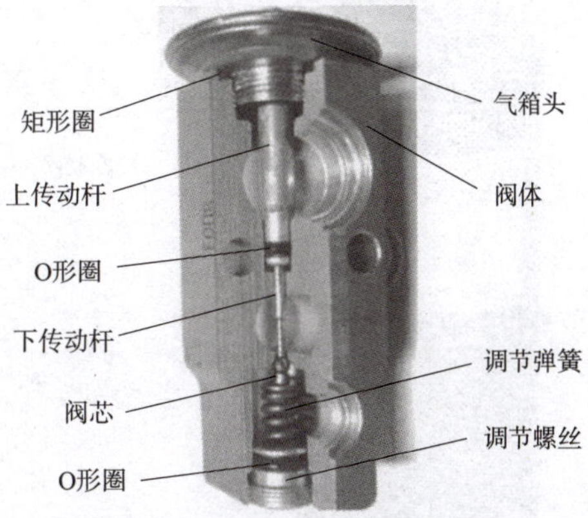

图 6-13　膨胀阀内部构造

④蒸发器。

蒸发器的结构与冷凝器类似，也是由铝质的扁管和散热片制作而成的，其外观如图 6-14 所示。蒸发器是空调系统中另一个热交换器，安装在空调系统的配风箱内，鼓风机后面的风路中。制冷剂在蒸发器内膨胀形成低温区，鼓风机送来的热空气流经蒸发器外表面获得降温，变成温度适宜的凉风；而制冷剂则升温变成温度稍高的气态制冷剂，流出蒸发器返回压缩机，参与下一轮循环。

图 6-14　蒸发器外观

⑤储液干燥器

储液干燥器用于膨胀阀式制冷循环系统，是一个存储制冷剂并能够起到气-液分离、吸收制冷剂水分作用的罐状部件，其外观如图 6-15 所示。储液干燥器安装在冷凝器和膨胀阀之间，通常由干燥剂、滤阀、引出管等部分组成，其内部构造如图 6-16 所示。由于制冷剂在进行气-液两态变化时，体积变化很大，必然会导致制冷管路中出现较大的压力波动。储液干燥器罐体形成的容腔，能存储吸收因体积变化“剩余”的制冷剂。同时，为了确保制冷效果好，流入膨胀阀要求为液态制冷剂，储液干燥器为此还承担了制冷剂的气-液分离的

图 6-15　储液干燥器外观

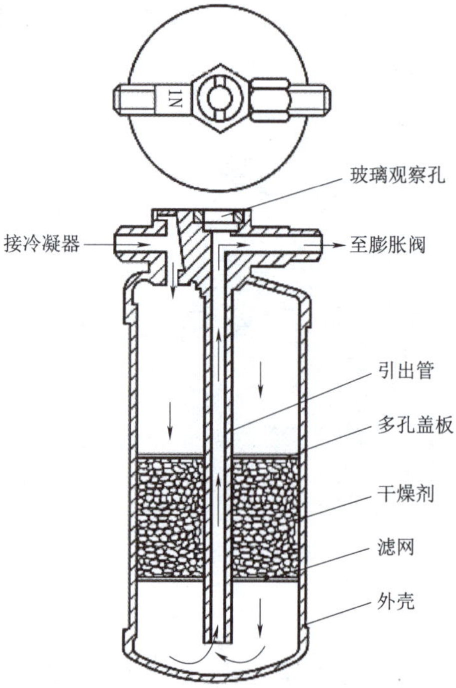

图 6-16　储液干燥器内部构造

工作。从冷凝器流入储液干燥器的制冷剂大部分为液态，少部分为气态，在重力作用下，液态制冷剂落入储液干燥器底部，再经引出管流出到膨胀阀；而气态制冷剂被滞留在罐内，待其降温冷凝成液态后再流出。干燥剂能对制冷剂中的水分起到吸收作用。

2）节流管式制冷系统

小部分制冷剂循环式制冷系统，用节流管取代了膨胀阀，同时也以气-液分离器取代了储液干燥器，这样的系统称为节流管式制冷系统。

（1）系统组成。

节流管式制冷系统主要由压缩机、冷凝器、节流管、蒸发器、集液器以及连接它们的管路构成，如图 6-17 所示。

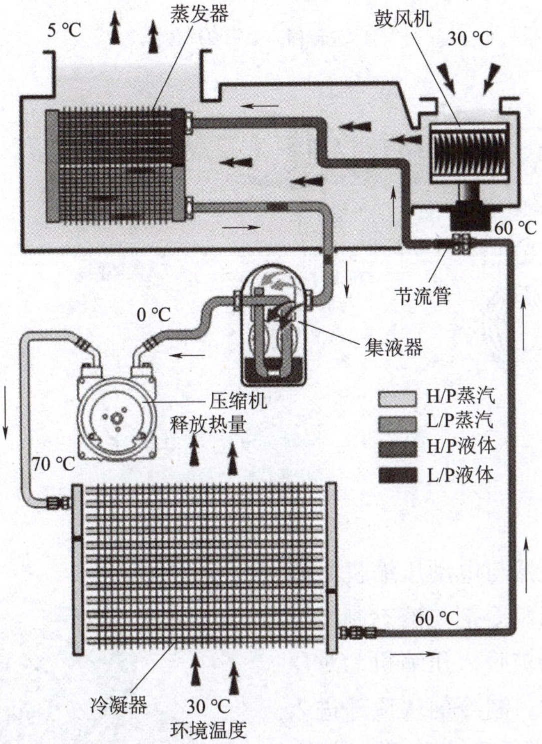

图 6-17　节流管式制冷系统组成示意图

（2）工作过程。

与膨胀阀式制冷系统相似，在节流管式制冷系统中，制冷剂也必须经历压缩、冷凝、节流和蒸发四个过程，完成一个制冷循环。所不同的是，节流管本身不具备自动调整制冷剂流量的功能。因此，制冷剂循环流量大小主要取决于电动压缩机的转速和排量。因此，在电动汽车的节流管式制冷系统中，主要通过改变压缩机的运行状态来调节制冷负荷。也因为如此，节流管制冷系统内制冷剂高压压力变化幅度较大，通常在 8~15 bar① 以内均为正常。

① 巴（bar），1 bar=0.1 MPa。

(3) 主要部件。

①节流管。

节流管的外观及结构如图 6-18 所示，它是由一根多网孔的塑料套管组成的，塑料套管外环形槽内装有密封圈。因整个节流管都插在蒸发器入口处，密封圈用于确保塑料套管与蒸发器进口管内径密封和安装定位。节流管损坏后不能维修，只能更换。

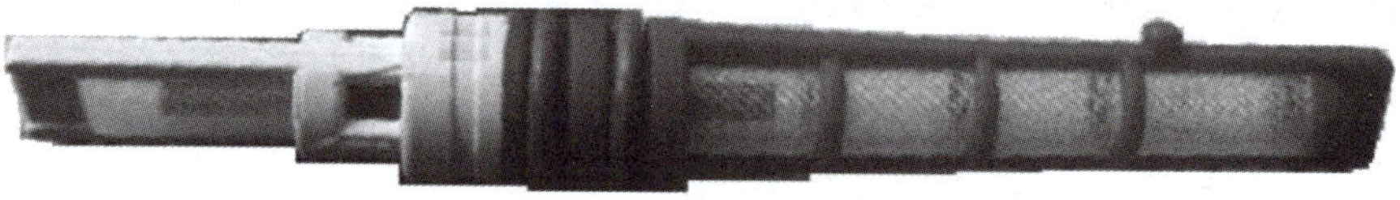

(a)

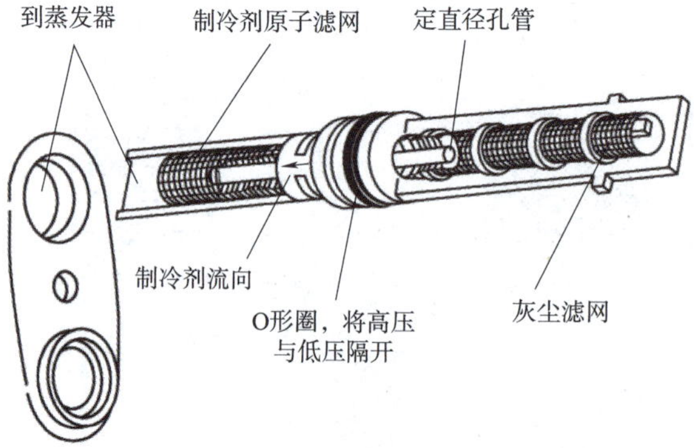

(b)

图 6-18　节流管的外观及结构

(a) 外观；(b) 结构

②集液器。

集液器安装于蒸发器与电动压缩机之间的管路上，用于将气态制冷剂与液态制冷剂分离，避免液态制冷剂被吸入压缩机，对压缩机造成损伤。工作时，制冷剂从顶部进入集液器，其液态制冷剂受重力作用沉入底部，便可将液体制冷剂滞留在腔内，而位于顶部的出气口，可让气态制冷剂进入压缩机吸气口，从而实现了气-液分离。集液器的内部结构如图 6-19 所示。

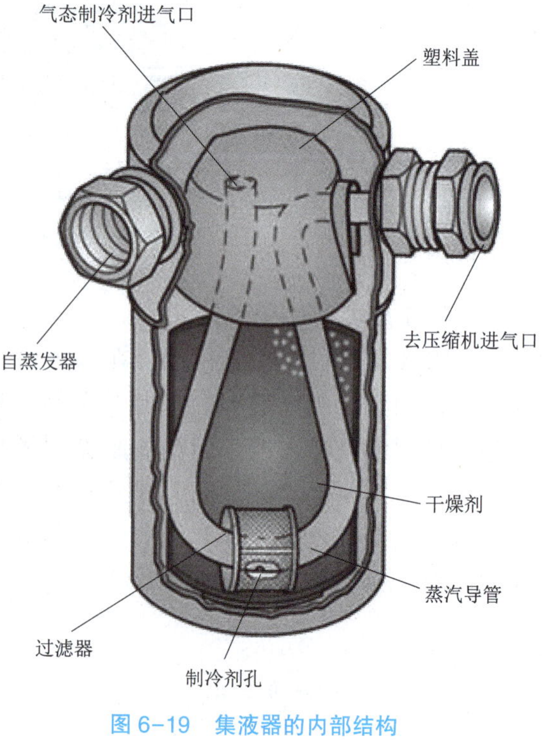

图 6-19　集液器的内部结构

2.3　半导体制冷系统

半导体制冷又称电子制冷、热电堆，是从 20 世纪 50 年代发展起来的一种新型制冷技术。半导体制冷系统的基本部件是热电偶对，即把一只 N 型半导体和一只 P 型半导体连接成电偶对，如图 6-20 所示。

通直流电后，在 P 端上下两个极会产生温差和热量的转移。若在电路上串联若干半导体热电偶对，而采用导热性能好的铜作为热传导媒介，这样就构成了常见的制冷热电堆，如图 6-21 所示。借助风冷、水冷等热交换器等传热手段，使热电堆的热端不断获得散热并保持一定的温度，而把热电堆的冷端放到工作环境去吸热降温，这就是半导体制冷的原理。

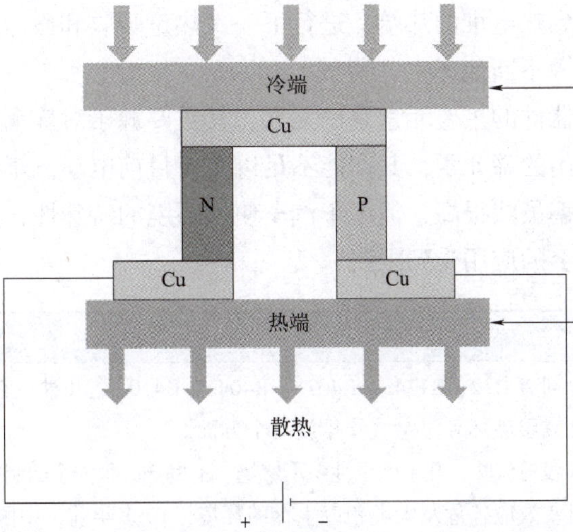

图 6-20　单个热电偶对结构示意图

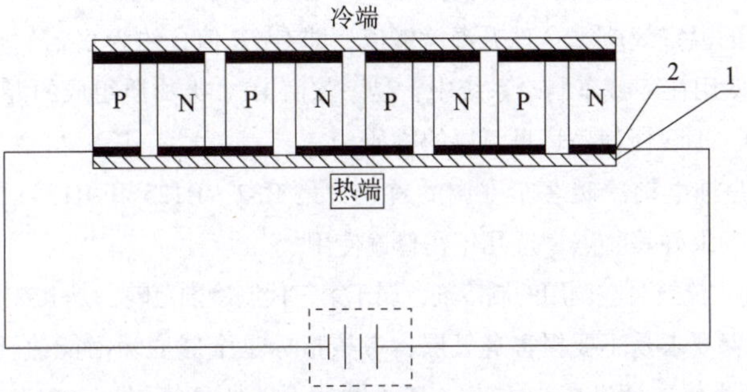

图 6-21　热电堆

1—绝缘陶瓷；2—铜材

半导体制冷系统作为一种特殊的制冷系统，在技术应用上具有以下特点：

(1) 不需要任何制冷剂，不会形成污染；

(2) 没有运动部件，不会产生机械磨损和振动、无噪声，可长时间连续工作；

(3) 工作可靠、寿命长、容易安装；

(4) 制冷快；

(5) 能实现温度精准控制。

半导体热电偶对工作时能形成冷端和热端，因此既能制冷又能制热，使用单个热电偶对就可以替代分立的加热系统和制冷系统。半导体热电偶对是电流换能型元件，通过对输入电流的控制，结合温度检测技术的反馈，可实现高精度的温度控制。

半导体热电堆的热惯性非常小，制冷制热时间很快，而且效率高，在设计良好的条件下，热电转化效率可达到 90% 以上。

半导体制冷系统在汽车上应用时，需要在原空调蒸发器位置设置一个由若干组热电堆组成的热电组件，称为冷却器。冷却器通电后，冷端形成低温，负责吸收空气中的热量和去除水分，形成冷气。该冷却器的热端的热量被液体冷却介质（一般使用乙二醇和水的混合物作为介质）吸收，并在水泵的作用下输送到位于车头位置的散热器，将热量散发到空气中去。降温后的冷却介质再次回到热电堆的热端，进行下一次热量吸收和搬运，从而使热电堆冷端能维持在较低温度下，源源不断地产生“冷气”。

制造半导体热电堆的热电器件的主要元素是碲元素，其主要源于对炼铜废料的提炼，其产量是非常有限的。每年提炼出的碲元素，其产能不足以支持目前电动汽车半导体制冷的需求。半导体制冷系统的制热效率虽然很高，但由于汽车使用环境的特殊性，其综合制冷效能却一般，使该系统在汽车空调上的应用受到限制。

延伸阅读：空调制冷剂对环境的影响

目前汽车空调正在使用的制冷剂有 R12、R134a、R407c、R404a、R410a 这几种。它们都对环境造成了不同程度的影响，主要体现在臭氧层破坏和温室气体排放两个方面。

R12 制冷剂是一种无色、透明、没有气味，几乎无毒性、不燃烧、不爆炸，很安全的制冷剂。但对大气臭氧层有严重的破坏作用，并产生温室效应，危及人类赖以生存的环境，10 多年前，中国已经淘汰禁用。

R134a 目前是 R12 的主要替代制冷剂之一。中国已经形成了新型制冷剂 R134a 使用的完善体系。不仅产品已经形成市场化，其成本控制、技术安全也已经与 R12 制冷剂相差无几。R134a 对大气臭氧层无破坏作用，但仍有一定的温室效应（全球升温潜能值，即 GWP 值，约为 0.27）。

R404a 制冷剂主要使用在冷藏车制冷系统中，是一款由 HFC 类物质组成的混配制冷剂，其全球变暖潜能值（ODP 值）为 0，不含任何破坏臭氧层的物质。

R407c 制冷剂目前是纯电动冷暖客车空调的首选，是 R32、R125 和 R134a 的混配制冷剂，具有清洁、低毒、不燃，制冷效果好等特点，近几年在普遍使用。

R410a 制冷剂是目前主流热泵空调用的制冷剂，属于第三代制冷剂范畴，是 R32 和 R125 的混配制冷剂。

早年对制冷剂的环保要求是不要损害臭氧层，考核指标是全球变暖潜能值（ODP）；随着第三代制冷剂（HFCs——不消耗臭氧）逐渐成为主流（基本做到不破坏臭氧层），2016 年，对制冷剂的环保要求，从 ODP 升级到了 GWP。

R410a 制冷剂的 GWP 值达到 2 088，这个值并不低，还难以做到绝对意义上的环保。

目前，初具下一代制冷剂潜质的主要是 HFOS 和天然制冷剂，都拥有超低的 GWP，但都还不完美。HFOS 在一定程度上兼顾了安全性，但其系统性能总体有所下降。天然制冷剂除了 CO_2（R744）外，要么毒性较大，要么可燃易爆，安全问题比较突出；CO_2虽然安全性较好，制热性能也非常优秀，但其工作压力明显高于其他制冷剂，对压缩机及其配件系统的要求较高，需要进行相应调整。

因此，我们在更换制冷剂时，尽量做到回收二次利用或回收处理，避免制冷剂的随意排放和丢弃。

2.4 电动汽车制暖系统

电动汽车没有发动机作为暖气的“热源”，主要靠动力电池提供的电能来形成暖气。目前，中低端电动汽车暖气系统广泛使用 PTC 加热器加热空气，少部分高档车型采用热泵系统来制暖。热泵系统同时也能兼顾制冷，后面的内容会提及。

1）PTC 加热器制暖系统

PTC 加热器内部的核心部件是 1~2 根具有正温度特性的金属丝，通入动力电池的高压电流入金属丝后，电流的热效应产生热量，作为驾乘人员取暖的热源。

PTC 加热器根据其工作特点不同分为直接加热式、冷却液加热式。

（1）直接加热式 PTC 加热器。

直接加热式 PTC 加热器也叫风暖式加热器，一般安装在空调配风箱内，鼓风机之后。鼓风机将室外的冷空气吸入配风箱，被 PTC 加热器加热后变成暖气，通过出风口送至驾驶室空间。直接加热式 PTC 加热器的外观如图 6-22 所示。

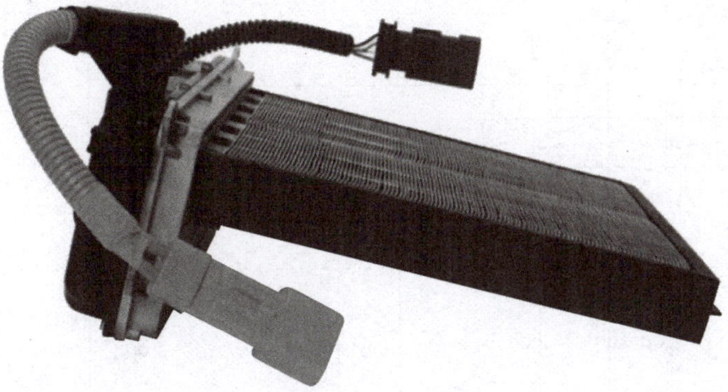

图 6-22　直接加热式 PTC 加热器的外观

（2）冷却液加热式 PTC 加热器。

冷却液加热式 PTC 加热器也叫作水暖式加热器，一般安装在动力舱内，其外观如图 6-23 所示。PTC 加热器放置在一个充满冷却液的容腔内，PTC 通电后给冷却液加热，升温后的冷却液在一个电动泵的作用下被送入空调配风管路内的暖风水箱内，如图 6-24 所示。鼓风机将环境温度下的冷空气吸入配风管路，与暖风水箱的高温冷却液进行热量交换而升温，就形成了驾乘人员所需要的暖气。电动泵驱动冷却液在管路中循环运行，就能持续加热空气，得到源源不断的暖气。

图 6-23　冷却液加热式 PTC 加热器的外观

图 6-24　暖风水箱的外观

采用冷却液加热式 PTC 加热器另外的一个好处是可将升温后的冷却液输送到电池包内，冬季时能为动力电池的电芯提供热量。

（3）PTC 加热器的电路及控制

下面以五菱宏光 MINI EV 电动汽车 PTC 加热器电路为例，说明 PTC 加热器的控制过程。该车 PTC 加热器电路如图 6-25 所示。

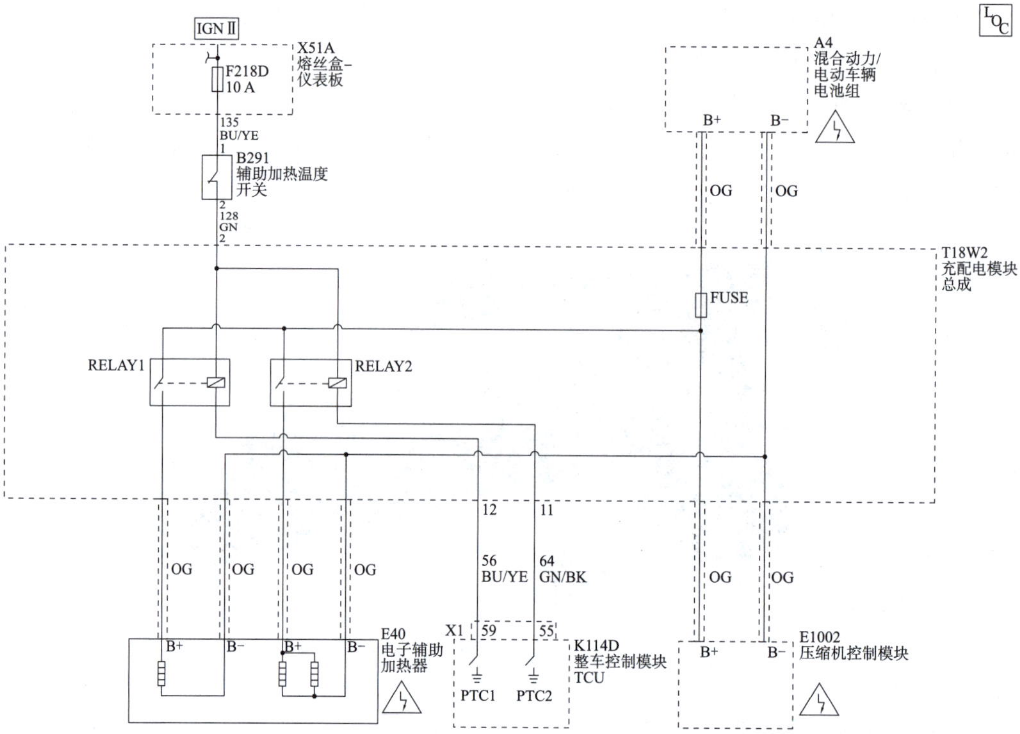

图 6-25　五菱宏光 MINI EV 电动汽车 PTC 加热器电路

在 E40 电子辅助加热器内，由两组加热丝构成的 PTC 加热器负责加热暖气。继电器 RELAY1、RELAY2 分别作为两组加热丝的供电继电器，由 A4 混合动力/电动汽车电池提供的高压电经过 T18W2 充配电模块总成和继电器 RELAY1、RELAY2 触点输送到加热丝。继电器线圈使用 12 V 低压电，由整车控制模块 K114D 内部的搭铁电路负责接通和切断。

当继电器 RELAY1 闭合，使左边加热丝工作，能释放出约 1.5 kW 的热功率，继电器 RELAY2 闭合，使右边加热丝工作，能释放出约 2.0 kW 的热功率。当继电器 RELAY1、RELAY2 同时闭合，两组加热丝同时通电工作，释放出最大加热功率约为 3.5 kW。其工作状态表如表 6-1 所示。

表 6-1　五菱宏光 MINI EV 电动汽车 PTC 电加热器工作状态表

挡位	继电器状态	加热丝状态	热功率/kW
Ⅰ	继电器 RELAY1 闭合	左加热丝通电工作	1.5
Ⅱ	继电器 RELAY2 闭合	右加热丝通电工作	2.0
Ⅲ	两个继电器同时闭合	所有加热丝通电工作	3.5

PTC 加热丝采用铜镍金属材质，具有正温度的特性，这意味着 PTC 加热丝在通电发热后，其电阻值会跟随其温度上升。由欧姆定律 $I=U/R$ 可知，在电压 U 不变（动力电池输出直流电压变化幅度不大）的前提下，电阻 R 值上升，会导致电流值下降，则加热丝释放出的热功率 $P=UI$ 会降低。这样就形成一个动态的热平衡，PTC 加热丝不至于在控制电路发生故障（如继电器触点粘连）时造成升温太高。若采用负温度系数（NTC）材料作为加热丝，则会形成"温度高→电阻降低→电流增大→温度更高"的恶性循环，很容易造成热失控，引发自燃等事故。

在 PTC 加热丝的附近，设置了辅助加热温度开关 B291，用于防止加热丝的温度过高，当加热器温度达到温度开关设定的安全临界值，温度开关会断开，切断继电器 RELAY1、RELAY2 的线圈供电，继电器停止工作，PTC 加热丝的高压电也就随之被切断，从而限制加热温度进一步升高，达到防止热失控引发火灾的危险。

需要指出的是，电动汽车的空调系统，无论是制冷还是制暖，都要消耗动力电池的电能。特别是在采用 PTC 加热器的暖气装置时，消耗电能是非常明显的，这将在一定程度上影响和降低电动汽车的实际行驶里程。因此，在动力电池存电量较少的状态下，电池管理系统会通过限制甚至中断 PTC 加热器工作来确保车辆剩余电量能满足正常行驶需要。

2）热泵系统

热泵系统依然是由电动压缩机、膨胀阀、安装在车头位置的外部换热器、安装在原来蒸发器位置的室内换热器及其管路组成的，其制热媒介依然是制冷剂。该系统外观如图 6-26 所示。

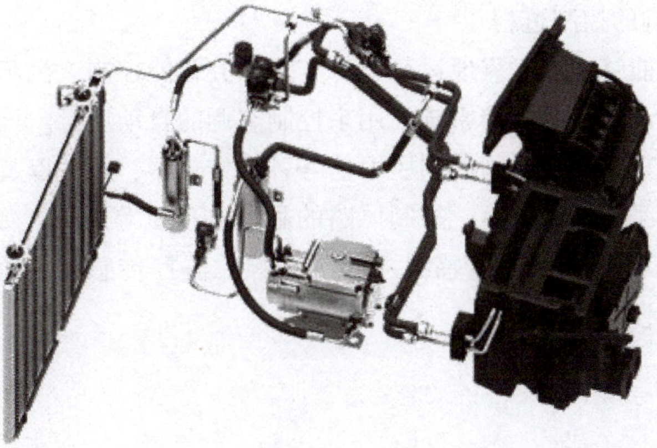

图 6-26　电动汽车热泵系统外观

该系统工作原理与普通制冷剂循环制冷系统相同，压缩机依然使用带逆变控制器的永磁直流无刷电机驱动进行泵气。当把制冷剂循环系统逆向运行时，就可以实现制暖，这是热泵系统设计思路。如图 6-27 所示，当制冷剂按照实线方向流动时，系统制冷；当按照虚线方向流动时，系统制热。为了使制冷剂能够双向流动，必须设置一个四通换向阀来改变制冷剂流向，膨胀阀也被设计成允许制冷剂双向流动的双向膨胀阀。

所不同的是，在制冷时，室内换热器充当了“蒸发器”，制冷剂在该器件内吸热，形成冷气。在制暖时，该器件又充当了“冷凝器”，制冷剂在该器件内散热，形成暖气。

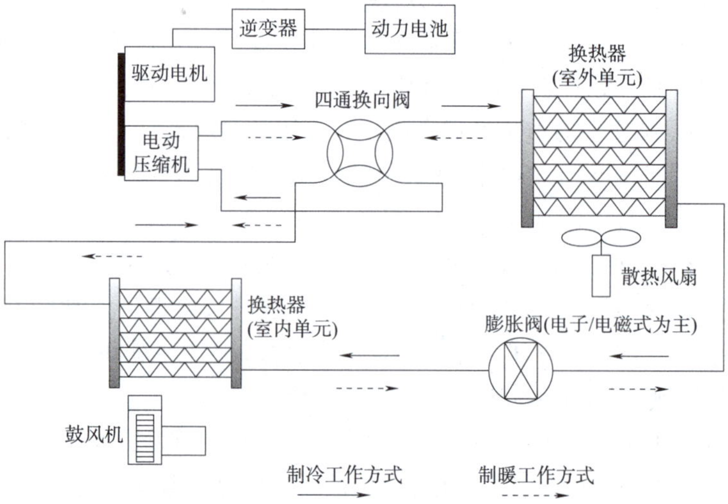

图 6-27　电动汽车热泵系统工作示意

同理，在制冷、制暖模式下，室外的换热器与室内换热器也互换角色，分别作为“冷凝器”和“蒸发器”使用。

采用热泵系统的最大的优点是制暖效能较高。在制暖功率相同的情况下，与 PTC 加热制暖系统相比能省电 50% 以上。系统在-10~40 ℃环境下均能稳定工作，为驾乘人员提供舒适的驾乘环境，非常适合在电动汽车上使用。

3）电动汽车空调的控制过程

为了使汽车空调能够稳定可靠地运行，并实现部分智能控制，汽车空调除了有制冷、制暖部件以外，还需要设计一个电控系统，用来控制空调的自动运行。该系统一般由以单片机为核心的控制单元，采集温度、制冷剂压力信号各类传感器、开关以及实现制冷剂循环的压缩机、辅助散热的冷凝器、鼓风机、控制风路的翻板电动机等组成，如图 6-28 所示。高档的全自动空调还设置了阳光照射传感器、PM2. 5 颗粒监控传感器、负离子发生器等器件，用来实现一些自动化控制功能。

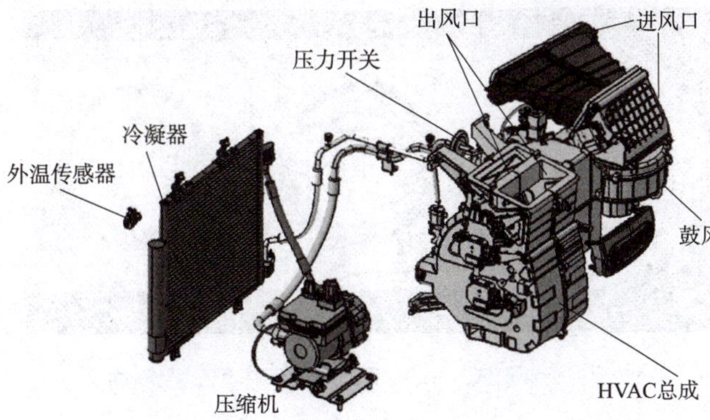

图 6-28　电动汽车电控系统部件分布

下面以五菱宏光 MINI EV 电动汽车的空调控制系统电路为例，介绍电动汽车空调的电路控制过程。图 6-29 所示为该系统的电路图。

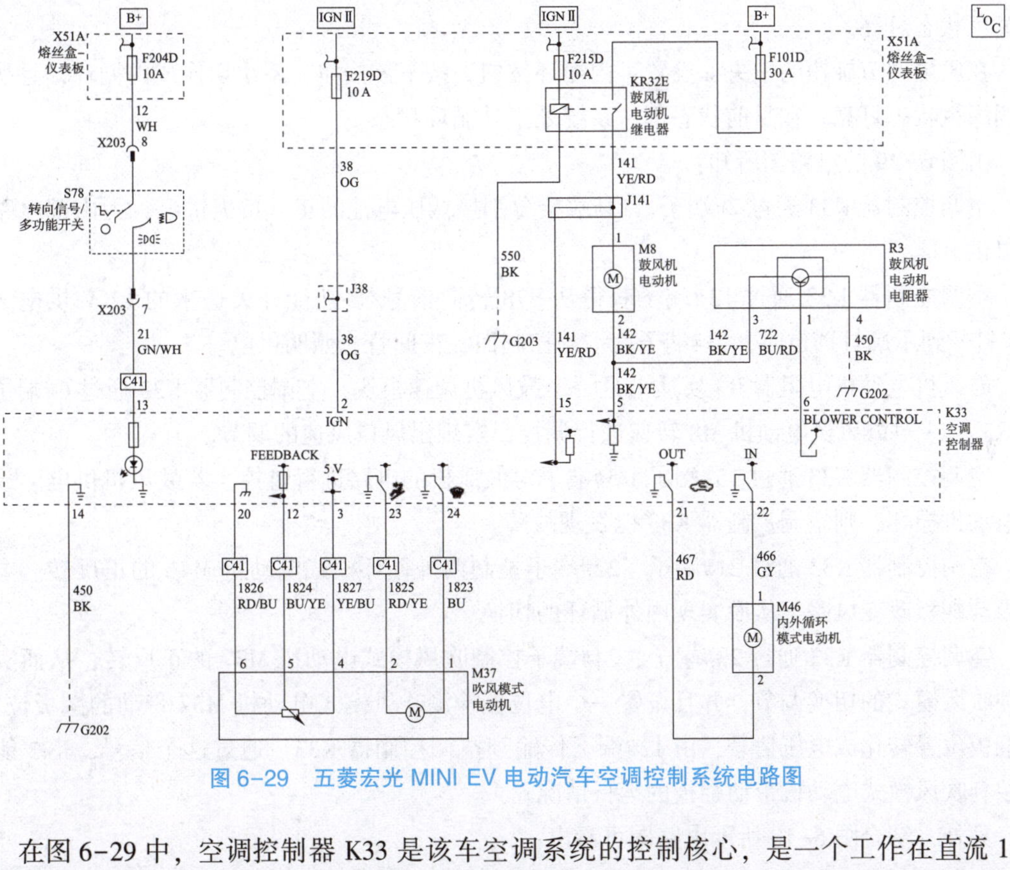

图 6-29　五菱宏光 MINI EV 电动汽车空调控制系统电路图

在图 6-29 中，空调控制器 K33 是该车空调系统的控制核心，是一个工作在直流 12~14 V 低电压下的控制单元。该控制器安装在该车空调控制面板内。空调控制面板如图 6-30 所示。空调控制面板上有三个圆形旋钮，从左到右分别是：

温度调节旋钮，用来改变出风口的温度，逆时针旋转，温度降低；顺时针旋转，温度升高；

风量调节旋钮，用来改变出风口的风量，逆时针旋转，风速降至最低；顺时针旋转，风

图 6-30　五菱宏光 MINI EV 电动汽车空调控制面板

速升高到最大；

吹风模式旋钮，顺时针旋转，可选择吹面、吹面+吹脚、吹脚、吹脚+吹窗、吹窗五种模式。

在温度调节旋钮的中央，设置了 A/C 按钮，按下该按钮，压缩机开始制冷，且按钮上的黄色状态灯亮。

在风量调节旋钮的中央，设置了内循环按钮，按下该按钮，系统切换成内循环，且按钮上的绿色状态灯亮。在目前状态下，系统处于外循环状态。

由图 6-29 的电路图所知：

空调控制器 K33 通过 2#端子、14#端子分别接低压电池的正、负极供电，为内部电路运行提供电能。

空调控制器 K33 通过 13#端子获得从 S78 转向信号/多功能开关送来的 12 V 供电。当 S78 打开到示廓灯挡位时，13#端子为空调控制面板夜间背光照明供电。

鼓风机电动机电阻器 R3 实质上是一个鼓风机调速模块，空调控制器 K33 通过 6#端子控制 R3，R3 对鼓风机电动机 M8 转速进行调控，实现出风口风速的调节。

空调控制器 K33 通过 15#端子、5#端子对鼓风机的电路进行监控，若鼓风机供电、鼓风机电动机损坏，则空调控制器 K33 能发现故障。

空调控制器 K33 通过 21#端子、22#端子控制内外循环模式电动机 M46 的正反转。电动机带动翻板改变风路，从而实现内外循环的切换。

空调控制器 K33 通过 23#端子、24#端子控制吹风模式电动机 M37 的正反转，从而实现五种吹风模式的切换调节，并且设置一个电位器检测吹风模式电动机 M37 带动的翻板位置，将翻板位置转化成电压信号，由 12#端子传输到空调控制器 K33。通过这个信号，K33 能够监控到吹风模式电动机带动翻板的运行情况。

另外，结合图 6-10 所示电路图可看出：

空调控制器 K33 通过 9#端子与整车控制模块 K114D 通信联系。在满足制冷条件（例如，蒸发器温度高于 2 ℃、鼓风机正常运行）的前提下，K33 向 K114D 发送制冷请求信号，空调高压侧压力开关 B1H 闭合，该制冷请求信号才能输送到 K114D 的 21#端子。而开关 B1H 闭合条件是空调管路中的压力为 2～30 bar，超出这个范围，开关 B1H 都会断开进行保护。压力过高或过低，都会导致 B1H 断开，K114D 收不到制冷请求信号，因为：

（1）压力过低可能是制冷剂严重泄漏导致的，不但无制冷效果，并且伴随冷冻机油泄漏，压缩机缺油磨损，因此空调系统不能运行。

（2）制冷剂压力过高可能是管路堵塞造成的。可能会引发管路爆炸或压缩机过载，必然不能让空调系统运行。

整车控制模块 K114D 收不到制冷请求信号，则不会闭合继电器 KR29，压缩机不会工作，从而保护空调系统。

正常状态下，整车控制模块 K114D 收到制冷请求信号后，一方面接通继电器 KR29，导致压缩机控制模块 E1002 获得压缩机开启信号，开始驱动空调压缩机 G1 运行；另一方面，接通冷却风扇继电器 KR20F，使安装在冷凝器后面的冷却风扇电动机 G10 运行，从而使空调冷凝器得到散热，空调制冷开始运行。

空调控制器 K33 通过 10#端子的 LIN 总线与压缩机控制模块 E1002 通信，该线上的信号是决定压缩机运行负荷的关键信号。K33 根据制冷的需求，从 LIN 总线发送压缩机工作负荷信号到 E1002，调节压缩机的运行功率。

空调控制器 K33 通过 17#端子、18#端子获得空调蒸发器 B39 温度传感器发送过来的温度信号。此信号代表蒸发器内的温度值，当蒸发器温度太低，例如在冬天，蒸发器温度已经低于设定值，即使驾驶员按下 AC 开关，空调控制器 K33 也不会输出制冷请求信号。在夏天制冷过程中，在大负荷制冷后，蒸发器温度可能会低于设定值，空调控制器 K33 同样因空调蒸发器 B39 温度传感器传送过来的温度过低信号，中断制冷请求，K114D 使压缩机暂停工作直至蒸发器温度升高后，才会重新起动压缩机。

K33 通过 8#端子、7#端子发送制暖请求信号到整车控制模块 K114D 的 3#端子和 22#端子，由 K114D 通过继电器 RELAY1、RELAY2 执行对 PTC 加热器（电子辅助加热器 E40）的运行控制，达到制暖的目的，如图 6-25 所示的电路及说明。

需要说明的是，空调控制器 K33 上的温度控制旋钮和 A/C 按钮是用于收集驾驶员想制冷还是制暖意图的，驾驶员只能选择其一，同时按下是无效的。因此不会出现空调系统制暖又制冷共存的矛盾情形。

3. 执行工作计划

3.1　信息分析

在汽车空调维修过程中，常常会涉及空调关键零部件的拆装。对电动汽车的空调系统而言，电动压缩机和 PTC 加热器是比较容易出现故障的两个部件。因此，更换电动压缩机总成和检查 PTC 加热器成为常见的维修项目。下面以更换电动压缩机总成和检查 PTC 加热器这两个项目为例，介绍其具体的操作步骤和注意事项。

作业前需要考虑的几个因素有：

（1）工作场地满足作业要求；

（2）高压标识和警戒线齐备；

（3）拆装工具和检测设备完好；

（4）人员和车辆防护措施到位；

（5）从相关技术资料获得必要的工作步骤、注意事项、测量标准值等信息。

由于电动汽车作业的特殊性，务必确保在满足上述条件的前提下，才能开始进行任务实施。

3.2　工作计划：制订空调系统不工作故障检修计划

制冷和制暖异常是汽车空调常见的故障类型，新能源汽车的空调系统也会发生同样的故障。下面以五菱宏光 MINI EV 电动汽车制冷和制暖故障来说明电动汽车空调故障的分析思路与检修方法。

1）不制冷故障的分析与检修

（1）故障现象：五菱宏光 MINI EV 电动汽车，从空调出风口送出的风速能正常调节，但温度为常温，无冷气。车辆能通电，仪表显示 READY，车辆能正常行驶。

（2）故障分析。

鼓风机能运行且各风速挡位能正常调节，说明鼓风机及其控制电路正常无故障。对于因无制冷剂或制冷管路中有堵塞导致的不制冷故障，故障分析和处理方法与燃油汽车空调类似。但如果是因为空调控制电路异常导致的不制冷，则因为电动汽车空调电路与燃油汽车空调电路的差异性，分析方法和检修思路有所不同。导致该车空调不制冷的原因，从电路逻辑上分析可细分为以下几种情形：

①空调控制模块 K33 未向整车控制模块 K114D 发出制冷请求信号；

②空调控制模块 K33 发出制冷请求，整车控制模块 K114D 未收到制冷请求信号；

③整车控制模块 K114D 发出制冷运行指令，压缩机控制模块 E1002 未收到压缩机运行许可信号；

④压缩机控制模块 E1002 收到压缩机运行许可信号，但电动压缩机无响应。

将导致不制冷的可能原因归类进行细分描述，可形成如表 6-2 所示的内容。

表 6-2　五菱宏光 MINI EV 电动汽车空调不制冷故障原因分析一览表

原因情形	相关特征	原因分析
空调控制器 K33 未发出制冷请求信号	AC 开启，指示灯不亮	分析：蒸发器温度信号不合理，鼓风机运行反馈信号不合理、K33 本身故障均会导致 K33 不能发出制冷请求信号。 （1）蒸发器温度信号不在合理范围内，具体原因有如下几个。 ①空调蒸发器温度传感器 B39 损坏； ②空调蒸发器温度传感器 B39 信号回路存在断路。 （2）鼓风机反馈信号不符合要求，具体原因如下。 ①空调控制器 K3315#端子回路出现断路或搭铁故障； ②空调控制器 K335#端子回路出现断路故障。 （3）K33 本身内部故障，具体原因为 K33 内部的 AC 请求输出部分电路有故障。 说明：因 K33 能正常调节鼓风机转速，故认为 K33 除内部的 AC 请求输出部分电路之外的其他部分正常。若出风口无风，则须先考虑和排除鼓风机电路以及 K33 供电电路问题
整车控制模块 K114D 未收到制冷请求信号	AC 开启，指示灯亮，诊断仪访问 K114D 读取数据流：空调请求信号为 OFF	分析：故障部位在空调控制器 K33 的 9#端子到 K114D 的 21#端子之间。具体原因有如下几个。 （1）管路中制冷剂泄漏导致压力开关断开； （2）压力开关本身不能闭合； （3）从空调控制器 K33 的 9#端子到 K114D 的 21#端子之间的导线断路
K114D 发出制冷运行指令，E1002 未收到压缩机运行许可信号	诊断仪访问 K114D，读取空调请求信号数据流为 ON，空调继电器状态为 ON。 说明： 当 K114D 发出制冷运行指令，可同步看到冷凝器风扇电动机 G10 运转	分析：通过观察冷凝器风扇电动机 G10 会运转以及读取 K114D 数据流，可看到空调请求信号为 ON，空调继电器 KR29 状态为 ON。 若继电器 KR29 动作，可能的故障原因有如下几个。 （1）继电器 KR29 内部触点损坏； （2）继电器 KR29 开关所在电路回路的传输导线断路。 若读不到继电器 KR29 状态数据流，可能的故障原因如下。 （1）继电器 KR29 线圈回路的传输导线断路； （2）继电器 KR29 线圈断路

续表

原因情形	相关特征	原因分析
E1002 收到压缩机运行许可信号，但压缩机无响应	E1002 收到压缩机运行许可信号，则其 3# 端子、7#端子接通，测得 3#端子特征电位应为 0	分析：若 E1002 收到压缩机运行许可信号，但压缩机不运行，可能的原因有如下。 （1）E1002 低压供电异常； （2）E1002 或压缩机 G1 损坏（E1002 与 G1 集成一体）； （3）高压电未送入 E1002

（3）故障维修。

针对可能导致故障的原因，有下列维修处理方法，如表 6-3 所示。

表 6-3　五菱宏光 MINI EV 电动汽车空调不制冷故障处理方法一览表

导致故障的可能原因	维修处置方法
空调蒸发器温度传感器 B39 损坏	更换空调蒸发器温度传感器 B39
空调蒸发器温度传感器 B39 信号回路存在断路	进一步查找线路，确定断路点后接回焊好
空调控制器 K33 的 15#端子回路出现断路或搭铁故障	进一步查找线路，确定故障点后接回焊好
空调控制器 K33 的 5#端子回路出现断路故障	进一步查找线路，确定故障点后接回焊好
K33 内部的 AC 输出部分线路故障	更换 K33
管路中制冷剂泄漏导致压力开关断开	对管路进行检漏，排除漏点后重新加注足量制冷剂
压力开关本身不能闭合	更换压力开关
从空调控制器 K33 的 9#端子到 K114D 的 21#端子之间的导线断路	进一步查找线路，确定断路点后接回焊好
继电器 KR29 内部触点损坏	更换继电器 KR29
继电器 KR29 开关所在电路的传输导线断路	进一步查找线路，确定断路点后接回焊好
继电器 KR29 线圈回路的传输导线断路	进一步查找线路，确定断路点后接回焊好
继电器 KR29 线圈断路	更换该继电器 KR29
E1002 低压供电异常	进一步查找供电线路，确定故障点后排除
E1002 或压缩机 G1 损坏	E1002 和 G1 集成一体，其中一处损坏后只能整体更换
高压电未送入 E1002	检查高压导线及插头，重点检查充配电模块总成 T18W2 与 E1002 连接的高压线及插头是否牢固

2）制冷不足故障的分析与检修

（1）故障现象：五菱宏光 MINI EV 电动汽车，从空调出风口送出的风速能正常调节，但制冷效果差，室内降温慢。车辆能通电，仪表显示 READY，能正常行驶。

（2）故障分析。

鼓风机能运行且各风速挡位能正常调节，说明鼓风机及其控制电路正常无故障。导致制冷不足的原因，可细分为以下几种情形。

①制冷剂缺少或循环效果变差；

②压缩机控制模块 E1002 收到错误信号而处于低负荷状态；

③压缩机运行状态差。

将导致制冷不足的可能原因归类后进行细分描述，可形成如表 6–4 所示的内容。

表 6–4　空调制冷不足的故障分析一览表

原因情形	相关特征	原因分析
制冷剂缺少或循环效果变差	制冷剂压力异常	分析：当制冷剂缺少、制冷剂不纯，人为的因素导致制冷剂加注过量、制冷剂中混杂空气均会导致制冷不足。 （1）制冷剂缺少； （2）制冷剂加注过量； （3）制冷剂不纯； （4）制冷剂中混杂空气
E1002 收到错误信号而处于低负荷状态	测到制冷剂高压偏低、低压偏高，且空调蒸发器温度传感器 B39 的电压、电阻值异常，或 E1002 插头的 8#端子 LIN 总线电压和波形异常	分析：因信号错误而导致压缩机过早停机或低负荷运行的，可能的原因是温度传感器、K33 内部以及 LIN 总线传输的问题。 （1）空调蒸发器温度传感器 B39 特性偏移； （2）K33 内部电路故障； （3）K33 与 E1002 之间的 LIN 总线（224/WH）断路
压缩机运行状态差	测到制冷剂高压偏低、低压偏高，E1002 插头的 8#端子 LIN 总线电压和波形正常	分析：LIN 总线电压和波形正常，说明正常的制冷信号能送到 E1002，则故障点可推断为在 E1002 及压缩机内部，具体可分为以下两种。 （1）E1002 内部故障； （2）压缩机及泵内部故障

（3）故障维修。

针对导致故障的可能原因，有下列维修处置方法，如表 6–5 所示。

表 6–5　五菱宏光 MINI EV 电动汽车空调制冷不足故障维修处置方法一览表

导致故障的可能原因	维修处置方法
制冷剂缺少	按空调检修基本操作方法，对管路进行检漏，排除漏点后，足量加注制冷剂

续表

导致故障的可能原因	维修处置方法
制冷剂加注过量	放出部分制冷剂，使制冷剂的量在该车标准范围内
制冷剂不纯； 制冷剂中混杂空气	抽出制冷剂后，再重新足量加注高纯度的 R134a 制冷剂
空调蒸发器温度传感器 B39 特性偏移	更换温度传感器 B39
K33 内部电路故障	更换 K33
K33 与 E1002 之间的 LIN 总线（224WH）断路	进一步查找线路，确定断路点后接回焊好
E1002 内部故障； 压缩机及泵内部故障	更换压缩机总成（该车 E1002 和 G1 集成一体）

3）五菱宏光 MINI EV 电动汽车空调无暖气故障

（1）故障现象：从出风口吹出的风速能正常调节，但温度为常温，无暖气。车辆能通电，仪表显示 READY，车辆能正常行驶。

（2）故障分析：与燃油汽车暖风装置不同，五菱宏光 MINI EV 电动汽车的暖气发生装置完全依靠 PTC 加热器实现加热。

鼓风机能运行且各风速挡位能正常调节，说明鼓风机及其控制电路正常无故障。导致该车无暖气的故障原因，从电路逻辑上分析可细分为以下几种：

①K33 未向 K114D 发出制暖请求信号；

②位于充配电模块总成 T118W2 的继电器 RELAY1、RELAY2 线圈回路故障，包括熔丝、温控开关断路；

③高压电未供给 PTC 加热器。

将分析结果进行逻辑化的梳理，可归纳成表 6-6。

表 6-6　五菱宏光 MINI EV 电动汽车空调不制暖故障分析一览表

原因情形	其他关键特征	原因分析
K33 未发出制暖请求信号	诊断仪访问 K114D，未读到制暖挡位信号数据流	分析：K33 未发出制暖请求信号与蒸发器温度信号不合理、K33 本身故障有关。具体的原因有如下两个。 （1）B39 参数偏离； （2）K33 内部的制暖信息处理电路有故障。 说明：因 K33 能调节鼓风机转速，故认为 K33 内部除制暖信息处理电路之外的其他部分正常。若出风口无风，则须先考虑和排除鼓风机电路以及 K33 供电电路问题

续表

原因情形	其他关键特征	原因分析
继电器 RELAY1、RELAY2 不工作	诊断仪读到继电器 RELAY1、RELAY2 不动作的数据流	分析：故障主要存在继电器 RELAY1、RELAY2 线圈回路，具体可能性有如下几个。 （1）熔丝 F218D 断路； （2）辅助加热器温度开关 B291 接触不良故障； （3）导线 135BU/YE 及 128GN 断路
高压电未供给 PTC 加热器	诊断仪读取，无故障信息	充配电模块总成 T18W2 内部到 PTC 加热器的高压导线及插头高压接触不良

（3）故障维修。

针对导致故障的可能原因，有下列维修处置方法，如表 6-7 所示。

表 6-7　五菱宏光 MINI EV 电动汽车空调不制暖故障处置方法一览表

导致故障的可能原因	维修处置方法
空调蒸发器温度传感器 B39 参数偏离	更换 B39
K33 内部的制暖信息处理电路故障	更换 K33
熔丝 F218D 断路	更换熔丝 F218D
辅助加热器温度开关 B291 接触不良	更换辅助加热器温度开关 B291
导线 135BU/YE 或 128GN 断路	进一步检查线路，确定故障点后接回焊好
充配电模块总成 T18W2 内部到 PTC 加热器的高压导线及插头高压接触不良	检查高压导线及插头，重点检查充配电模块总成 T18W2 内部的高压线的连接是否牢固

（4）关于制暖故障，还可能存在以下两种情形。

情形 1：只有第 1 挡暖风，第 2 挡无暖风，第 3 挡暖风与第 1 挡相同。

故障分析：

此故障与 PTC2 加热丝不工作有直接关系。

导致 PTC2 加热丝不工作的原因及维修处置方法如表 6-8 所示。

表 6-8　PTC2 加热丝不工作的原因及维修处置方法一览表

导致故障的可能原因	维修处置方法
K33 的 8#端子到 K114D 的 22#端子导线（58RD/GN）出现断路	进一步检查线路，确定断路点后接回焊好
K114D 的 55#端子与 T18 的 11#端子的传输导线（64GN/BK）断路	进一步检查线路，确定断路点后接回焊好

续表

导致故障的可能原因	维修处置方法
继电器 RELAY2 损坏	更换继电器 RELAY2
PTC2 加热器断路	更换 PTC 加热器

说明：若继电器 RELAY2 线圈断路故障，诊断仪会读到对应的故障代码信息。

情形 2：只有第 2 挡暖风，第 1 挡无暖风，第 3 挡暖风与第 2 挡相同。

故障分析：

此故障与 PTC1 加热丝不工作有直接关系。

导致 PTC1 加热丝不工作的原因及维修处置方法如表 6-9 所示。

表 6-9　PTC1 加热丝不工作的原因及维修处置方法一览表

导致故障的可能原因	维修处置方法
K33 的 7#端子到 K114D 的 3#端子导线（100BU/WH）出现断路	进一步检查线路，确定断路点后接回焊好
K114D 的 59#端子与 T18 的 12#端子的传输导线（56BU/YE）断路	进一步检查线路，确定断路点后接回焊好
继电器 RELAY1 损坏	更换继电器 RELAY1
PTC1 加热器断路	更换 PTC 加热器

说明：若继电器 RELAY1 线圈回路断路，诊断仪会读到对应的故障代码信息。

3.3　任务实施：电动空调压缩机的更换实例

1）电动压缩机总成的更换

电动压缩机属于高压电部件，在更换电动压缩机之前，要进行整车断电作业，保证电动压缩机处于断电状态方可拆卸。

对本操作项目的作业人员有以下能力要求：

能够严格执行电动汽车高压维修作业规范操作；

会实施制冷剂的回收和加注作业；

能够规范地执行电动压缩机总成的拆卸与安装。

（1）更换前的准备工作：

①施工前，必须按照车辆高压维修作业规范，准备好可隔离的维修工位、危险警示牌、防护用品和防护用具等；

②在场地隔离区前设置安全警示牌；

③拉好安全警戒线，避免非维修人员进入；

④灭火器标识应清晰，表面不得有变形、损伤等缺陷；压力表的指针应指在绿色区域（绿色区域为正常工作压力）；把手、卡销不得有变形、修饰等影响使用的缺陷，喷嘴无开裂、损坏等现象。如有异常，则需要更换。

电动压缩机的拆卸

（2）实施拆卸步骤。

五菱宏光 MINI EV 电动空调压缩机的拆卸步骤如表 6-10 所示。

表 6-10　五菱宏光 MINI EV 电动空调汽车电动空调压缩机拆卸步骤

序号	示意图	操作描述
1		打开机舱盖，依次铺设机舱三件套
2		将点火开关旋到 OFF。取下车钥匙，妥善保管
3	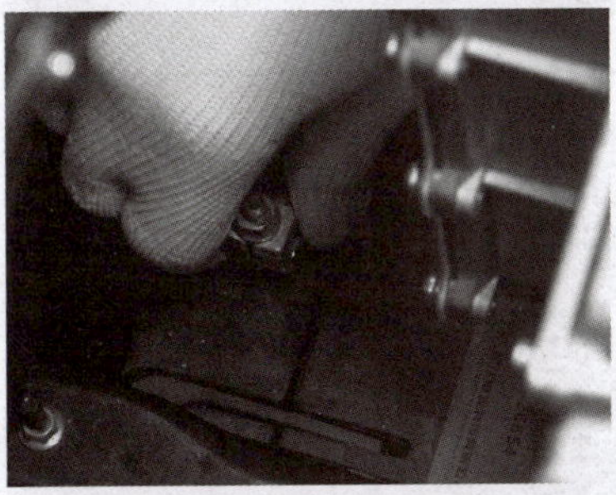	断开低压电池负极
4	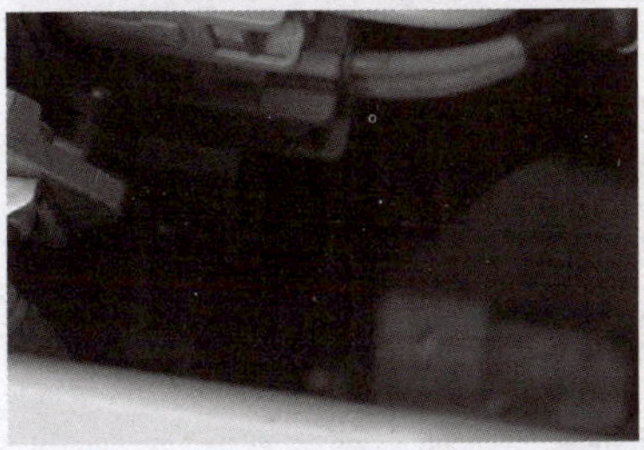	断开高压配电盒端高压母线

续表

序号	示意图	操作描述
5		验电，应小于 5 V
6		用制冷剂加注一体机进行制冷剂和冷冻油回收作业。 根据维修手册，制冷剂回收量为（320±20）g
7		举升车辆，从车辆底部找到压缩机总成
8		找到压缩机的低压接插件，将其断开
9		断开压缩机高压接插件

续表

序号	示意图	操作描述
10		用扳手拧松并取下压缩机进气管螺母
11		将进气管与压缩机分离； 用软质塑料袋封住进气管口，防止空气进入进气管
12		用同样的办法拧松并取下压缩机排气管螺母
13		用密封塑料袋将排气管口密封严实，防止空气进入排气管

续表

序号	示意图	操作描述
14	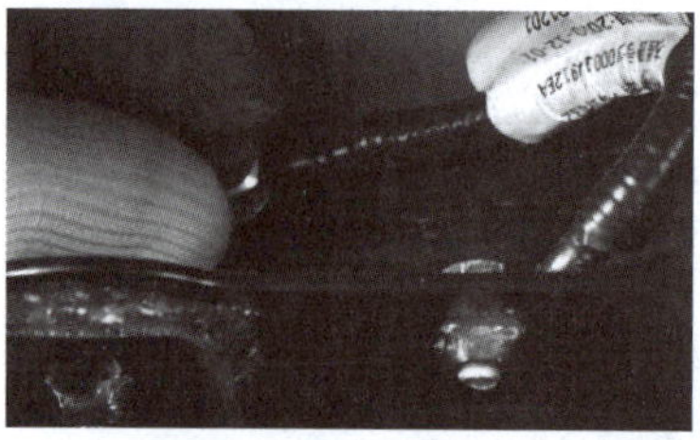	拧松压缩机搭铁线的固定螺钉，取下压缩机搭铁线
15	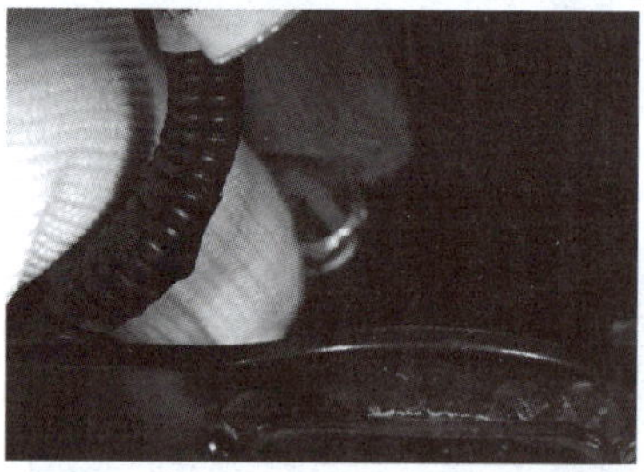	拧松压缩机的固定螺栓
16		取下压缩机

（3）实施安装步骤。

五菱宏光 MINI EV 电动汽车电动空调压缩机的安装步骤如表 6-11 所示。

表 6-11　五菱宏光 MINI EV 电动汽车电动空调压缩机安装步骤

序号	示意图	操作描述
1		将新的压缩机安放到安装位置上
2		放入紧固螺栓，并用手初步旋入

续表

序号	示意图	操作描述
3	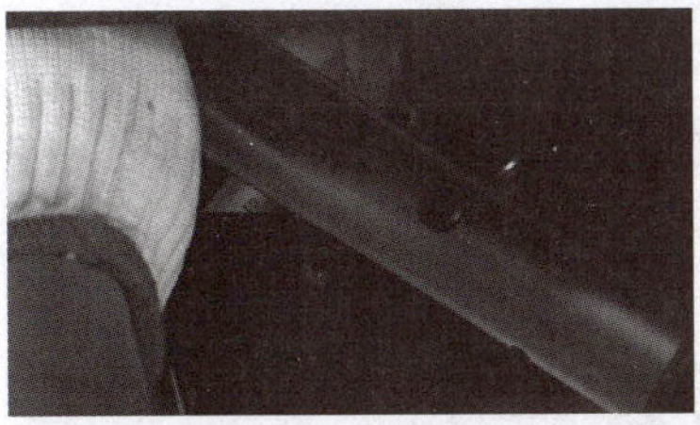	按规定力矩拧紧压缩机固定螺栓：（25±4）N·m
4		进行等电位线对地电阻测量，以确认等电位线是否安装牢固（车身电阻值<0.04 Ω，不同车型标准可能不同）
5	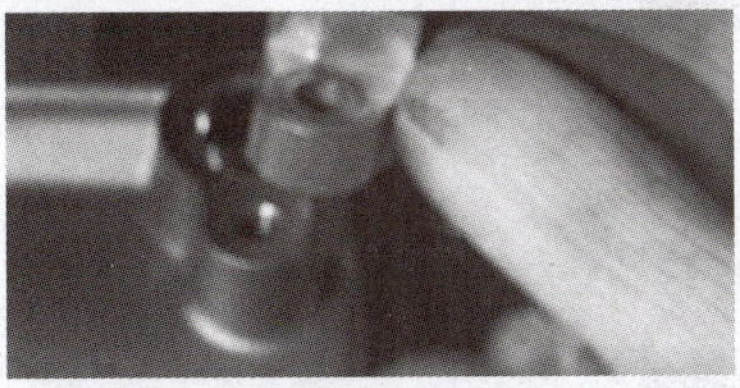	安装进气管和螺栓
6		按规定力矩拧紧进气管固定螺栓：（9±3）N·m
7	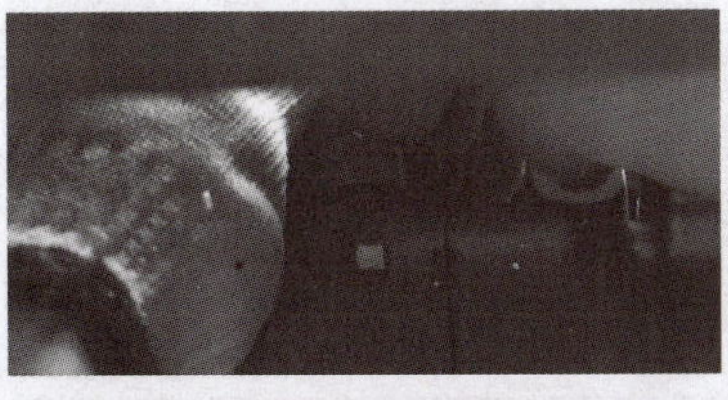	安装排气管和螺栓，按规定力矩拧紧进气管固定螺栓：（9±3）N·m
8		插上压缩机高压线束插头并紧固卡扣

续表

序号	示意图	操作描述
9	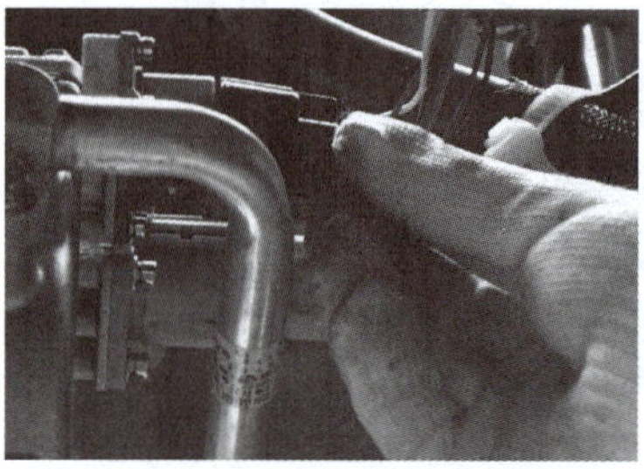	插上压缩机低压线束接插件
10	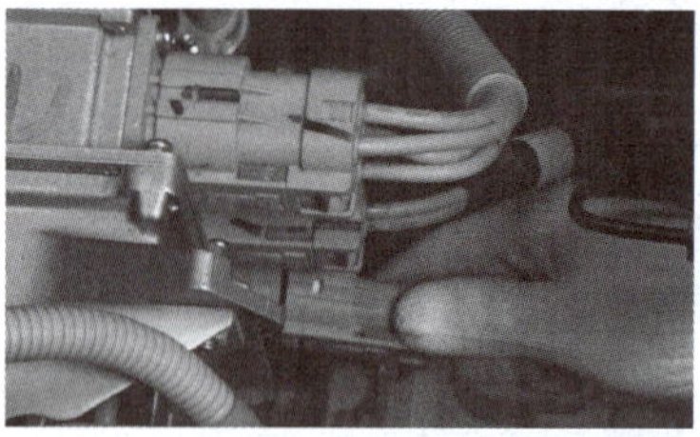	插高压配电盒端高压母线接插件
11	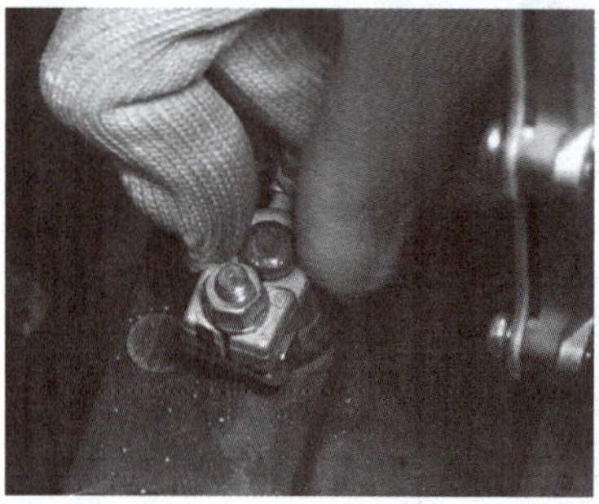	安装低压辅助电池负极，并按照规定力矩立即拧紧
12		用制冷剂加注一体机进行抽真空以及制冷剂和冷冻油补充作业

（4）安装后的检查工作。

①将点火开关旋到 ON 挡；

②观察仪表故障指示灯有无异常，如有异常应执行高压断电后进一步排查；

③确保仪表无异常后，踩下制动踏板，将点火开关旋至 ST 挡；

④车辆通高压电，组合仪表内 READY 指示灯亮；

电动压缩机总成的安装

⑤打开鼓风机，打开空调开关，观察压缩机工作是否正常，是否有冷气吹出，若无则需检查问题所在；

⑥确保制冷系统运行正常后，关闭点火开关，拔出汽车钥匙，并妥善保管；

⑦做好竣工后的收尾工作，如拆卸翼子板布、盖好车舱盖、解除警戒线、收拾安全警示牌、整理工具等。

2）PTC 加热器的检测

PTC 加热器属于高压部件，在检测 PTC 加热器之前，要进行整车断电作业，保证 PTC 加热器处于断电状态，检测后方可进行。

对本操作项目的作业人员有以下能力要求：

能够严格执行电动汽车高压维修作业规范；

能够规范地执行 PTC 加热器的检测作业规范。

（1）检测前的准备工作：

①施工前，必须按照车辆高压电作业规范，准备好可隔离的维修工位、危险警示牌、防护用品和防护用具等；

②在场地隔离区前设置安全警示牌；

③拉好安全警戒线，避免非维修人员进入；

④检查灭火器标识清晰，表面不得有变形、损伤等缺陷；压力表的指针是否指在绿色区域（绿色区域为设计正常工作压力值）；把手、卡销不得有变形、修饰等影响使用的缺陷；喷嘴无开裂、损坏等现象，如有异常则需要更换。

（2）检测实施步骤。

五菱宏光 MINI EV 电动汽车 PTC 加热器检测步骤如表 6-12 所示。

表 6-12 五菱宏光 MINI EV 电动汽车 PTC 加热器检测步骤

序号	示意图	操作描述
1		打开机舱盖，依次铺设机舱三件套
2		将点火开关旋至 OFF。取下车钥匙，妥善保管； 等待 5 min，让车辆 VCU、BCM 等所有控制单元进入休眠状态

续表

序号	示意图	操作描述
3	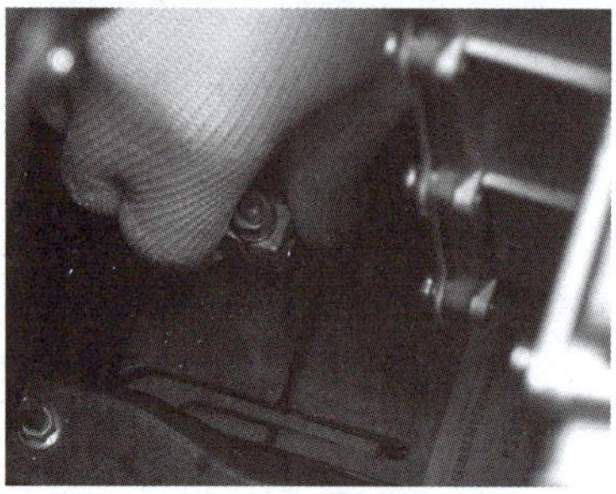	用套筒工具拧松电池负极接柱螺母，取下电池负极线束； 用绝缘帽盖住电池负极，确保线束绝缘隔离保护处理； 等待 15 min 以上，让高压部件内超级电容充分放电
4		举升车辆
5		断开动力电池输出母线主正、主负接插件； 注意：先解除棕色锁扣，再按压橙色锁扣，最后扳动黑色锁扣，取下与动力电池连接的母线插头
6	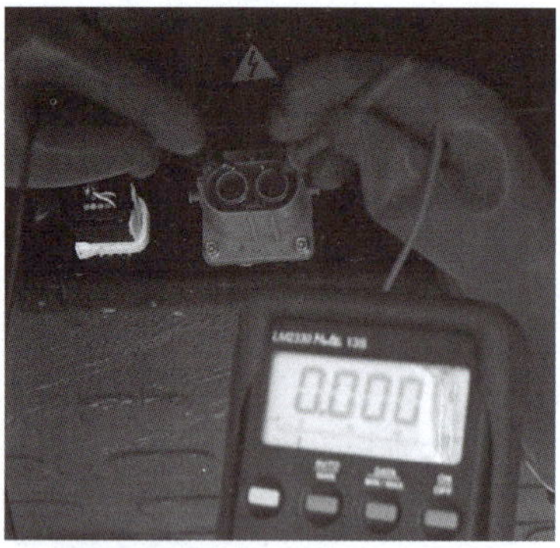	验电：测量高母线插头中主正、主负端子之间电压，若电压大于 60 V，且无持续下降情况，应使用放电工装对主正、主负端子进行放电，待电压放至小于 5 V 后方可进行检修。做好线束端绝缘保护工作

续表

序号	示意图	操作描述
7		操作举升机，降下车辆
8	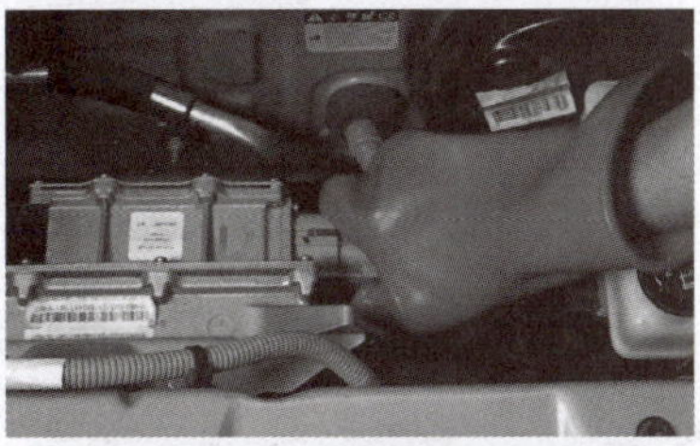	从动力舱处找到 PTC 加热器高压接插件，解开锁扣，断开该接插件
9	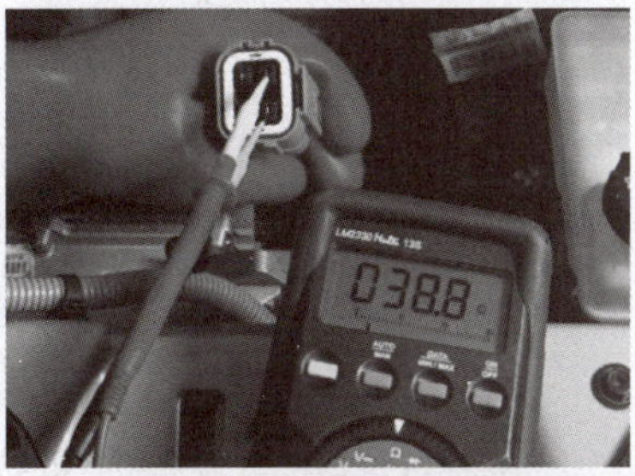	检测 PTC 加热器两组加热丝的电阻值，通过接插件上的标识找到加热器的两组加热丝 1#端子与 2#端子： 加热丝 1 的电阻值为 38 Ω 左右
10	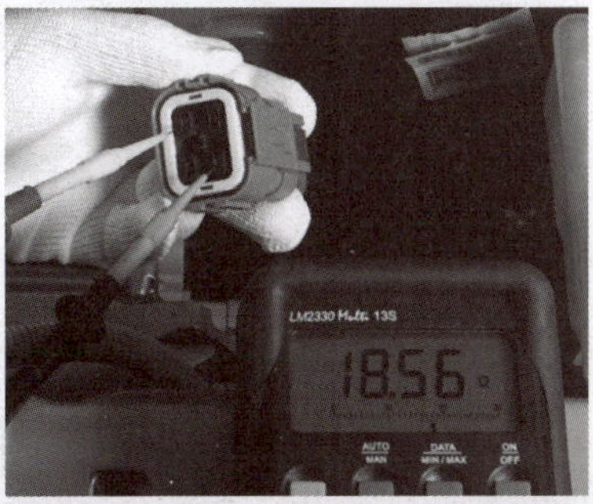	1#端子与 4#端子： 加热丝 2 的电阻值为 18 Ω 左右
11	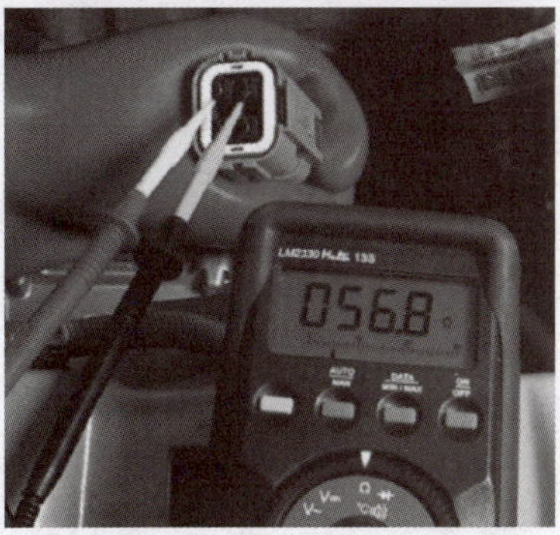	2#端子与 4#端子： 加热丝 1、加热丝 2 串联后的电阻值为 56 Ω 左右

续表

序号	示意图	操作描述
12	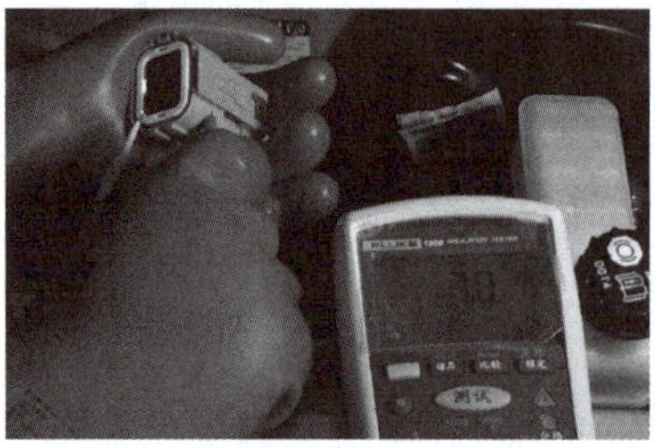	测量 PTC 线束的绝缘阻值： 正常值应大于 500 Ω，实测数据为 7 GΩ
13	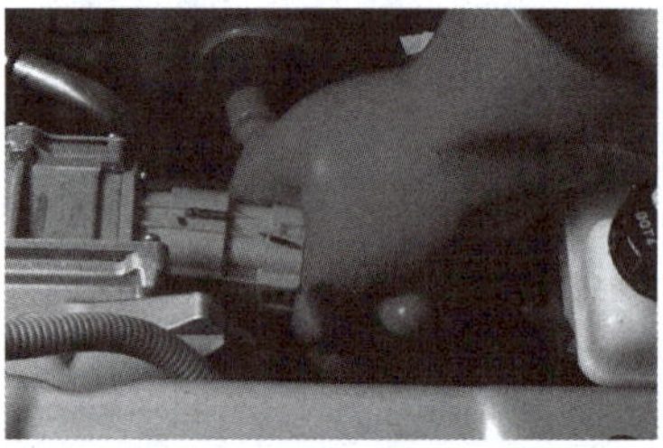	接好 PTC 加热器高压接插件并检查是否牢固； 接回动力母线接插件
14	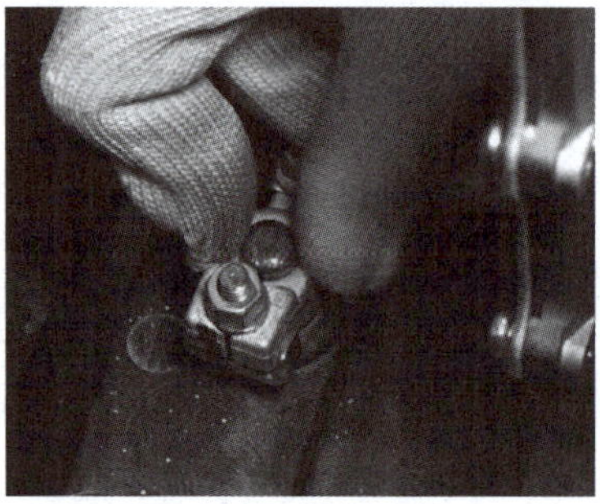	接回低压辅助电池负极，并按照规定力矩立即拧紧

（3）检测后的检验和收尾工作。

①将点火开关旋至 ON 挡；

②观察仪表故障指示灯有无异常，如有异常应在高压断电后进一步排查；

电动空调 PTC 的检测

③确保仪表无异常后，踩下制动踏板，将点火开关旋至 ST 挡；

④车辆通高压电，组合仪表内 READY 指示灯亮；

⑤打开鼓风机，打开空调制热开关，观察是否有暖风吹出，若无暖风，则需检查问题所在；

⑥确保制冷系统运行正常后，关闭点火开关，拔出车钥匙，并妥善保管；

⑦做好竣工后的收尾工作，如拆卸翼子板布、盖好机舱盖、解除警戒线、收拾安全警示牌、整理工具等。

3.4　记录及工作质量评价

在执行诊断维修任务结束时，车辆维修人员要确认工作质量是否全部合格，并试车进行确认，以便于将车辆交付给客户。 （1）是否所有检查项目都已实施并记录？ （2）是否遵守了维修时间？消耗的工时和备件是否记录？ （3）哪些信息必须告诉客户？ （4）个人对维修流程及方案有什么建议及优化？	所有工作完成后，应对每次工作质量进行评价和反思，发现不足，在今后执行同类工作项目时，便于自己和团队改进工作方法，提高工作效能。 （1）将工作计划内的所有项目检查一遍，确认所有项目都已圆满完成，并根据要求进行详细解释。 （2）评价故障诊断和维修效率。 （3）指出维修的方法及后续使用建议。 （4）考虑一下，维修、工作计划的准备工作，工具、检测设备及安全防护等是否达到最佳程度，提出改进建议并在下次维修时加以注意。

学习工作页　电动空调压缩机的更换

1. 电动空调压缩机的拆装

电动空调压缩机的拆装步骤如表 6-13 所示。

表 6-13　电动空调压缩机的拆装

<table>
<tr><th>认识和填写电动压缩机各部位的名称</th><th>序号</th><th>名称</th></tr>
<tr><td rowspan="5">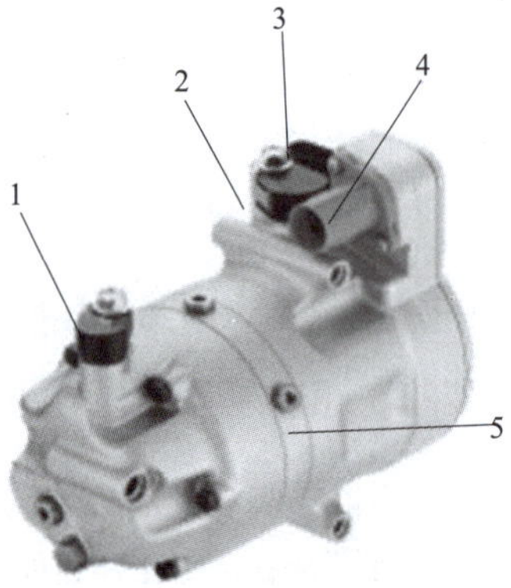</td><td>1</td><td></td></tr>
<tr><td>2</td><td></td></tr>
<tr><td>3</td><td></td></tr>
<tr><td>4</td><td></td></tr>
<tr><td>5</td><td></td></tr>
</table>

步骤	操作提示	操作方法和注意事项	使用的工具	技术标准
（1）准备工作				
（2）断开低压电	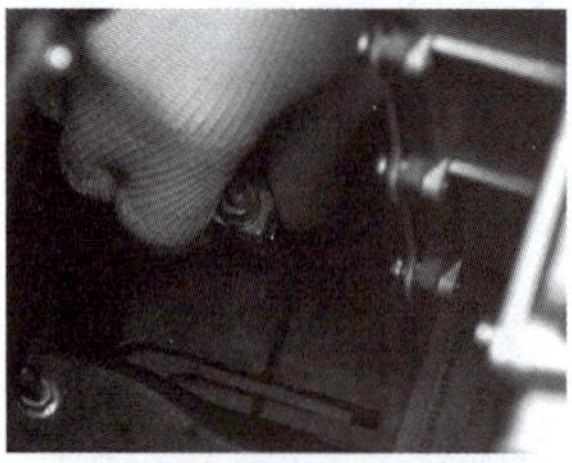			
（3）断开高压母线	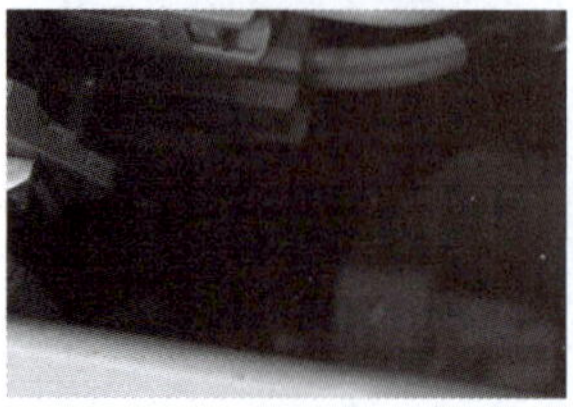			

续表

步骤	操作提示	操作方法和注意事项	使用的工具	技术标准
（4）验电				
（5）回收制冷剂				
（6）断开低压、高压接插件				
（7）断开空调管路				
（8）拧松紧固螺栓，取下压缩机				
（9）安装压缩机，拧紧紧固螺栓				

续表

步骤	操作提示	操作方法和注意事项	使用的工具	技术标准
(10) 安装等电位线，测量				
(11) 连接压缩机管路	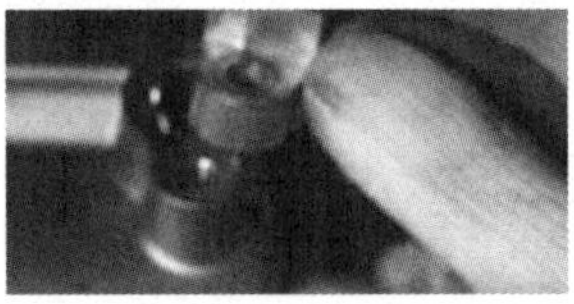			
(12) 连接高压接插件				
(13) 接回高压母线				
(14) 接回低压电	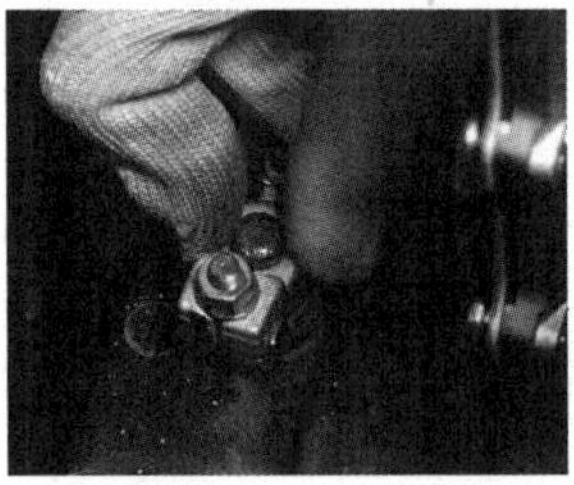			
(15) 加注制冷剂				

2. PTC 加热器的检测（表 6-14）

表 6-14　PTC 加热器的检测

认识和填写 PTC 加热器各部位的名称	序号	名称
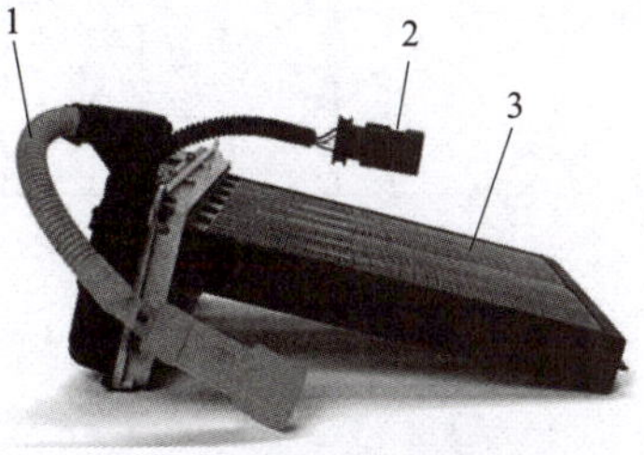	1	
	2	
	3	

步骤	操作提示	操作方法和注意事项	使用的工具	技术标准
（1）准备工作				
（2）断开低压电	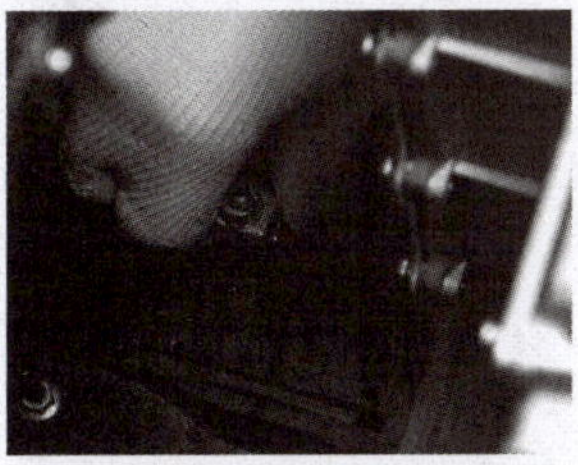			
（3）断开高压母线	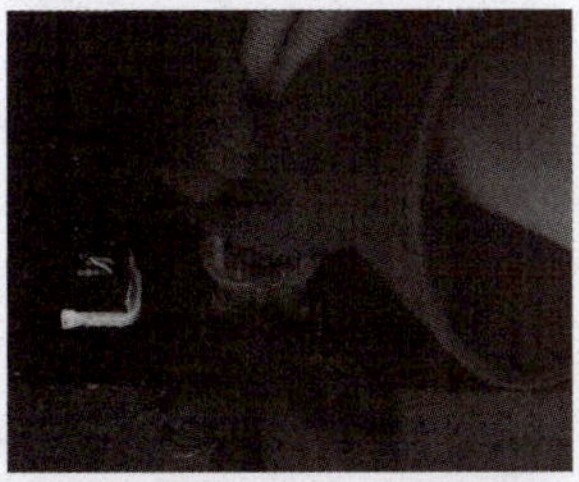			
（4）验电				

续表

步骤	操作提示	操作方法和注意事项	使用的工具	技术标准
（5）取出高压插头	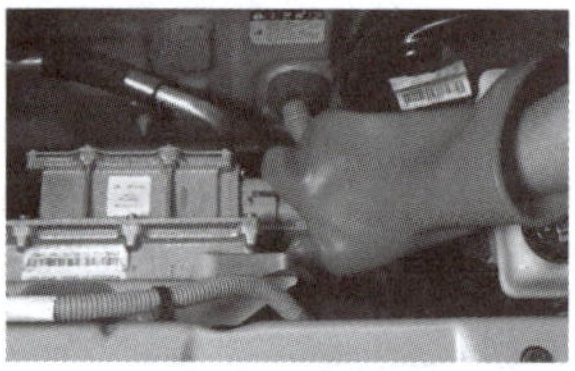			
（6）测量	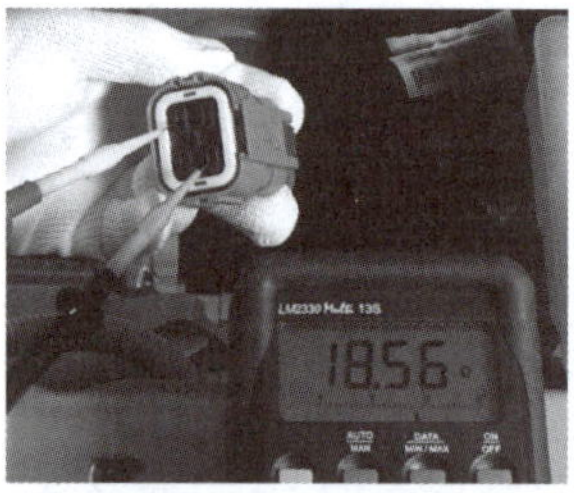			
（7）接回高压接插件	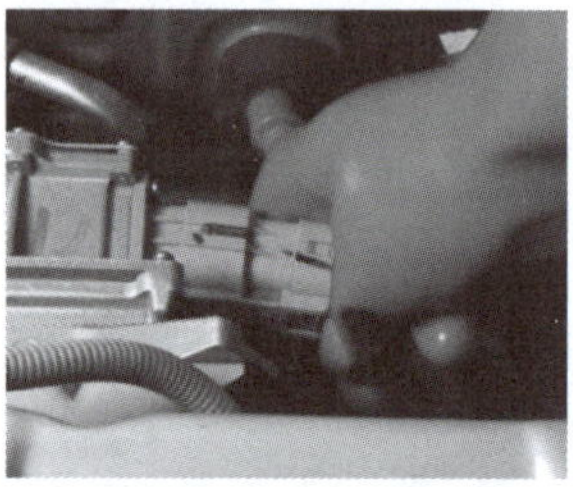			
（8）接回高压接插件	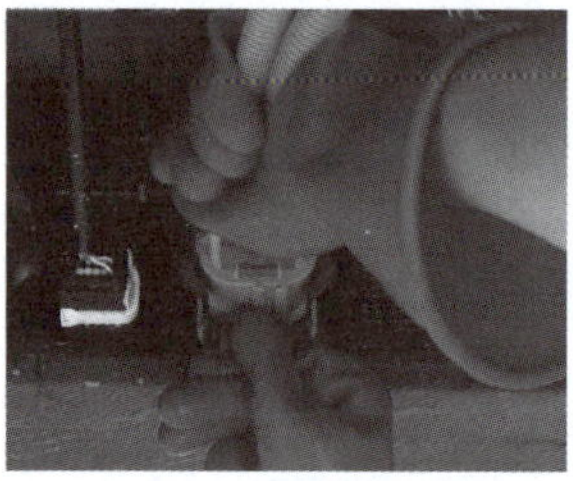			
（9）接回低压电	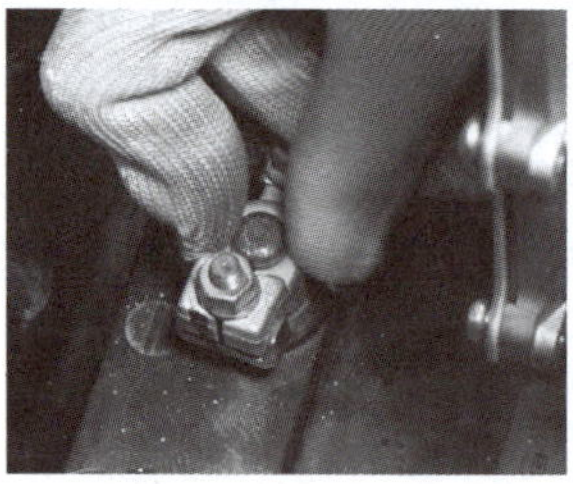			

任务七　动力电池故障指示灯亮故障诊断与检修

学习目标

知识目标

- 能说出动力电池的种类。
- 能说出动力电池管理系统的结构、组成及作用。
- 能说出动力电池的冷却及加热原理。
- 能说出动力电池均衡原理。

技能目标

- 能正确完成单体电池的测量及分析。
- 能正确完成单体电池的更换。
- 能正确完成动力电池的均衡。
- 能正确完成动力电池的封装及气密性检测。

素养目标

- 塑造“中国制造”的自信。
- 能全工作过程规范管理自己及团队成员安全操作。
- 能严格执行高电压车辆维修流程。
- 能全面地与客户描述故障原因及维修方案。

任务知识树

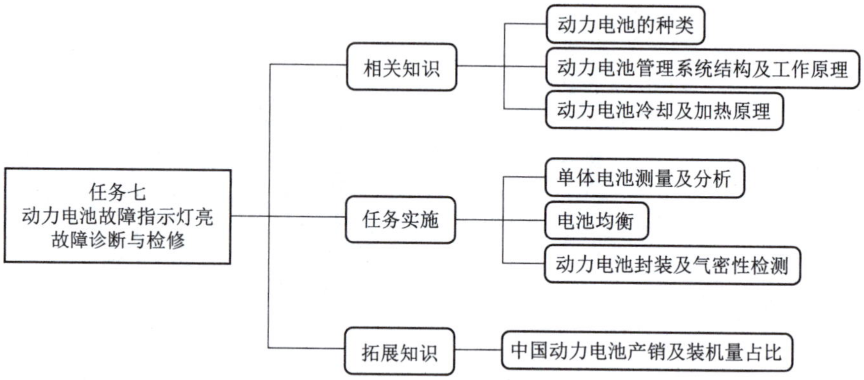

1. 检查与对话

1.1 接车谈话和检查

1）任务描述

有一辆五菱宏光 MINI EV 电动汽车的客户将车辆送修。客户反映说车子无法通高压电及充电。维修站安排维修人员对车辆的动力电池系统进行检查测量，并对测量结果进行分析，最终确诊故障原因，制订维修计划，排除该故障，并向客户简要描述故障原因及维修方案。

延伸阅读：中国动力电池产销及装机量占比

根据汽车市场研究机构 SNE RESEARCH 公布的 2022 年全球动力电池出货量数据，2022 年全球动力电池总装车量为 517. 9 GW · h，同比增长 71. 8%；其中，中国动力电池企业占据 6 个席位，且市场份额占比不断上升，总共占全球市场份额的 60. 4%，较 2021 年的 48. 2% 有大幅上升趋势。

具体来看，宁德时代以 191. 6 GW · h 的总装车量位居 2022 年全球动力电池装车量第 1 名，其市场份额从 2021 年的 33% 上升至 37%，创历史新高；比亚迪以 70. 4 GW · h 的总装车量位居第三名，市场份额占比为 13. 6%；中航锂电、国轩高科、欣旺达和孚能科技全球装车量继续高速增长，分别位居第 7~10 名。

相比之下，韩系动力电池企业 LG 新能源、SK ON 和三星 SDI 的市场份额占比持续下降，3 家总共占据全球电动汽车电池市场 23. 7% 的份额，比 2021 年下降了 6. 5%。另外，日本松下位居第 4 名，市场份额占比为 7. 3%。

SNE RESEARCH 预测，从国内市场转向全球市场的中国电动汽车电池企业，未来将与韩国竞争对手展开更激烈的竞争，以争夺更大的全球市场份额。

2022年全球动力电池装机量TOP10				
排名	企业名称	2022年1~12月电池装机量/（GW·h）	同比增长/%	1~12月市占率/%
1	宁德时代	191.6	92.5	37.0
2	LG新能源	70.4	18.5	13.6
3	比亚迪	70.4	167.1	13.6
4	松下	38.0	4.6	7.3
5	SK ON	27.8	61.1	5.4
6	三星SDI	24.3	68.5	4.7
7	中创新航	20.0	151.6	3.9
8	国轩高科	14.1	112.2	2.7
9	欣旺达	9.2	253.2	1.8
10	孚能科技	7.4	215.1	1.4
	其他	44.5	55.9	8.6
	合计	517.9	71.8	100.0

2）客户自述

客户描述：“我的车经常在动力电池电量用完后才充电，最近一次在半路亏电无法行驶，拖车回去后无法充电。请修理厂师傅帮忙检查看看是什么问题。”

3）客户委托

根据与客户的交流信息及实车初步检查所收集的信息，得到“动力电池故障指示灯亮”故障检修大致范围。解释诊断流程并填写汽车维修委托书，如表7-1所示。

——Who：客户。

——What：客户希望能够解决“动力电池故障指示灯亮”故障问题。

——When：车辆在什么状态下产生了故障。

——Where：车辆开到什么异常的环境下出现的状况。

——Why：可能有哪些原因导致的“动力电池故障指示灯亮”故障。

——How：诊断该故障大致分几步检查。

——How much：需要的时间有多长，大致产生的费用是多少。

表 7-1　汽车维修委托书样式

汽车维修委托书

编号：________

<table>
<tr><td>维修站名称</td><td></td><td>车辆到店时间</td><td>____年__月__日__时</td><td>服务顾问</td><td></td></tr>
<tr><td rowspan="2">客户信息</td><td>□车主　□送修人</td><td colspan="3">身份证号码</td><td>联系电话</td></tr>
<tr><td></td><td colspan="3"></td><td></td></tr>
<tr><td rowspan="2">车辆信息</td><td>车牌号</td><td>车型年款</td><td>VIN 码</td><td>发动机号码</td><td>行驶里程数</td></tr>
<tr><td></td><td></td><td></td><td></td><td></td></tr>
<tr><td rowspan="2">作业信息</td><td>维修开始时间</td><td>预计交车时间</td><td>付款方式</td><td colspan="2">非索赔旧件是否带走</td></tr>
<tr><td>____年__月__日__时</td><td>____年__月__日__时</td><td></td><td colspan="2"></td></tr>
<tr><td rowspan="8">预检信息记录</td><td colspan="2">车内是否有贵重物品？</td><td rowspan="2">油箱存油量</td><td colspan="2" rowspan="2"></td></tr>
<tr><td>有□</td><td>无□</td></tr>
<tr><td colspan="2" rowspan="4">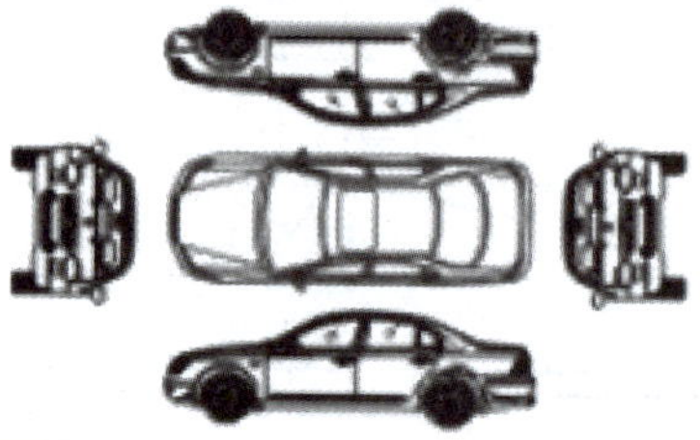</td><td rowspan="4">车辆检查结果</td><td colspan="2">车身检查：</td></tr>
<tr><td colspan="2">车内检查：</td></tr>
<tr><td colspan="2">发动机舱：</td></tr>
<tr><td colspan="2">底盘检查：</td></tr>
<tr><td colspan="2">客户须知：
1. 客户提供的信息真实有效；
2. 维修完成时间以通知客户交车时间为准；
3. 客户应在接到通知 2 h 内领车；
4. 客户因违反“客户须知”产生的风险和损失由客户自行承担</td><td colspan="3">客户送修描述：动力电池故障指示灯亮</td></tr>
<tr><td colspan="5"></td></tr>
<tr><td>是否外出救援</td><td>是□</td><td>否□</td><td colspan="3">本人已知晓上述信息。客户签字：</td></tr>
</table>

<table>
<tr><td rowspan="6">维修信息</td><td>维修项目</td><td>备件</td><td>是否索赔</td><td>耗材费</td><td>工时费</td><td>小计</td><td>维修人</td><td>检查人</td></tr>
<tr><td></td><td></td><td>是□否□</td><td></td><td></td><td></td><td></td><td></td></tr>
<tr><td></td><td></td><td>是□否□</td><td></td><td></td><td></td><td></td><td></td></tr>
<tr><td></td><td></td><td>是□否□</td><td></td><td></td><td></td><td></td><td></td></tr>
<tr><td></td><td></td><td>是□否□</td><td></td><td></td><td></td><td></td><td></td></tr>
<tr><td></td><td></td><td>是□否□</td><td></td><td></td><td></td><td></td><td></td></tr>
<tr><td colspan="9">客户知晓并认可上述维修项目及费用。客户签字：</td></tr>
</table>

小贴士

动力电池电量低于 20%~30%就是电池过放电，电池过放电可能会给电池带来灾难性的后果，特别是大电流过放电以及反复过放电对电池影响更大。过放电会使电池内电压升高，正负极活性物质可逆性受到破坏、电解液分解、负极锂沉积、电阻增大，即使充电也只能部分恢复，容量也会有明显衰减。

1.2　前期计划和相关问题

1）初步检查

经维修人员初步检查，发现车辆仪表上“动力系统故障指示灯”亮，如图 7-1 所示。试车发现，车辆的确是无法通高压电。

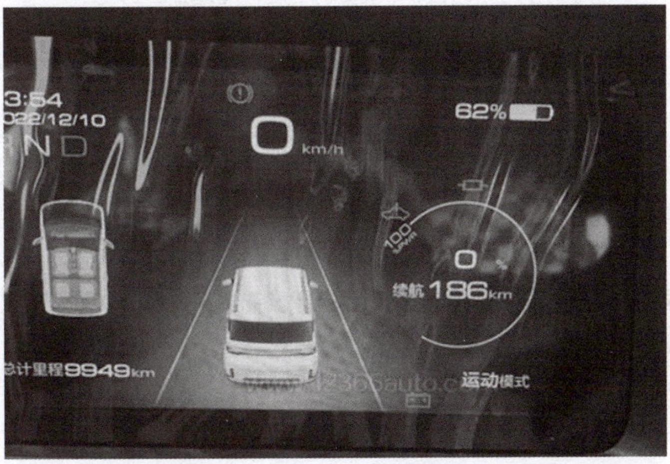

图 7-1　车辆仪表显示的信息

汽车故障查询和故障排除的结果取决于一系列因素，如：

（1）对与故障相关的系统知识的掌握程度，是分析车辆工作过程和故障成因的先决条件；

（2）严格遵守相关维修站信息系统的检查和维修说明；

（3）故障检测设备完好和正确操作；

（4）对需要用到的工具的正确使用；

（5）工作场地干净整齐，符合施工要求。

2）车辆“无法通高压电”故障的思维导图

运用“头脑风暴”法绘制处理故障工作思维导图（图 7-2），进行故障查询和维修的准备工作。根据思维导图和因果分析图提出问题，然后解答这些问题以进行信息收集和分析、制订工作计划和执行具体工作。

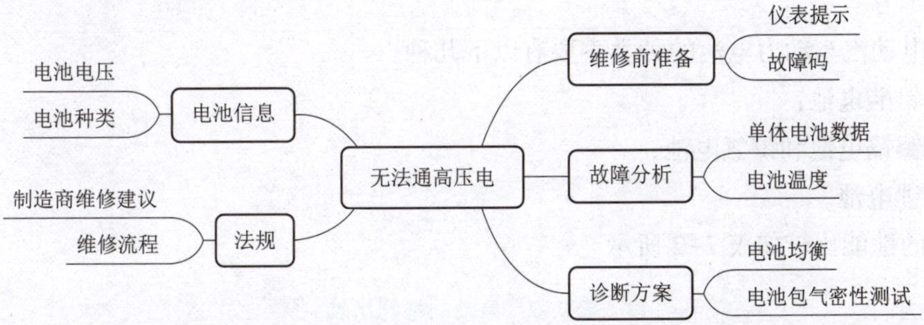

图 7-2　处理车辆“无法通高压电”故障工作思维导图

3）车辆“无法通高压电”故障因果分析图（图 7-3）

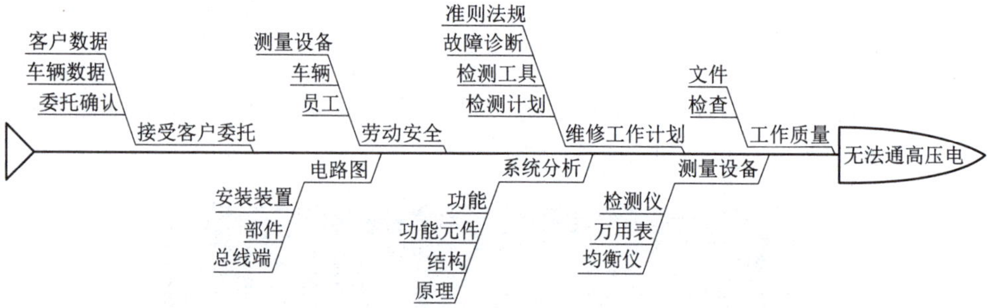

图 7-3　车辆“无法通高压电”故障因果分析图

小贴士

将思维导图、因果分析图中所提到的因素综合梳理和考虑，形成工作计划并实施，严格执行是提升汽车故障维修效率的重要手段。

2. 信息收集

动力电池是纯电动汽车和混合动力汽车的重要能量存储动力源，在电动汽车上发挥着非常重要的作用。因此，认识与学习动力电池是掌握新能源汽车知识的关键。本项目主要介绍纯电动汽车和混合动力汽车动力电池的类型、特点、内部结构等。动力电池是纯电动汽车的核心部件，也是新能源汽车上价格最高的部件之一。动力电池的性能好坏直接决定了车辆的实际价值。动力电池一旦失效，车辆就会处于瘫痪状态。动力电池属于高压安全部件，内部机构复杂，工作时需要很苛刻的条件，任何异常因素都将导致动力被切断，因此对动力电池的诊断与测试前必须经过严格的培训才能对动力电池进行各项作业。

2.1　动力电池种类及特性

目前电动汽车动力电池的种类主要有以下几种。

（1）铅酸电池；

（2）镍镉电池和镍氢电池；

（3）锂电池。

电池的性能比较如表 7-2 所示。

表 7-2　电池的性能比较

电池类型	能量效率/%	能量密度/（W·h·kg^{-1}）	循环寿命
铅酸电池	80	35～50	500～1 000

续表

电池类型	能量效率/%	能量密度/（W·h·kg^{-1}）	循环寿命
镍镉电池	75	30~50	1 000~2 000
镍氢电池	70	60~80	1 000~1 500
锂离子电池	90	100~200	1 500~3 000

1）铅酸电池

铅酸电池作为比较成熟的技术，因其成本较低，而且能够高倍率放电，依然是可供大批量生产的电动车用电池。北京奥运会时，有 20 辆使用铅酸电池的电动汽车为奥运会提供交通服务。但是铅酸电池的比能量、比功率和能量密度都很低，以此为动力源的电动车不可能拥有良好的车速及续驶里程。

2）镍镉电池和镍氢电池

镍镉电池和镍氢电池虽然性能好于铅酸电池，但由于含有重金属，使用遗弃后对环境会造成污染。在锂电池未广泛应用之前，较早期的混合动力车型多半使用的是镍氢（NIMH）电池，现在已逐渐被锂电池取代，但还是有不少混合动力车型在使用这种类型的电池。商业化的代表是丰田的普锐斯。

3）锂离子电池

锂电池是指电化学体系中含有锂（包括金属锂、锂合金、锂离子、锂聚合物）的电池。

(1) 锂离子电池基本结构。

一般的锂离子电池的结构如图 7-4 所示，正极和负极的活性物质是利用一种树脂胶黏剂固定在金属箔上，然后在其中间夹入隔膜后收卷而成。

(2) 锂离子电池的工作原理。

锂离子电池的工作原理如图 7-5 所示。它由作为氧化剂的正极活性物质、作为还原剂的负极活性物质、作为锂离子导电的电解液以及防止两个电极产生短路的隔板组成。向左的反应表示放电，向右的反应表示充电，锂离子被插入碳素内，锂离子电池是通过使锂离子在正极和负极之间移动来完成放电和充电的。锂离子电池是锂离子在电极之间移动而产生电能的，这种电

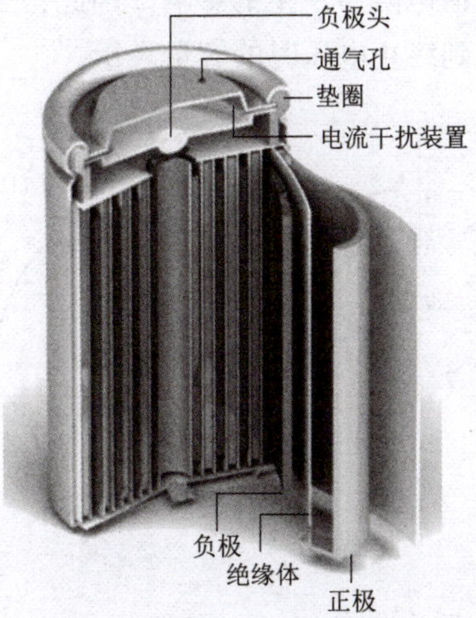

图 7-4　锂离子电池结构

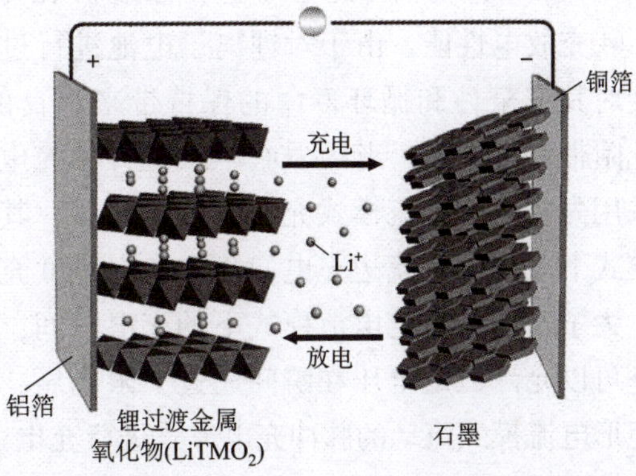

图 7-5　锂离子电池的工作原理

能的存储和放出是正极活性物质中放出的锂离子向负极活性物质中移动完成的化学反应。这种化学反应是锂离子电池的最大特点。锂离子电池反应的这种特点，使锂离子电池比传统的二次电池具有更长的寿命。

此外，电极材料种类较大的选择空间也是它的一大特点，再加上锂离子电池本身就具有小型化、轻量化和高电压化的特点，通过材料的选择和结构设计即能实现高输出功率和高容量，因此可以设计出与实际用途完全相符的结构及特性，这也是锂离子电池的优势之一。

（3）锂离子电池的基本特性。

①电池的电能。电池输出的电能 E 等于从电池中所能取出的电量（电流×时间）Q 与电池电压 U 的乘积，即

$$E=QU$$

在充电上限电压到放电下限电压的范围内所放出的电量即为电池的容量。尽管提高上限电压将增加电池的容量，但是随着活性物质和电解液氧化还原反应的进行，一般会出现耐久性下降的倾向。大多数情况下，电池电压是用平均电压来代替的。平均电压（额定电压）的定义是达到总电能 1/2 放电量时的电压。例如，额定电压为 3.7 V、公称容量为 2.4 A·h 的 18650 规格（直径 18.3 mm×长度 65 mm）的锂离子电池的总能量为 8.9 W·h，体积能量密度为 520（W·h）/L，质量为 44 g 时的质量能量密度为 201（W·h）/kg。

②剩余电量的估算。电池的充电状态多数以 SOC 来表示，SOC 用剩余容量与设计容量的比率表示，充电电量达到充满状态时 SOC＝100%，放电容量与设计容量的比率用放电深度（DOD）表示，DOD 和 SOC 的关系为

$$DOD=1-SOC$$

对于一般电池的 SOC 和 DOD，多数根据电压值进行估算，但是对于锂离子电池而言，电压平坦域的具体观察将视不同的电极材料而定，有时难以根据电压来估算 SOC。

③小时率。一般情况下，充电时和放电时的电流值采用小时率（充/放电倍率）表示。假设某种电池在 1 h 内以标称容量进行充电或放电时的电流值为 1 C（11.5 A），那么第 10 h 的电流值将为 0.1 C。因此，电流值 1 C 将随电池容量的改变而发生变化，在表示电池的充放电性能时会被频繁地使用，而电池的标称容量并不包括内电阻所产生的影响。因此，采用以 0.1 C 以下的低倍率充电到上限电压并以同一倍率放电到终止电压时的容量表示。

④充放电性能。由于对锂离子电池进行过度充放电会对其安全性和循环寿命的保持带来不良的影响，因此附带保护电路。当从 SOC＝0%起开始充电时，一般采用先按恒定电流模式充电到上限电压，其后再在该模式下边降低电流边充电，以防发生过度充电的情况。为了缩短在恒定电流模式下的充电时间，有的情况下可以允许恒定电压在瞬间超过上限电压，并采用以矩形电流模式流动的脉冲充电方式进行充电。另外，通常放电以恒定电流模式进行，直至下限电压时为止。电池的内电阻会使电压以与电流成正比的速率下降，如图 7-6 所示。

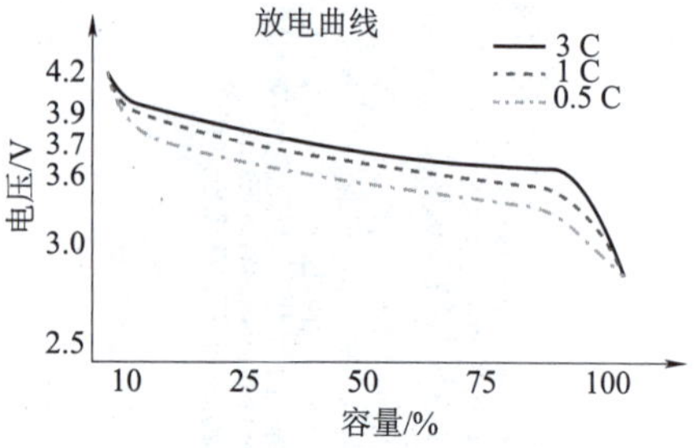

图 7-6　锂离子电池的放电容量与放电倍率关系

当采用较高的倍率进行放电时，电压和容量均会下降，而且电解液中离子的导电性在低温时也会下降，以致内电阻增加，从而使电压和容量下降，如图 7-7 所示。

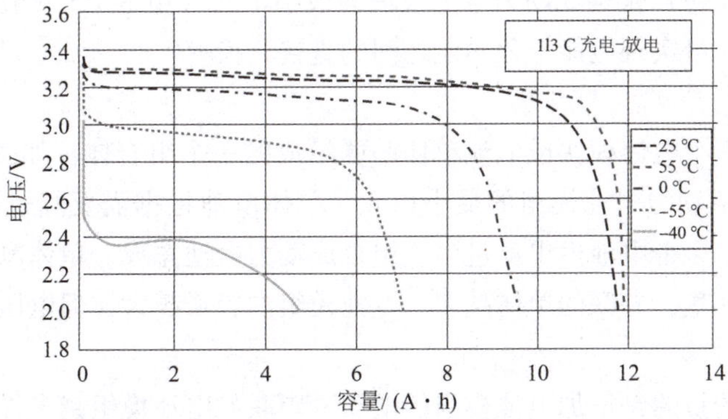

图 7-7　锂离子电池的放电容量与温度的关系

锂离子电池性能参数如表 7-3 所示。锂离子电池性能对比如表 7-4 所示。

表 7-3　锂离子电池性能参数

正极材料	平均输出电压/V	能量密度/ (mA · h · g^{-1})
$LiCoO_2$	3.7	140
$Li_2Mn_2O_4$	4.0	100
$LiFePO_4$	3.3	130
Li_2FePO_4F	3.6	115

表 7-4　锂离子电池性能对比

性能	能量密度	价格优势	安全性	循环寿命
优	18650 电池 (钴酸锂)	18650 电池 (钴酸锂)	磷酸铁锂	磷酸铁锂
中	磷酸铁锂	锰酸锂	锰酸锂	锰酸锂
差	锰酸锂	磷酸铁锂	18650 电池 (钴酸锂)	18650 电池 (钴酸锂)

2.2　动力电池组的组成

动力电池组主要由动力电池模组、电池管理系统、动力电池箱及辅助元器件四部分组成，如图 7-8 所示。

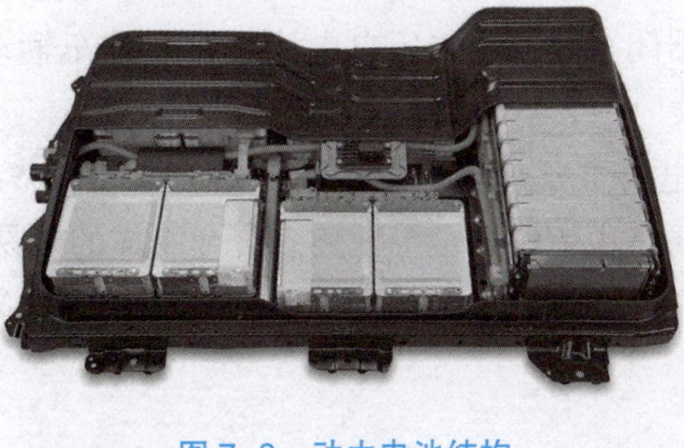

图 7-8　动力电池结构

1）动力电池模组

（1）电池单体。

电池单体（图 7-9）是构成动力电池模块的最小单元（电芯），一般由正极、负极、电解质及外壳等构成，可实现电能与化学能之间的直接转换。

（2）电池模组。

电池模组是由多个电池模块或电池单体串联组成的一个组合体，如图 7-10 所示。单体电池（电芯）是构成动力电池模组的最小单元。单体电池根据需要经过串联或者并联组合成不同的电池模组，多个电池模组经过串联组合成动力电池总成。单体电池并联的目的是为了增加电池模组的容量，并联的单体越多，电池模组的容量越大，但电压和单体电池的电压相同。

电池模组串联的目的是增加电池模组的电压。串联的电池模组越多，电池模组的电压越高。电池模组是能够单独更换的最小单元。单体电池串联一般用字母 S 来表示，并联一般用字母 P 来表示。比如 4P26S 代表每 4 个电池并联，然后把 26 组并联后的单体电池再进行串联。

图 7-9　电池单体

图 7-10　电池模组

2）动力电池箱

动力电池箱是支撑、固定、包围电池系统的组件，主要包含上盖和下托盘，还有辅助元器件，如过渡件、护板、螺栓等，动力电池箱有承载及保护动力电池组及电气元件的作用。

3）辅助元器件

辅助元器件主要包括动力电池系统内部的电子电气元件（如熔丝、继电器、分流器、接插件、紧急开关、烟雾传感器、温度传感器、电流传感器等），维修开关以及电子电气元件以外的辅助元器件（如密封条、绝缘材料等）。接触器位于线束和继电器模块内，用于控制高电压的通断。当接触器闭合时，高电压自电池组输出到车辆动力系统，接触器断开后，高电压保存在电池组内。

（1）高压熔丝对高压电路主要是起过载保护作用，如表 7-5 所示。高压熔丝外部由耐高温的陶瓷包裹。熔丝主要是由铝锑合金等低熔点合金制成的。易熔化的金属丝在电流大时及时熔断，起到保护作用。

表 7-5　高压熔丝的作用

高压熔丝	作用
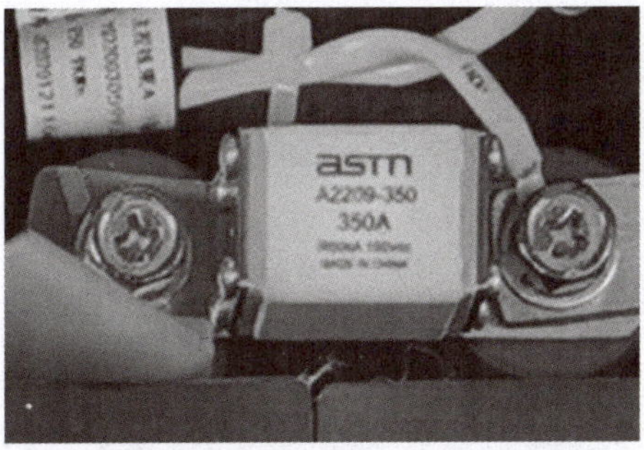	当电动汽车动力系统的高压线短路时，导致动力电池瞬间大电流放电，此时动力电池和高压线束的温度迅速升高，导致动力电池和高压线束的燃烧，严重时还可能会引起电池爆炸。 若电路中正确地安置了熔丝，那么熔丝就会在电流异常升高到一定的高度时，自身熔断以切断电流，从而起到保护电路安全运行的作用

（2）高压继电器（表 7-6）是在直流电路中用来控制高电压、大电流的继电器。动力电池管理系统利用高压继电器对动力电池主高压电路进行控制，根据动力系统的需要接通或断开动力电池主高压电路，用于动力电池与整车用电系统的安全连接，它是新能源汽车不可或缺的核心关键零部件，具有动作快、体积小、灭弧安全性高、动作可靠性高、寿命长等特点。

表 7-6　高压继电器

高压继电器	作用
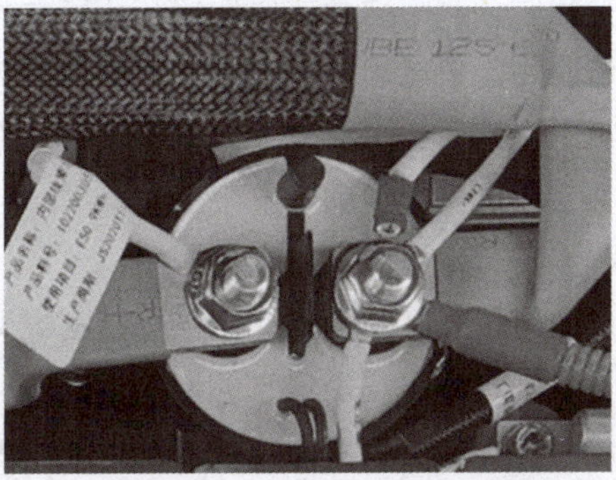	电动汽车用高压断路单元，也叫主继电器，各个厂商叫法有所不同。不管是低压继电器还是高压继电器，其作用都是一样的，都是通过小电流来控制大电流的输出，起到一个开关的作用
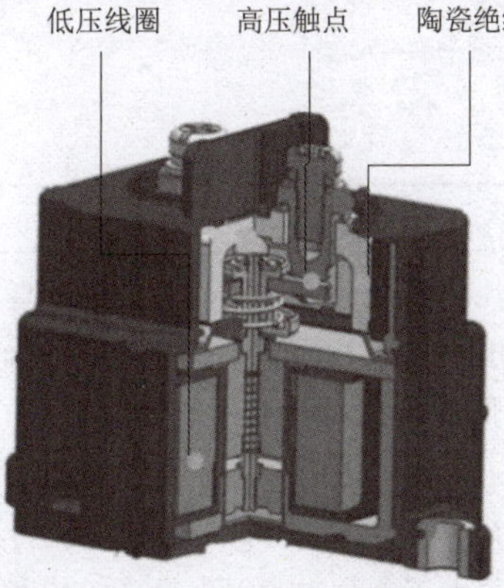	高压继电器内部由高压触点和低压线圈两部分组成。低压线圈的电阻值通常为 20~50 Ω。高压触点通过螺钉与高压线固定。 考虑到高压用电安全的需要，高压触点外部使用陶瓷进行密封和绝缘。同时在密封腔体内填充以氢气为主的气体，使触点工作在一个高压、密闭的稳定环境内，提高了触点接通与分断直流高压大负载的能力，保证触点在高温、电弧的侵蚀下不易被氧化

（3）电池温度传感器。

电池温度传感器的作用是检测动力电池模组的温度信息，主控管理单元利用此信息对动力电池的充放电进行控制，如表 7-7 所示。

表 7-7 电池温度传感器及控制电路

电池温度传感器	控制电路
	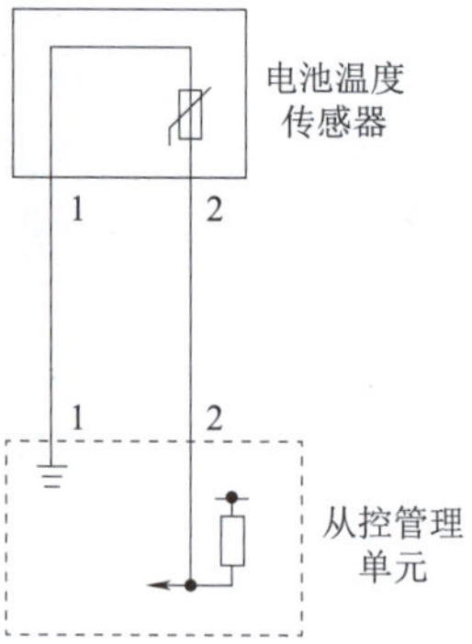

电池在充放电时会导致电池自身发热，如果温度过高可能会导致车辆自燃等重大事故发生，所以必须对动力电池温度进行检测。电池模组内的不同位置装有多个温度传感器。电池温度传感器的传感元件一般采用热敏电阻，受温度变化时，其阻值会发生变化。从控管理单元内部有 1 个上拉电阻，电阻上方接有 5 V 电源，电阻为定值电阻。模组内的定值电阻与温度传感器的热敏电阻形成一个串联电路。当电池模组的温度变化时，电池温度传感器的阻值就会发生变化。根据串联分压原理，电池温度传感器信号线的电压就会发生变化。

（4）电流传感器。

电流传感器是一种检测装置，能检测到线路中的电流信号，并能将此信号按一定规律变换成符合一定标准需要的电信号或其他所需形式的信息输出，以满足信息的传输、处理、存储、显示、记录和控制等要求。主控管理单元需要随时监控电流传感器的数据，当电流过大时，主控管理单元执行过流控制，此时动力电池系统降功率运行或者不输出动力。电动汽车常用的电流传感器有电阻式和霍尔式，如表 7-8 所示。

表 7-8 分流电阻式电流传感器

电流传感器	示意图	原理及作用
电阻式		电阻式电流传感器又称分流器，是根据直流电流通过电阻时电阻两端产生电压差的原理制作而成的。电阻式电流传感器实际上是一个阻值很小的电阻，当直流电流通过时，电阻产生压降，电流检测模块根据压降来计算电流的大小。电阻式电流传感器在低频率小幅值电流测量中表现出很高的精度和较快的响应速度

续表

电流传感器	示意图	原理及作用
霍尔式		霍尔式电流传感器按照霍尔效应原理制成，同时又将安培定律加以应用。当载流导体有电流通过时，在载流导体周围会产生正比于该电流的磁场。霍尔器件则可用来测量这一磁场，因此使电流的非接触测量成为可能。霍尔式电流传感器是通过测量霍尔电动势的大小来间接测量载流导体电流的大小的

2.3　动力电池管理系统

1）电池管理系统的作用

电池管理系统是电池保护和管理的核心部件，在动力电池系统中，就相当于人的大脑。它不仅要保证电池安全可靠，而且要充分发挥电池的能力和延长使用寿命。作为电池与整车控制模块、驾驶员沟通的桥梁，电池管理系统通过控制接触器控制动力电池的充放电，并向整车控制模块上报动力电池系统的基本参数及故障信息。

2）电池管理系统具备的功能

BMS 通过电压、电流及温度检测等功能实现对动力电池系统的过压、欠压、过流、过高温和过低温保护，继电器控制、SOC 估算、充放电管理、均衡控制、故障报警及处理、与其他控制器通信等功能；此外，电池管理系统还具有高压回路绝缘检测功能，以及为动力电池加热功能。BMS 系统控制逻辑如图 7-11 所示。

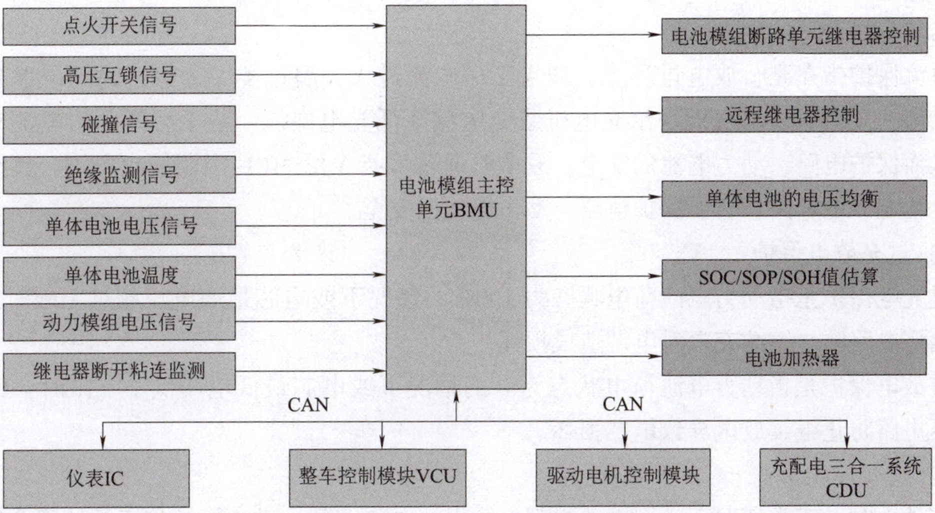

图 7-11　BMS 系统控制逻辑

2.4 BMS 动力电池安全保护策略

1）高压绝缘保护

为了防止电动汽车高压漏电，保护驾乘人员、修理工等车辆使用者不受高压电的伤害，BMS 设计有高压漏电检测电路和高压互锁电路。检测到高压绝缘电阻低于安全值，BMS 通过降低动力电池输出功率、切断高压电路等措施避免漏电引起的触电事故，并通过 VCU 向仪表报警来点亮指示灯；BMS 检测到高压互锁电路被断开，判断高压电路被打开，存在驾乘人员、修理工触电风险，BMS 切断高压电路并通过 VCU 向仪表报警来点亮指示灯。高压维修开关也是高压保护的一个重要部件，在车辆检修时断开高压维修开关，切断高压电路，保护修理工免受触电危险。SGMW 宏光 MINI 高压绝缘保护原理如表 7-9 所示。

表 7-9　SGMW 宏光 MINI 高压绝缘保护原理

控制电路	保护原理
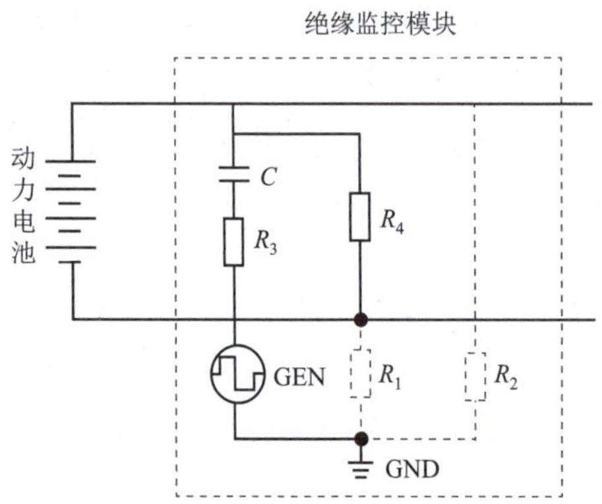	R_1 和 R_2 分别是电动汽车的正极绝缘电阻和负极绝缘电阻，GND 为电动汽车系统底盘接地。 虚框内为绝缘检测系统的主体电路，其中包括电容 C、电阻 R_3、R_4 以及低频信号发生器 GEN。 信号发生器 GEN 产生一个电压不断变化的交变信号，通过绝缘阻抗 R_1 和 R_2 接地，当动力电池的正极或者负极对地阻抗过小的时候，流过电阻 R_3 的电流就会变大，通过对电阻 R_3 上分压的采集，计算得出对地绝缘阻抗的大小

2）过流保护

过流保护指在充、放电过程中，如果工作电流过大，超过了安全值，BMS 采取相应的保护措施，充电时通常发指令给充电机或充电桩降低充电电流，甚至切断动力电池充电电路，从而保护电路、动力电池的安全；放电时通常发指令给 MCU 限制输出电流，甚至切断动力电池充放电电路，从而保护电路、动力电池的安全。

3）过充放电保护

过充电保护是指动力电池荷电状态为 100% 的情况下或电芯最高电压超过上限时，BMS 切断高压电路防止继续充电对电芯造成损坏。

过放电保护是指动力电池荷电状态为 0 的情况下或电芯最低电压低于下限时，BMS 切断高压电路防止继续放电导致电芯损坏。

4）均衡控制

充放电时，正常情况下动力电池内部电芯电压基本一致，动力电池能正常使用，但是存在制造上的一致性差异，或使用一段时间后，电芯存在内阻变化、容量变化，会出现个别电芯电压过高或过低现象，影响动力电池的正常使用。BMS 可对电芯电压实时检测，并做出相应动作。电芯间电压超过 300 mV，BMS 通过 VCU 向仪表报警；电芯间电压超过 500 mV，

BMS 通过 VCU 向仪表报警的同时直接切断高压电路，以保护电芯不受更大的损伤。充电时，动力电池内部某个电芯电压过高，其他电芯电压还未到最高电压，但 BMS 进行过充电保护而终止充电，此时动力电池大部分电芯的电量还未充满；放电时，动力电池内部某个电芯电压过低，其他电芯电压还未到最低电压，但 BMS 进行过放电保护而终止放电，此时动力电池大部分电芯的电量还未释放完，电池均衡不一致导致容量降低，原理如图 7-12。这两种原因都会导致电动汽车续驶里程变短。通过读取动力电池电芯电压，对存在电压异常的电芯进行放电或补电，如果电压异常的电芯性能仍达不到其他电芯的性能，则需要更换该异常的电芯，并且新换的电芯与其他电芯的内阻、容量、电压一致且均衡，以恢复电动汽车的续驶里程。当电动汽车续驶里程短、电池容量降低时，大部分纯电动汽车需要拆卸动力电池总成。在拆解电池时，用电池平衡仪进行电芯电压的平衡，以恢复动力电池性能的一致，但高端的电动汽车 BMS 检测到电芯之间电压偏差过大时，可以在充电时自动均衡，节省了人力和时间成本。

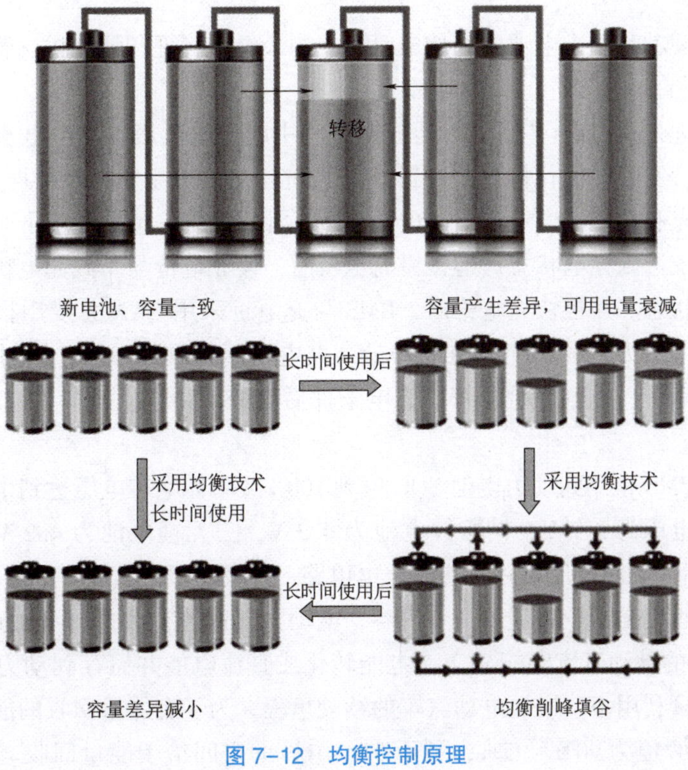

图 7-12　均衡控制原理

5）高压继电器粘连检测

当继电器没有工作时，BMU 应该检测到一个低电位信号。如果此时 BMU 检测到一个高电位信号，则认为继电器存在粘连故障。当 BMU 控制继电器工作时，继电器吸合，BMU 应该检测到一个高电位信号，如果此时 BMU 没有检测到高电位信号，则认为继电器故障。表 7-10 所示为电池组断路单元。

表 7-10　电池组断路单元

<table>
<tr><th>电池组断路单元</th><th>控制电路</th></tr>
<tr><td></td><td>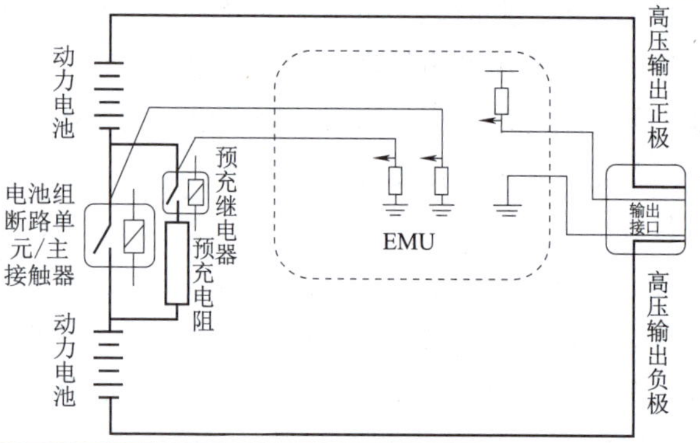
</td></tr>
</table>

2.5　BMS 能量控制管理

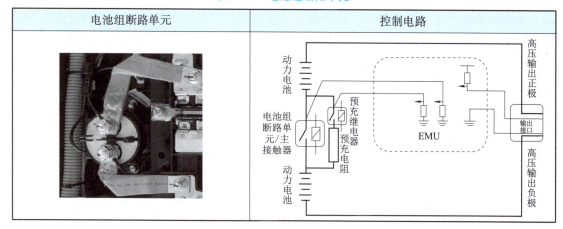

能量控制管理就是动力电池的充放电管理、剩余电量管理和温度控制管理。

1）充电控制管理

充电控制管理是指 BMS 在动力电池充电过程中对充电电压、充电电流、充电时间、充电温度等参数进行实时的优化控制，包括 BMS 与充电桩的握手对接及数据交换。

充电包括慢充和快充，商业化的充电桩安装了计费系统，读取充值卡余额，计费系统开始计费后充电系统进入充电状态。连接慢充电枪后，慢充电枪与车载充电机端子数据进行判断后就进入充电状态。连接快充电枪后，BMS 与充电桩采用 CAN 总线用报文数据交换，互相识别型号和允许最大、最小充电电流和最高充电电压等重要参数，同时进行高压绝缘检测、剩余电量计算等。充电桩检测符合充电条件后 BMS 才接通总正、总负接触器，允许动力电池补充充电。

在充电时，BMS 检测到动力电池 SOC 值到 100% 或单体电芯电压达到了规定值上限（磷酸铁锂电池最高电压为 3.7 V，钴酸锂电池为 4.2 V，三元锂电池为 4.2 V，碳酸锂电池为 2.75 V），发出指令关闭高压电路，切断充电电路，并发出报文。

制动能量回收也是能量管理的重要内容，电动汽车高速行驶中释放加速踏板或制动时，MCU 把电机发出的脉动直流电能或交流电能转化成直流电能并储存到动力电池中，制动能量回收能提高能量利用率，增加电动汽车的续驶里程。为了有能量回收的能力，有些电动汽车的动力电池 SOC 值为 90%～95%，剩下 5%～10% 的空间给予能量回收。有些微型电动汽车，为了节约成本，提高续驶里程，动力电池没有留出少量能量储存空间，所以充满电开始行驶的时候无法进行制动能量回收，使用一段时间 SOC 值低于 90% 后，才有制动能量回收功能。

2）放电控制管理

动力电池放电控制管理是指在动力电池放电过程中根据动力电池的状态对放电电流的大小进行控制。加入放电控制管理不仅可以防止动力电池组过放电损坏，而且能保障动力电池发挥更大的效能。比如，当 SOC 值为 20% 时，BMS 发出低电量警告并发出指令给 MCU 限制电流输出，有利于延长电动汽车续驶里程，当 SOC 值为 0 时，BMS 会切断总正、总负接触器，切断放电总线，防止动力电池电芯过放电。

BMS 检测到动力电池过热时，除了仪表报警，还发指令给 MCU 以降低电机的输出功率、发出指令给其他需电量大的设备以关闭用电，比如后窗加热器、座椅加热、空调等。温度超过限制则关闭总正、总负接触器，动力电池温度正常后再吸合总正、总负接触器，恢复行驶功能。

3）剩余电量管理

使用电动汽车时，应参照燃油车的特点去观察这个剩余电量显示表，判断车辆能行驶多少时间、多少里程。因为电动汽车续驶里程短，驾驶人员更会关注电动汽车还能行驶多少里程。剩余电量就好比是燃油汽车的油量表，反映该车余下的电量能行驶多少里程，方便驾驶员规划行驶路线，保障汽车行驶到目的地。剩余电量管理能保证剩余电量在汽车仪表盘上正确地显示。

4）温度控制管理

温度控制管理保护动力电池组内部温度处于正常范围内，防止温度过低或温度过高损害电芯或其他电气设备。动力电池内部温度低于-20 ℃时，BMS 报警并切断动力总线，停止充放电。部分电动汽车具有为动力电池内部的电芯用电热丝加热的功能，可加热电芯至正常温度，方便冬季使用电动汽车。

为了保护电芯温度不过高，动力电池内部多个部位安装温度传感器，检测到温度高于 50 ℃时，BMS 报警并降低功率，超过 55 ℃时切断动力总线或停止充放电，温度降低至 50 ℃以下时，动力电池恢复正常充放电。

2.6　动力电池冷却/加热系统

动力电池在工作中会产生大量的热量，部件过热会严重影响其工作性能。动力电池组最佳工作温度为 23~24 ℃，温度并非越低越好。在低温环境下，需要对动力电池组进行加热，使其保持合适的工作温度。因此，新能源汽车与传统汽车一样，也必须采用电池冷却系统，如图 7-13 所示。

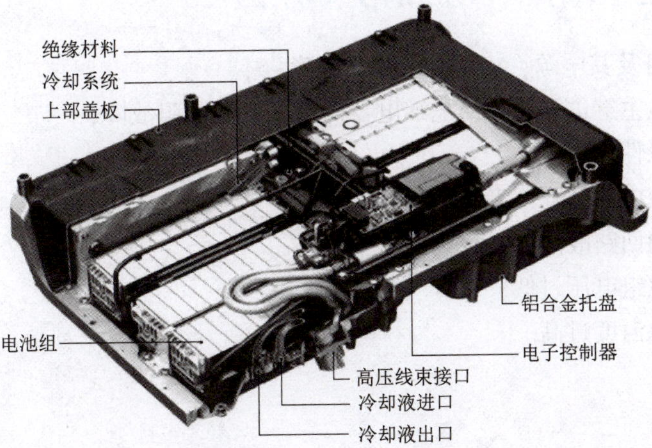

图 7-13　电池冷却系统

动力电池作为电动汽车的动力能源，其充电、做功时的发热问题一直阻碍着电动汽车的发展。动力电池的性能与电池温度密切相关。40~50 ℃的高温会明显加速电池的衰老，更高的温度（如 120~150 ℃）则会引发电池热失控。

目前国内常见的绝大多数新能源汽车的电机及控制器都采用冷却系统，但动力电池的冷却系统除了少数车型以外，基本上都没有专门的冷却系统，原因有两方面。一方面，由于冷却系统增加了电池组的体积，会消耗电池的一部分能量；另一方面，国内车型对动力电池的材料进行改进，以及利用控制程序进行修正，对电池工作环境要求不高。当然，这会以损耗电池寿命为代价。除了极少数车型没有采用冷却系统以外，目前应用在动力电池上的冷却方式有水冷和风冷两种。

1）水冷动力电池冷却系统

水冷动力电池冷却系统主要部件包括散热器、膨胀壶、电子水泵、VCU（或 HPCM2，混动车型）、冷却液控制阀、加热器和冷却管路等。目前使用水冷方式的车型较少。

2）风冷动力电池冷却系统

风冷动力电池冷却系统结构如图 7-14 所示。

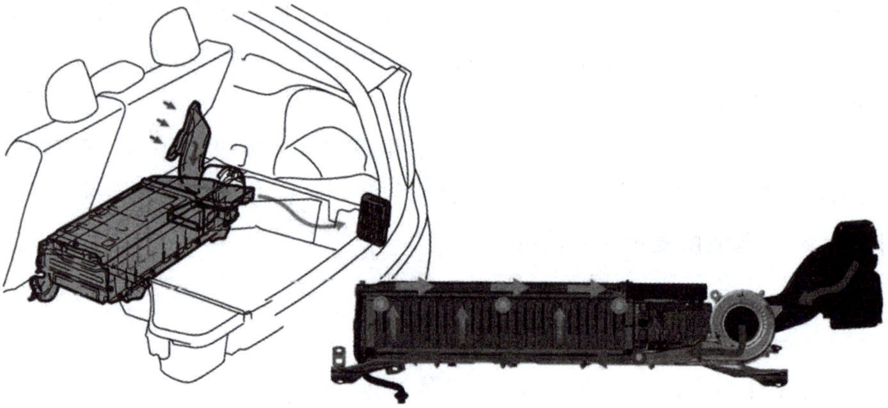

图 7-14　风冷动力电池冷却系统

2.7　动力电池故障指示灯亮的主要原因

（1）BMS 本身及其电源、接地、唤醒线故障；

（2）动力电池主继电器、预充电继电器以及预充电电阻故障；

（3）整车绝缘性能故障；

（4）动力电池内部熔丝或者连接导线故障；

（5）高压互锁回路故障；

（6）动力电池组电压过低；

（7）动力电池温度过高。

3. 执行工作计划

3.1　信息分析：故障指示灯亮的原因分析

连接诊断设备，读取车辆动力电池故障信息及电池单体电量状态，确定动力电池故障指示灯亮的原因，查阅维修电路手册。宝骏 E300 动力电池系统（动力电池充电系统电源、搭铁、数据通信（慢充））如图 7-15 所示。

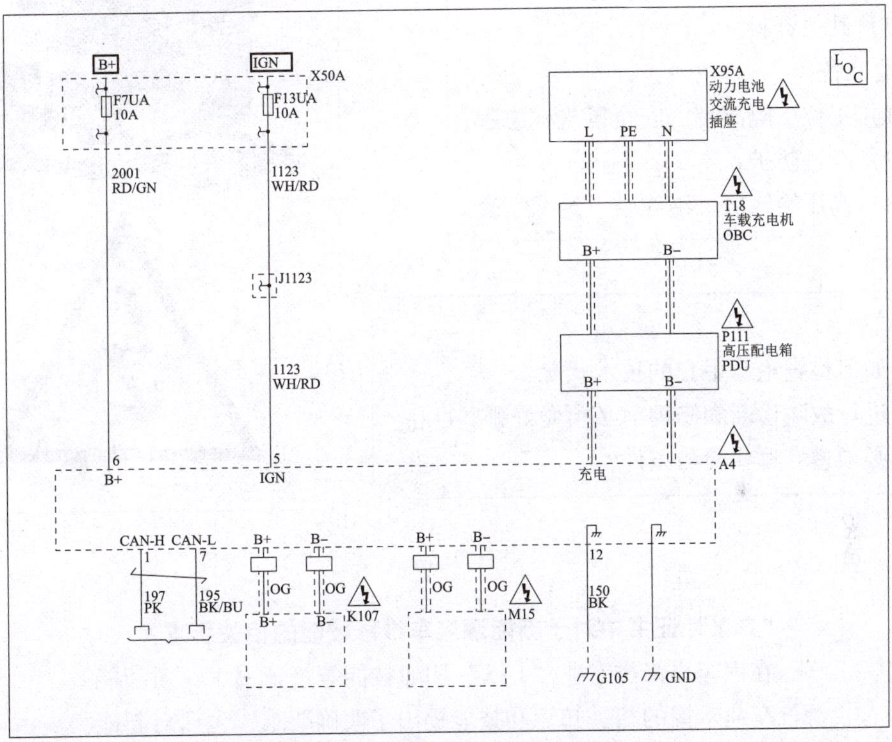

图 7-15　宝骏 E300 动力电池系统

3.2 工作计划：制订动力电池冷却系统检修计划

工具设备准备：

（1）绝缘维修工具套装、工具车；

（2）万用表；

（3）绝缘测试仪；

（4）诊断仪。

资料准备：

（1）维修手册；

（2）客户手册；

（3）其他资料。

其他准备：

（1）工位、隔离带、安全警告标志牌；

（2）车辆防护；

（3）高压绝缘服、绝缘鞋、绝缘手套。

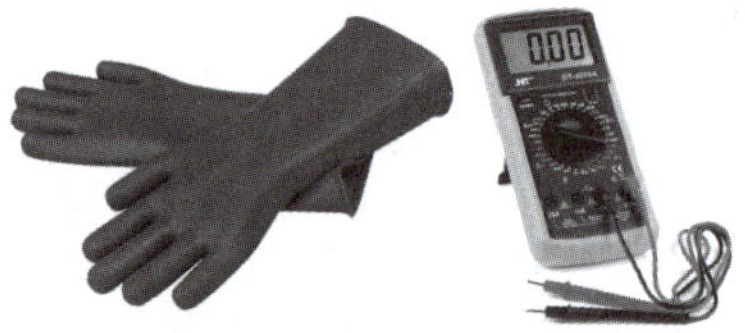

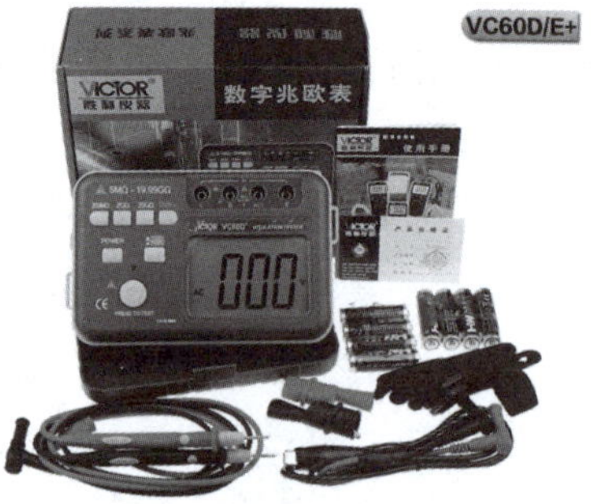

讨论：

（1）如何检查绝缘手套的技术状况？

（2）进行故障诊断和修理前必须做好哪些准备？

（3）必须遵守哪些检测条件？

“1+X”证书中对于新能源汽车维修技能的相关要求：

在汽车维修类专业“1+X”职业技能等级证书中，对新能源汽车应掌握的相关知识和技能提出了明确要求，包括对新能源汽车“三电”系统部件能执行正确拆装与更换操作。

3.3 任务实施：动力电池单体测量及更换

动力电池包拆卸参见任务二：开包、单体电池测量，均衡、更换电芯。

动力电池单体测量及电芯更换如表 7-11 所示。

表 7-11　动力电池单体测量及更换

序号	示意图	步骤
1		（1）将电池包放在工作台上并做好安全防护措施； （2）分别测量动力电池主正、主负与壳体之间的绝缘阻值； （3）清洁动力电池包外围； （4）记录动力电池铭牌及相关信息
2	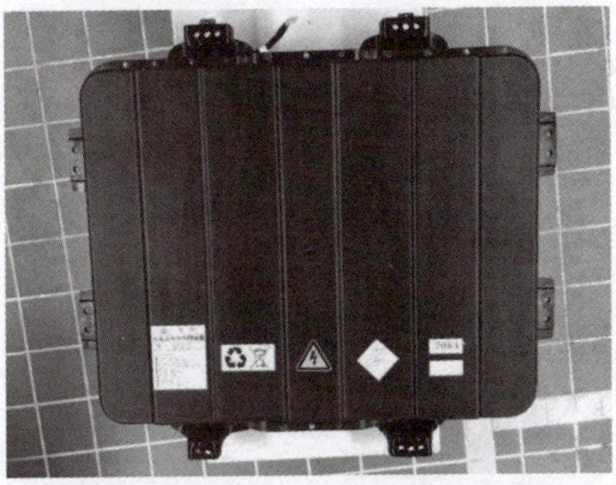	（5）使用绝缘工具拆卸电池包的上盖螺栓； （6）取下动力电池包上盖板
3	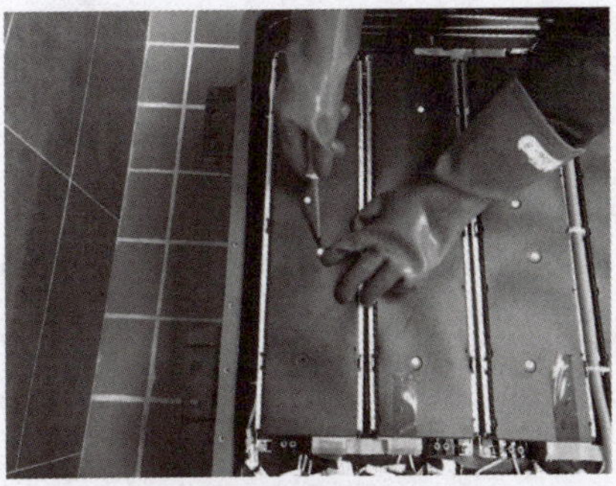	（7）使用绝缘工具拆断电池模组绝缘保护板
4	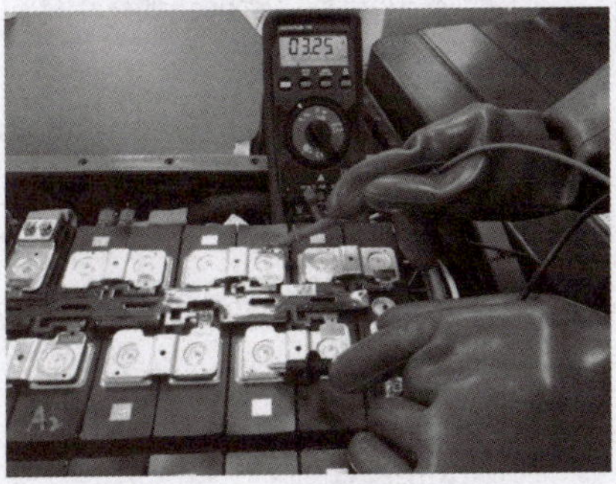	（8）分别测量单体电池电压

续表

序号	示意图	步骤
5	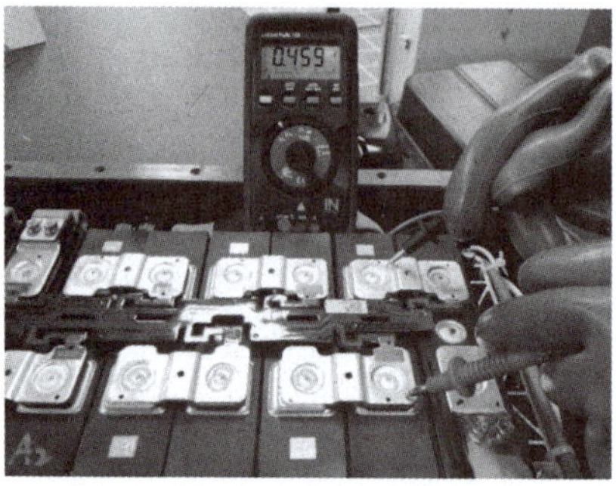	（9）确定亏电严重的单体电池并记录
6		（10）断开电池采样线束插头； （11）拧松电池模组，安装固定螺栓； （12）取出电池模组； （13）分解电池模组； （14）更换电池电芯
7		（15）取出电池模组； （16）分解电池模组； （17）更换电池电芯
8		（18）按照顺序连接电池均衡仪连接线； （19）打开电池均衡仪，观察单体电池电压； （20）调整相关数据； （21）开始均衡

动力电池组内部结构认知　　动力电池组的检测

3.4　记录及工作质量评价

在执行诊断维修任务结束时，车辆维修人员要确认工作质量是否全部合格，并上路试车。 （1）是否所有检查项目都已实施并记录？ （2）是否遵守了维修时间？工时和备件是否记录？ （3）哪些信息必须转告给客户？ （4）个人对维修流程及方案有什么建议及优化？	（1）将工作计划内的所有项目检查一遍，确认所有项目都已圆满完成，并根据展示要求进行详细解释。 （2）评价故障诊断和维修效率。 （3）指出维修的方法及后续使用建议。 （4）考虑一下，维修、工作计划的准备工作，工具、检测设备及安全防护等是否达到最佳程度，提出改进建议并在下次维修时加以注意。

学习工作页　动力电池故障指示灯亮故障诊断与检修

（1）检查组合仪表故障提示。

（2）确认并描述故障现象。

（3）查询五菱宏光 MINI EV 电动汽车动力电池包技术信息，描述 BMS 工作控制策略。

（4）查阅电路图，分析故障范围，可能的故障原因有：（可以用图形或表格在翻页纸上陈列）

（5）在表格中填写好工作计划，并实施测量和记录于表 7-12 中。

表 7-12　学生实训记录表

班级		车型及年款	
姓名		车辆识别码	
学号		里程数	
实训步骤及测试结果			
结果分析			
安全措施			
自我评价与总结	良好□　合格□　不合格□		
教师评价	良好□　合格□　不合格□　教师姓名：		________年__月__日

（6）各小组对完成的工作进行自评和总结，根据工作结果进行方案优化。优化后的流程图陈列在翻页纸上，并讲述。

任务八　高压电池无法充电故障诊断与检修

学习目标

知识目标

- 能说出充电系统组成。
- 能说出电动汽车充电方式。
- 能说出直流充电系统结构原理。
- 能说出交流充电系统结构原理。

技能目标

- 能正确完成充电枪信号检测。
- 能正确完成车载充电机常见故障诊断。

素养目标

- 塑造“中国制造”的自信。
- 能全工作过程规范管理自己及团队成员安全操作。
- 能严格执行高电压车辆维修流程。
- 能全面地与客户描述故障原因及维修方案。

任务知识树

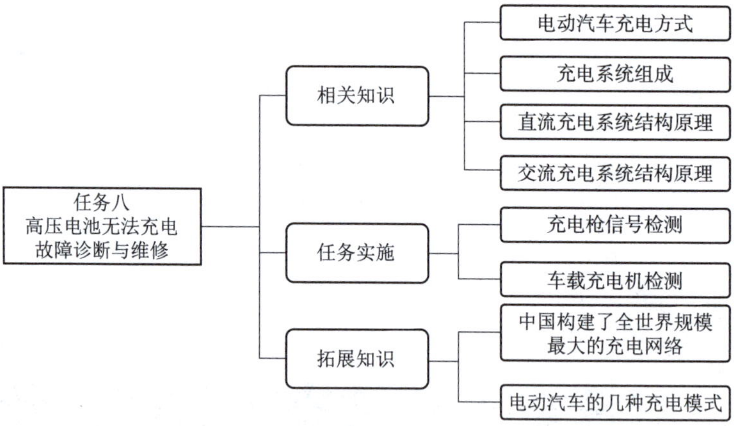

1. 检查与对话

1.1 接车谈话和检查

1）任务描述

有一辆五菱宏光 MINI EV 电动汽车的客户将车辆送修，客户反映说车辆无法充电。维修站安排维修人员对车辆的动力电池系统进行检查测量，并对测量结果进行分析，最终确诊故障原因，制订维修计划，排除该故障，并向客户简要描述故障原因及维修方案。

延伸阅读：中国构建了全世界规模最大的充电网络

经过十余年市场化推广，我国新能源车已步入市场化发展轨道，保持稳定的发展态势。中国汽车工业协会数据显示，2022 年，新能源车市场表现超出预期，全年累计销量达 688.7 万辆，市场渗透率超过 25.6%，高于上年 12.1%。截至目前，我国新能源车保有量接近 1 500 万辆。

在新能源车销量增长的同时，充电基础设施建设也保持着同频的发展节奏。据统计，2022 年 1—12 月，中国充电基础设施增量为 259.3 万台，其中公共充电桩增量同比上涨 91.6%，随车配建私人充电桩增量持续上升，同比上升 225.5%。截至 2022 年 12 月，全国充电基础设施累计数量为 521.0 万台，同比增加 99.1%。2022 年公共充电站增量为 3.7 万座，保有量为 11.1 万座，由此构建了全世界规模最大的充电网络，已经可以初步支撑起新能源汽车的普及。

目前，中国是全球充电桩第一大技术来源国，充电桩相关专利申请量占全球充电桩相关专利总申请量的 73.7%。美国充电桩相关专利申请量占比为 8.4%。德国、韩国和日本的充电桩相关专利申请量占比分别为 7.3%、2.4%、2.3%。

2）客户自述

客户描述："我的车无法充电。请修理厂师傅帮忙检查看看是什么问题。"

3）客户委托

根据与客户的交流信息及实车初步检查所收集的信息，得到"高压无法充电"故障检修的大致范围，解释诊断流程并填写汽车维修委托书，如表 8-1 所示。

——Who：客户。

——What：客户希望能够解决"高压无法充电"故障。

——When：车辆在什么状态下产生了故障。

——Where：车辆开到什么异常的环境下出现的状况。

——Why：可能有哪些原因导致的"高压无法充电"故障。

——How：诊断该故障现象大致分几步检查。

——How much：需要的时间有多长，大致产生的费用是多少。

表 8-1　汽车维修委托书样本

汽车维修委托书

编号：__________

<table>
<tr><td>维修站名称</td><td></td><td>车辆到店时间</td><td colspan="2">______年__月__日__时</td><td>服务顾问</td><td></td></tr>
<tr><td rowspan="2">客户信息</td><td>□车主　□送修人</td><td colspan="4">身份证号码</td><td>联系电话</td></tr>
<tr><td></td><td colspan="4"></td><td></td></tr>
<tr><td rowspan="2">车辆信息</td><td>车牌号</td><td>车型年款</td><td>VIN 码</td><td colspan="2">发动机号码</td><td>行驶里程数</td></tr>
<tr><td></td><td></td><td></td><td colspan="2"></td><td></td></tr>
<tr><td rowspan="2">作业信息</td><td>维修开始时间</td><td>预计交车时间</td><td colspan="2">付款方式</td><td colspan="2">非索赔旧件是否带走</td></tr>
<tr><td>____年__月__日__时</td><td>____年__月__日__时</td><td colspan="2"></td><td colspan="2"></td></tr>
<tr><td rowspan="7">预检信息记录</td><td colspan="2">车内是否有贵重物品？</td><td rowspan="2">油箱存油量</td><td colspan="3" rowspan="2"></td></tr>
<tr><td>有□</td><td>无□</td></tr>
<tr><td colspan="2" rowspan="4">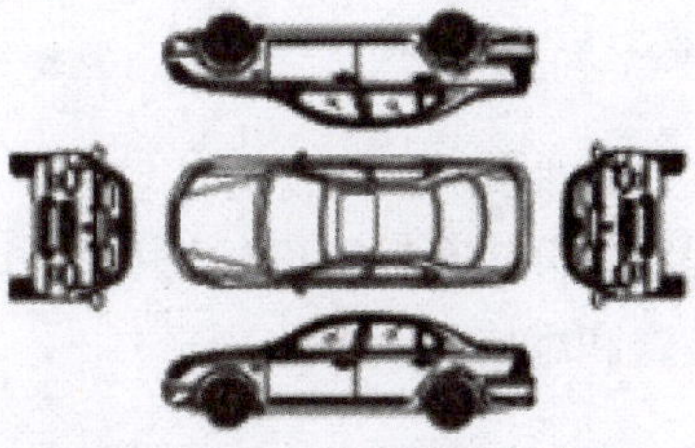</td><td rowspan="4">车辆检查结果</td><td colspan="3">车身检查：</td></tr>
<tr><td colspan="3">车内检查：</td></tr>
<tr><td colspan="3">发动机舱：</td></tr>
<tr><td colspan="3">底盘检查：</td></tr>
<tr><td colspan="2">客户须知：
1. 客户提供的信息真实有效；
2. 维修完成时间以通知客户交车时间为准；
3. 客户应在接到通知 2 h 内领车；
4. 客户因违反"客户须知"产生的风险和损失由客户自行承担</td><td colspan="4">客户送修描述：高压无法充电</td></tr>
</table>

续表

是否外出救援	是□		否□	本人已知晓上述信息。客户签字：				
维修信息	维修项目	备件	是否索赔	耗材费	工时费	小计	维修人	检查人
			是□否□					
			是□否□					
			是□否□					
			是□否□					
			是□否□					
客户知晓并认可上述维修项目及费用。客户签字：								

1.2 前期计划和相关问题

1）初步检查

经技师初步检查，发现插上充电枪后，仪表有连接状态指示灯闪烁，但是无法充电，如图 8-1 所示。

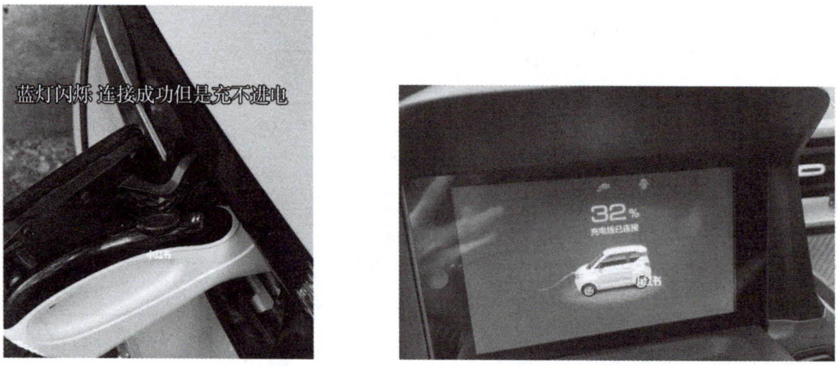

（a） （b）

图 8-1 车辆仪表显示的信息

（a）充电手柄上的提示；（b）仪表屏幕上的提示

汽车故障查询和故障排除的结果取决于一系列因素，如：

（1）对与故障相关的系统知识的掌握程度是分析车辆工作过程和故障成因的先决条件；

（2）严格遵守相关维修站信息系统的检查和维修说明；

（3）故障检测设备的完好和正确操作；

（4）对需要用到的工具的正确使用；

（5）工作场地干净整齐，符合施工要求。

2）车辆“无法充电”故障的思维导图

运用“头脑风暴”法绘制处理故障的工作思维导图（图 8-2），进行故障查询和维修的准备工作。根据思维导图和因果分析图提出问题，然后解答这些问题以进行信息收集和分析、制订工作计划和执行具体工作。

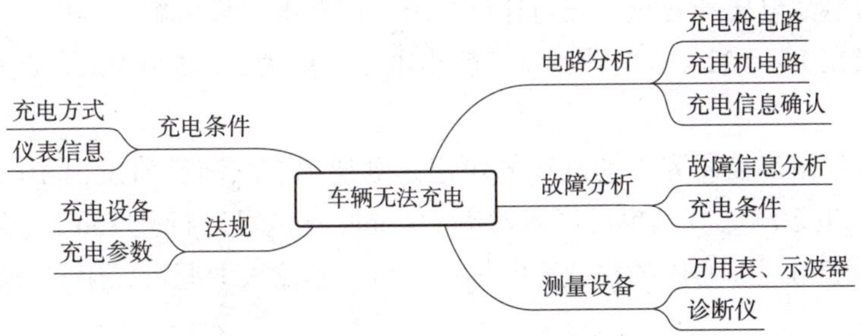

图 8-2　处理车辆“无法充电”故障工作思维导图

3）车辆“无法充电”故障因果分析图（图 8-3）

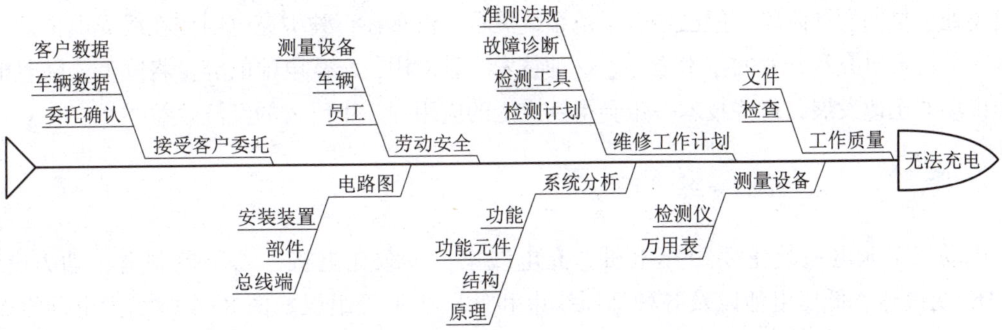

图 8-3　车辆“无法充电”故障因果分析图

小贴士

将思维导图、因果分析图中所提到的因素综合梳理和考虑，形成工作计划并实施。严格执行工作计划是提升汽车故障维修效率的重要手段。

2. 信息收集

充电系统是电动汽车主要的能源补给系统。纯电动汽车的充电技术，最关键的问题是如何高效、快速充电，这关系到充电器的容量和性能，电网的承载能力和动力电池的承受能力等。随着动力电池充放电速度的不断提高，充电系统的性能也在不断地改进，以满足在各种应用情况下的快速充电需求。由于电力的储运和使用比汽油方便得多，充电设备的建造也呈现出多样性和灵活性，既可以为集中式的充电站，也可以设置在马路边、停车场、购物中心等任何方便停车的地方。除了固定充电装置以外，电动汽车还带有车载充电机，可以在夜间从家里的市电插座进行充电，甚至还可以在用电高峰期把电力逆变后返送回电网。目前根据不同的汽车动力电池电压和容量、充电速度要求，以及电网供电容量等因素的考量，固定充电机的容量一般在 15~100 kW 的范围内，输出电压一般为 50~500 V。车载充电机容量则在 3 kW 左右。

目前，世界各国都在研究电动汽车的快速充电技术。欧洲已研发出 10 min 充电可行驶 100 km 的快速充电系统。美国也已经研发出了 6 min 充电可以行驶 100 km 的超快速充电系统。这些系统都采用国际通用的快速充电标准接口，其输入电源可以用交流电，也可以用直流电。

由于快速充电系统需要强大的瞬时功率，所以在快速充电设施中电网的承载能力是一个关键的制约因素。如果想要把充电速度进一步提高，从普通电网直接供电基本不可能。为了解决这个矛盾，技术人员正着手研发新一代带有储能缓冲环节的超快速充电系统。这项技术目前还处于早期发展阶段，但已经有示范系统展示。汽车在行驶中充电叫作在线充电，这也是技术人员将要研究和开发的技术之一。这种技术一旦应用，车载电池的容量将降低。随着电动汽车市场的迅速发展，这些技术一定会得到广泛的应用并产生巨大的经济效益。

2.1 电动汽车充电系统的组成

电动汽车充电系统主要由充电桩、充电线束、车载充电机、高压控制盒、动力电池、DC/DC 变换器、低压电池以及各种高压线束和低压线束等组成。图 8-4 所示为电动汽车充电系统示意图。

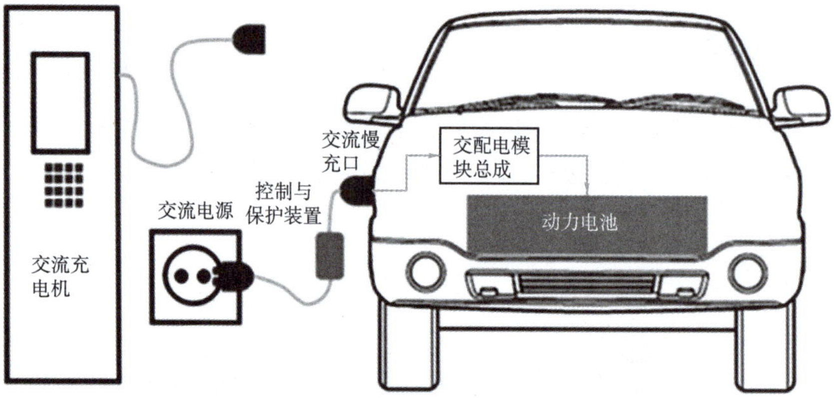

图 8-4 电动汽车充电系统示意图

下面介绍电动汽车充电系统的主要组成部分：充电桩和车载充电机。

1）充电桩

充电桩作为电动汽车充电系统的配套设施，有交流充电桩和直流充电桩。

（1）交流充电桩。

交流电动汽车充电桩（图 8-5），俗称“慢充”，固定安装在电动汽车外，与交流电网连接，为电动汽车车载充电机（固定安装在电动汽车上的充电器）提供交流电源的供电装置。交流充电桩只提供电力输出，没有充电功能，需连接车载充电机为电动汽车充电，相当于只起到控制电源的作用。

(2) 直流充电桩。

直流电动汽车充电桩（图 8-6），俗称“快充”，固定安装在电动汽车外，与交流电网连接，可以为非车载电动汽车动力电池提供直流电源的供电装置。直流充电桩的输入电压采用三相四线交流 380 V（±15%），频率为 50 Hz，输出为可调直流电，直接为电动汽车的动力电池充电。

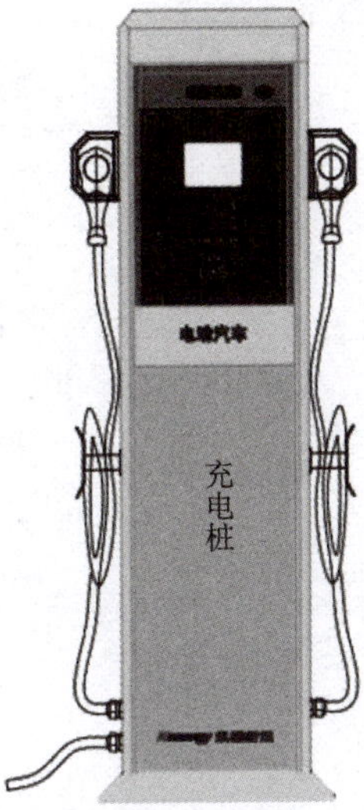

图 8-5　交流充电桩

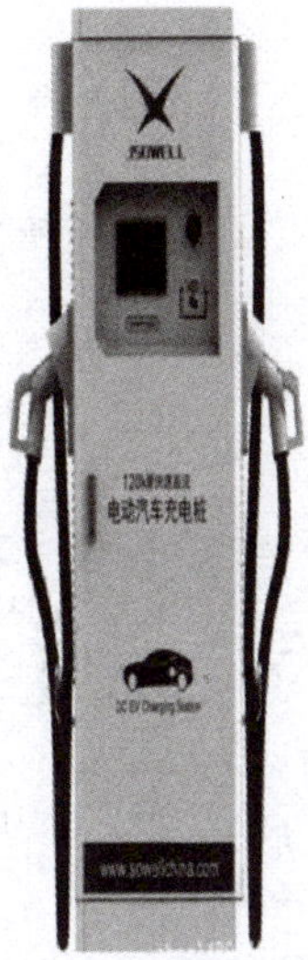

图 8-6　直流充电桩

2）车载充电机

车载充电机，也称车载充电器，如图 8-7 所示。车载充电机是充电系统的重要组成部分。

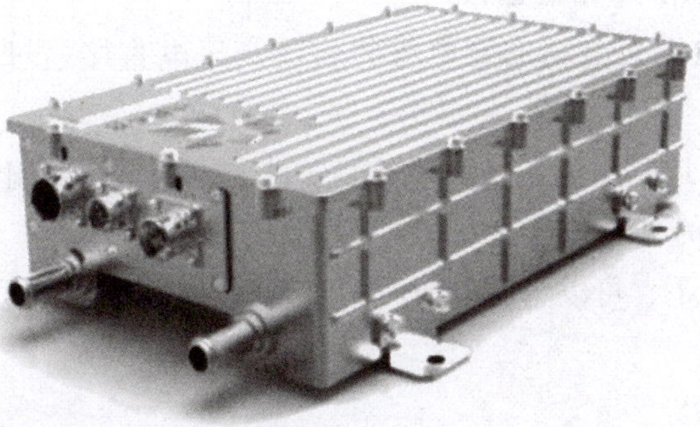

图 8-7　车载充电机

车载充电机具备如下功能。

(1) 车载充电机将输入的 220 V 交流电转换成直流电输出，为动力电池充电，实现动力电池电量的补给。

(2) 车载充电机工作过程需要与充电桩、BMS、VCU 等部件进行通信。

（3）车载充电机根据动力电池需求可调节输出功率。

（4）软关断功能。为了保证在电源切断时避免立即断电对电器模块造成大电压的冲击，增加了软关断控制器，给高压负载一个卸载时间。当起动钥匙从 ON 挡关闭时，高压电源会延迟 3 s 断电。

图 8-8 所示为 SGMW 宏光 MINI EV 充配电总成部件的安装位置。

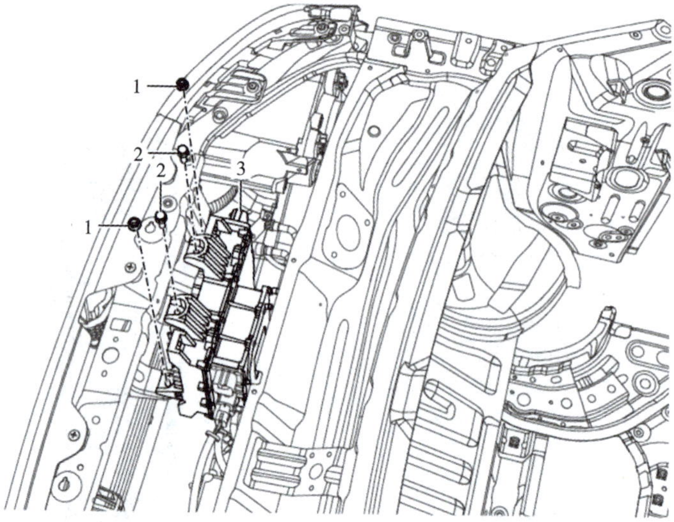

图 8-8　SGMW 宏光 MINI EV 充配电总成部件的安装位置

2.2　电动汽车的充电方式

汽车动力电池充电的方式主要有直流快充（快速充电）和交流慢充（常规充电）。

直流快充与交流慢充方式的区别如下。

直流快充主要是通过充电站的充电桩将直流高压电直接通过直流充电口给动力电池充电。

交流慢充主要是通过家用电源插头和交流充电桩接入交流充电口，通过车载充电机将 220 V 交流电转为较高的直流电给动力电池充电。

在一些特定的情况下，可以为新能源汽车更换已经充满电的动力电池，更换下来的电池再单独进行充电备用。

1）快速充电

快速充电又称直流快充或应急充电，是以较大直流电流短时间在电动汽车停车的 20 min~2 h 内，为其提供短时间充电服务，一般充电电流为 150~400 A。

快速充电模式的优点是充电时间短。但是，相对常规充电模式，快速充电也存在一些缺点。“快充”实际并不快，而且降低动力电池使用寿命。由于受电池技术影响，目前电动汽车使用最多的是锂电池。锂元素是比钠还要活跃的金属元素之一，快充易使锂元素太过活跃，从而使电池中的电解液发生沉淀，产生气泡现象，也就是平常人们所看到的电池身上易凸起“小包”，摸上去有手感发热等情况，甚至导致电池爆炸等安全事故，因此充电电流不宜过大。

电动汽车充电快慢与充电器功率、电池充电特性和温度等紧密相关。在当前电池技术水平下，即使快充也需要充电 30 min 才可达到电池容量的 80%，在电量超过 80% 后，为保护电池安全，充电电流必须减小，充到 100% 的时间将较长。此外，在冬天气温较低时，电池要求的充电电流减小，充电时间会变得更长些。

直流充电关键技术如下。

（1）高性能直流充电器技术：效率、谐波、使用寿命。

（2）直流充电环境适应性技术：宽的温度范围、户外使用时凝露、风沙防护等。

（3）安全防护技术：漏电、短路防护、误插拔防护、断线防护、倾倒防护、防误操作、防止带电插拔等。

（4）充电器的高互换性技术：物理接口、电气接口、通信协议的高度兼容与互换。

（5）直流充电与电网的接口、有序充电以及与电网的互动技术。

2）常规充电

常规充电电流相当低，约为 15 A，这种充电叫作常规充电（交流慢充或慢速充电）。常规电池的充电方法都采用小电流的恒压或恒流充电，一般充电时间为 5～8 h，甚至长达 10～20 h。这种充电方式利用的是车载充电机，接 220 V 交流电即可。

常规充电模式的优点如下。

（1）尽管充电时间较长，但因为所用功率和电流的额定值并不关键，因此充电器和安装成本比较低。图 8-9 所示为 SGMW 电动汽车交流充电桩，可安装在车库内或停车场。

（2）可充分利用电力低谷时段进行充电，降低充电成本。目前，我国发电量和装机容量均已居世界第一位。截至 2021 年年底装机容量达到 23.8 亿千瓦。电网的高峰负荷增长很快，峰谷差逐年拉大，造成发电资源的大量闲置。电动汽车依靠充电桩可以在夜间低谷时段充电（北京电网峰谷差达 40%），有利于改善电网运行质量，减少电网为平衡峰谷差投入的费用，可以说基本上不增加电网的负荷，实现汽车和电网双赢的局面。

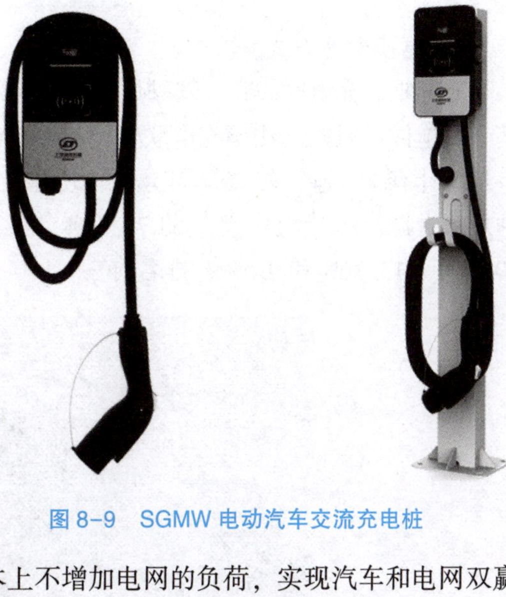

图 8-9　SGMW 电动汽车交流充电桩

（3）可提高充电效率和延长电池的使用寿命。与快速充电相反，常规充电的充电电流小，有利于提高充电效率和延长电池的使用寿命。

常规充电模式的主要缺点为充电时间过长，难以满足车辆紧急运行的需求。此外，中国城市的建筑密度也无法满足电动汽车对充电桩的需求，中国城市建筑结构以高楼为主，地面停车场数量有限，这样会造成有的车充不上电的情况。这种充电模式通常适用于续驶里程大的电动汽车，可满足车辆一天的行驶需要，仅仅利用晚间停驶时间进行充电即可的情况。

常规交流充电关键技术如下。

（1）各种恶劣环境的适应性技术：高低温、高热、高湿、风沙、凝露、雨水；露天/市内使用等。

（2）充电安全防护技术：漏电、短路、误插拔防护、断线防护、倾倒防护、防误操作等。

（3）充电桩高互换性技术：物理接口、电气接口、通信协议等，可实现充电桩和电动汽车充电的兼容与互换。

（4）灵活的计量计费技术：与各种不同运营模式结合。

（5）友好方便的人机交互技术：适应不同层次、不同水平的操作者。

（6）充电桩的运行管理与综合监控。

（7）有序充电及与电网的互动技术。

小贴士

新能源汽车销售顾问表示，充电的时候，车主应遵守勤充浅放的原则。就充电的频率来说，要保持电池的足电状态，不要等电池的电量低于20%的时候才去充电，过度放电会使电池内部的正极活性物质、负极活性物质均逐渐转化成电阻，从而损耗电池的使用寿命。

3）更换电池方式

充电难、充电时间长、续驶里程短等问题一直困扰着电动汽车客户。根据中国电动充电基础设施促进联盟（中国充电联盟：EVCIPA）统计数据，截至2021年6月，我国换电站保有量总计有716座，较2020年增加161座。换电站如图8-10所示。分省市来看，排名前十的地区占据全国换电站总量的78.63%，其中北京、广东、浙江换电站保有量占比分别为30.87%、15.36%和9.5%，排名前三。

图8-10　换电站

直接更换电动汽车的电池时需要考虑的是由于动力电池质量较大，更换电池的专业化要求较强，需配备专业人员借助专业机械来快速完成电池的更换、充电和维护。

采用这种方式具有如下优点。

（1）电动汽车客户可租用充满电的电池，更换需要充电的电池，有利于提高车辆使用效率，也提高了客户使用的方便性和快捷性。

（2）对更换下来的电池可以利用低谷时段进行充电，降低了充电成本，提高了车辆运行的经济性。

（3）从另一个侧面来看，也解决了充电时间乃至蓄存电量、电池质量、续驶里程不足及价格高等难题。

（4）可以及时发现电池组中单体电池的故障，对于电池的维护工作将具有积极的意义，电池组放电深度的降低也有利于提高电池的寿命。

应用这种方式面临的主要问题：电池与电动汽车的标准化；电动汽车的设计改进、充电站的建设和管理，以及电池的流通管理等。

延伸阅读：电动汽车的几种充电模式

模式 1

充电枪上没有控制盒，汽车充电的时候直接通过充电枪的线缆插到家用交流插座上进行充电，无法与车辆建立通信，充电时无法确认最大电流强度、电压、温度等。模式 1 的充电方法因为安全性差，基本已经被淘汰了。

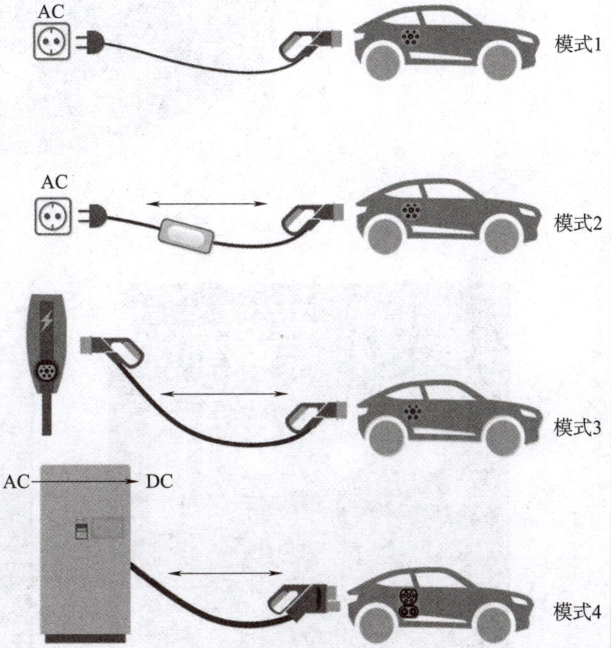

模式 2

该模式是目前市面上的主要充电模式。与模式 1 的区别就是加上了一个保护装置，也就是适配器，同时通过控制导线与车辆建立通信，可以在车辆和充电机之间交换充电参数。随车充一般采用该模式，其充电电流较小，一般为 8~16 A。

模式 3

模式 3 与模式 1、模式 2 的区别在于，充电枪不连接家用交流电网，而是连接专用的交流电供电设备，也就是交流充电桩。这时的充电枪可以没有适配器，因为交流充电桩本身就起到保护作用。模式 3 既可以保证充电的安全性，又能在一定程度上提高充电速度（10 A/13 A/32 A/63 A）。交流充电桩和壁挂式充电盒都应用于模式 3。

模式 4

模式 4 是直流充电模式，短时间内给电动汽车充电，它有高功率、高电压的工作条件，如特斯拉超级充电站，一般不属于家用，而是专门设在快充充电站的。模式 4 的充电电流大了很多，电流一般为直流电 80 A/125 A/200 A/250 A 甚至更高，所以自然充电速度也是最快的。但是直流充电对安装要求高，成本也非常高，同时长期使用直流充电会影响电池的寿命。

2.3 电动汽车充电系统结构原理

1）充电接口

GB/T 2023. 2—2015《电动汽车传导充电用连接装置 第 2 部分：交流充电接口》与 GB/T 2023. 3—2023《电动汽车传导充电用连接装置 第 3 部分：直流充电接口》规定交流接口采用七针的设计，直流接口采用九针的设计。国内车企都应遵循这个标准进行设计，部分电动车型同时配备两种充电接口，如图 8-11 所示。但是早期一些车企考虑到电池寿命延长，某些车型没有设计直流充电接口，一些车主在公共充电桩遇到了无法充电的情况也是正常的。需要说明的是，并非所有的电动汽车都同时采用直流和交流两种接口，有些车型只提供交流慢充接口，如图 8-12 所示。

图 8-11 充电接口

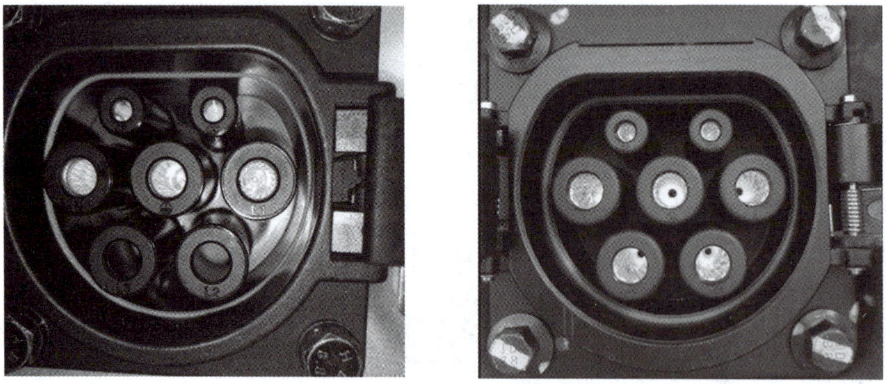

（a） （b）

图 8-12 交流慢充接口

（a）单相交流充电接口；（b）三相交流充电接口

（1）直流充电接口。

直流充电接口端子定义如图 8-13 所示。

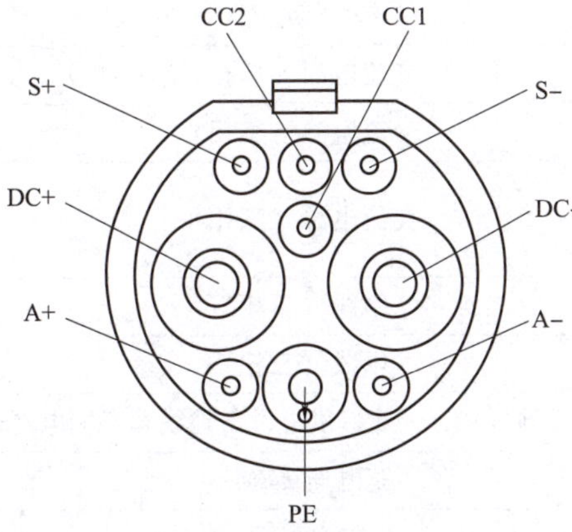

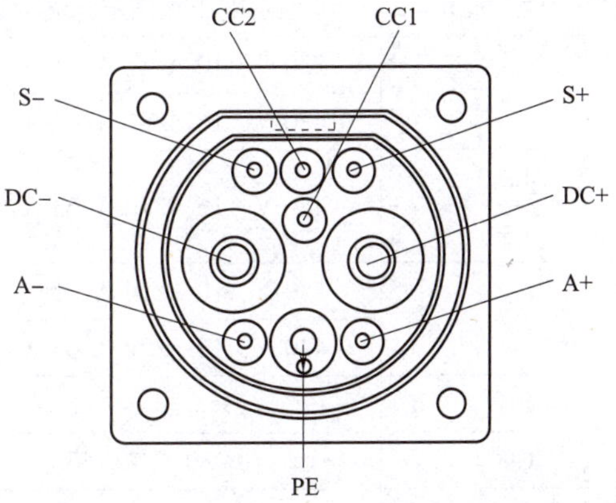

端子号/标识	功能
DC-	直流电源负极
DC+	直流电源正极
PE	车身地（搭铁）
A-	低压辅助电源负极
A+	低压辅助电源正极
CC1	充电连接确认
CC2	充电连接确认
S+	充电通信 CAN-H
S-	充电通信 CAN-L

图 8-13　直流充电接口端子定义

（2）交流充电接口。

交流充电接口端子定义如图 8-14 所示。

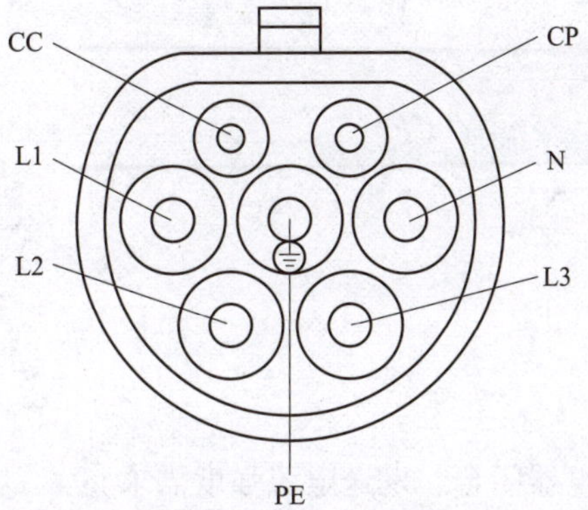

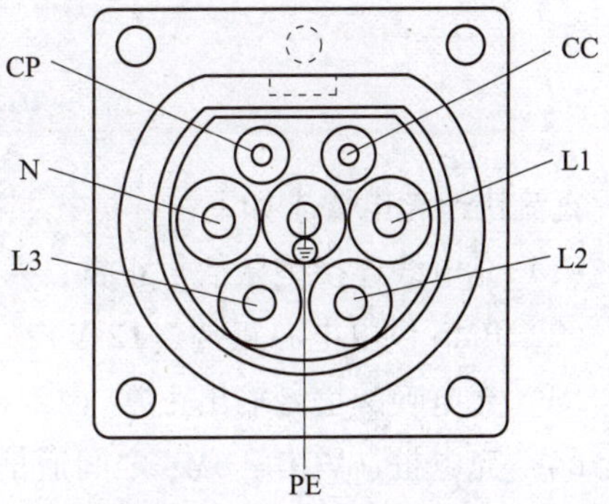

图 8-14　交流充电接口端子定义

端子号/标识	额定电压和额定电流	功能定义
L1	250 V、10 A/16 A/32 A	交流电源（单相）
	440 V、16 A/32 A/63 A	交流电源（三相）
L2	440 V、16 A/32 A/63 A	交流电源（三相）
L3		
N	250 V、10 A/16 A/32 A	中线（单相）
	440 V、16 A/32 A/63 A	中线（三相）
PE		保护接地（PE），连接供电设备地线和车辆电平台
CC	0~30 V/2 A	充电连接确认
CP	0~30 V/2 A	控制导引

图 8-14 交流充电接口端子定义（续）

2）直流充电系统结构原理

直流充电系统结构原理如图 8-15 所示。整车控制模块是快速充电功能的主控模块。将快速充电接口由充电桩连接至车辆快充接口以后，整车控制模块通过 CC 线判断充电接口已经正确连接，并启用唤醒线路唤醒车辆内部充电系统电路及部件。整车控制模块通过输出高压接触器接通指令至高压控制盒，实现快速充电桩与动力电池之间高压电路的接通。接通并实现充电时，整车控制模块向仪表输出正在充电的信息。

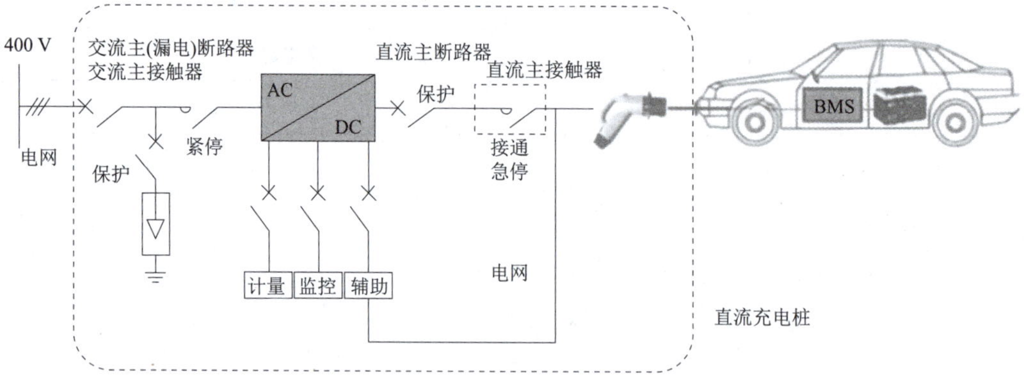

图 8-15 直流充电系统结构原理

直流快速充电要求如下：

（1）充电线连接确认信号正常；

（2）BMS 供电电源正常（12 V）；

（3）充电唤醒信号输出正常（12 V）；

（4）充电桩、VCU、BMS 之间通信正常（主继电器闭合、发送电流强度需求）；

（5）动力电池电芯温度为 5~45 ℃；

（6）单体电池最高电压与最低电压差小于 0.3 V（300 mV）；

（7）单体电池最高温度与最低温度差小于 15 ℃；

（8）绝缘性能大于 20 MΩ；

（9）实际单体最高电压不大于额定单体电压 0.4 V；

（10）高低压电路连接正常（远程开关关闭）。

3）直流充电原理

直流充电桩结构与控制原理如图 8-16 所示，充电流程分为物理连接完成、低压辅助通电、充电握手阶段、充电参数配置阶段、充电阶段、充电结束阶段。

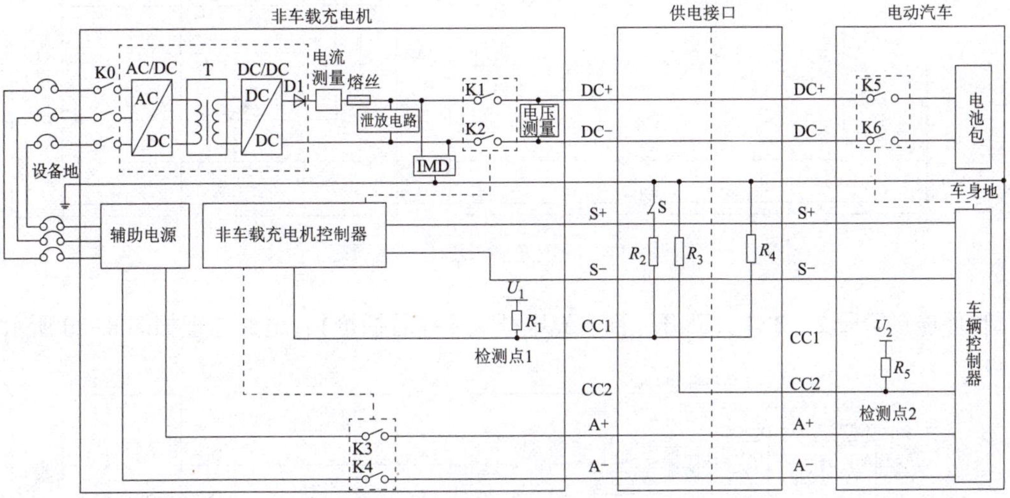

图 8-16　直流充电桩结构与控制原理

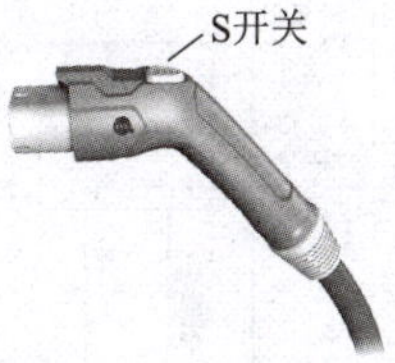

充电枪自然状态：S 开关（图 8-17）闭合、未插入充电插座中的 CC1，经 R_2、S 开关与 PE 构成回路，如图 8-18 所示。

图 8-17　充电枪 S 开关

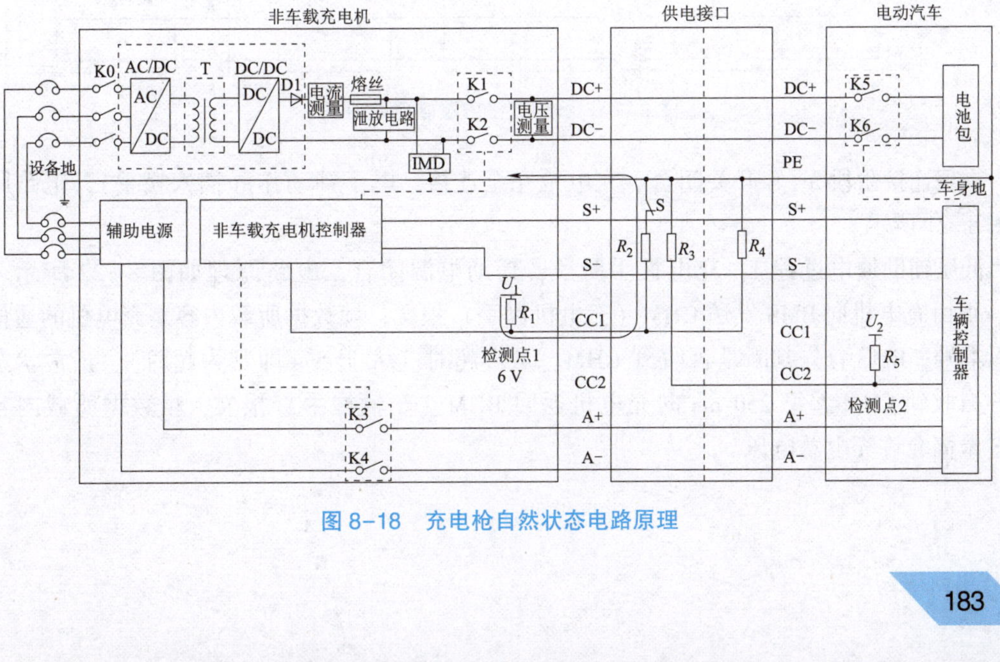

图 8-18　充电枪自然状态电路原理

物理连接阶段 1：S 开关断开、未插入充电插座(捏着插枪)，如图 8-19 所示。

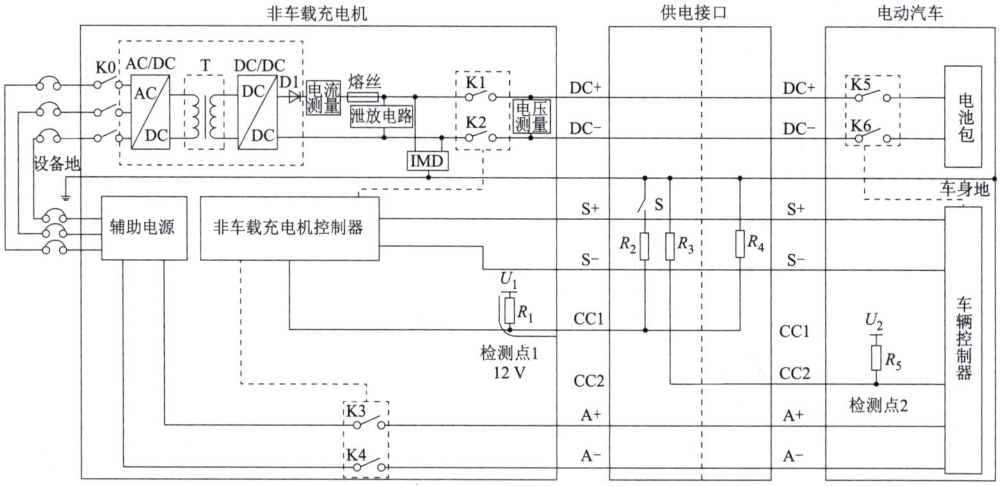

图 8-19　物理连接阶段 1 电路原理

物理连接阶段 2：S 开关断开、插入充电插座（捏着插枪），电路原理如图 8-20 所示。

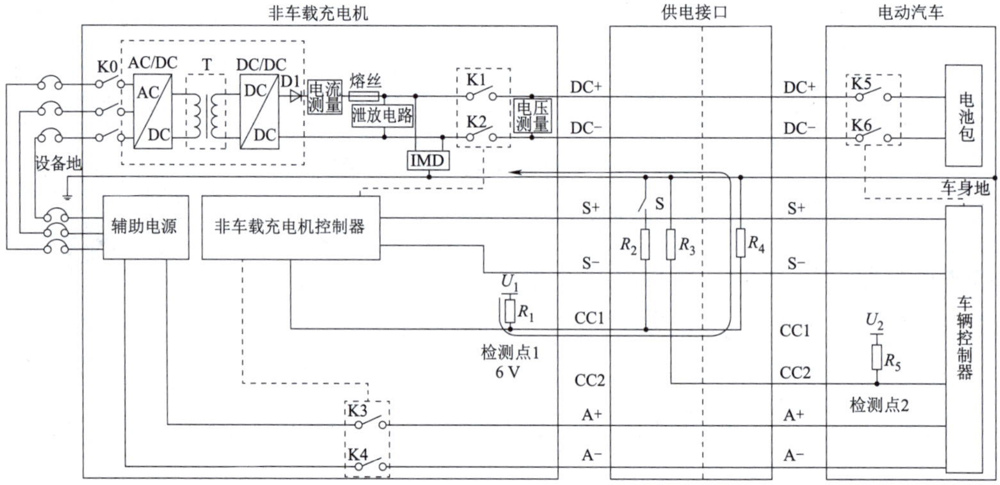

图 8-20　物理连接阶段 2 电路原理

物理连接阶段 3：S 开关闭合、充电枪完全连接，电子锁动作（插入松手），电路原理如图 8-21 所示。

低压辅助通电过程 1：充电握手阶段，辅助电源闭合，电路原理如图 8-22 所示。每 250 ms 由充电机向 BMS 发送 CHM（充电机握手）报文，帧数据所载内容是充电机的通信协议版本号；BMS 首先判断是否收到 CHM、是否超时（大于 5 s 即判为超时）。正常状态下 BMS 自收到 CHM 起每 250 ms 向充电机返回 BHM（车辆握手）报文，帧数据所载内容为 BMS 最高允许充电总电压。

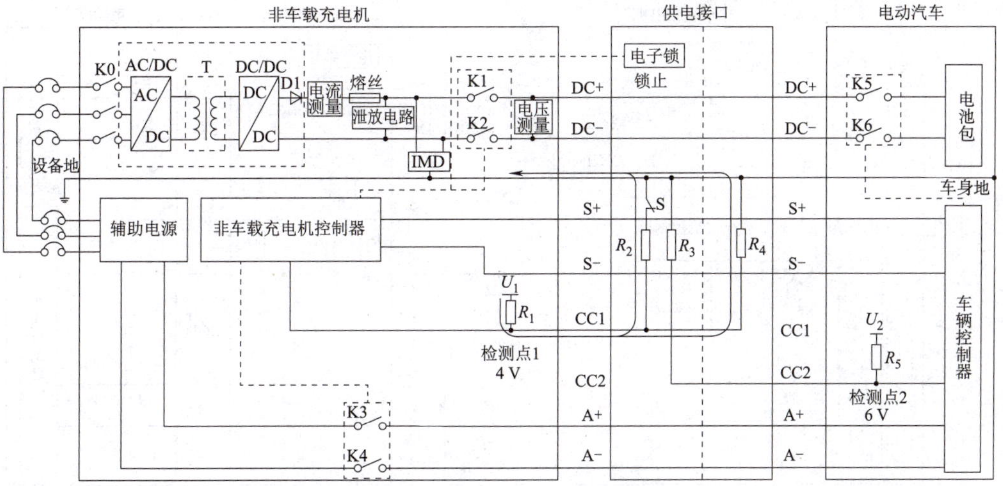

图 8-21　充电枪完全连接电路原理

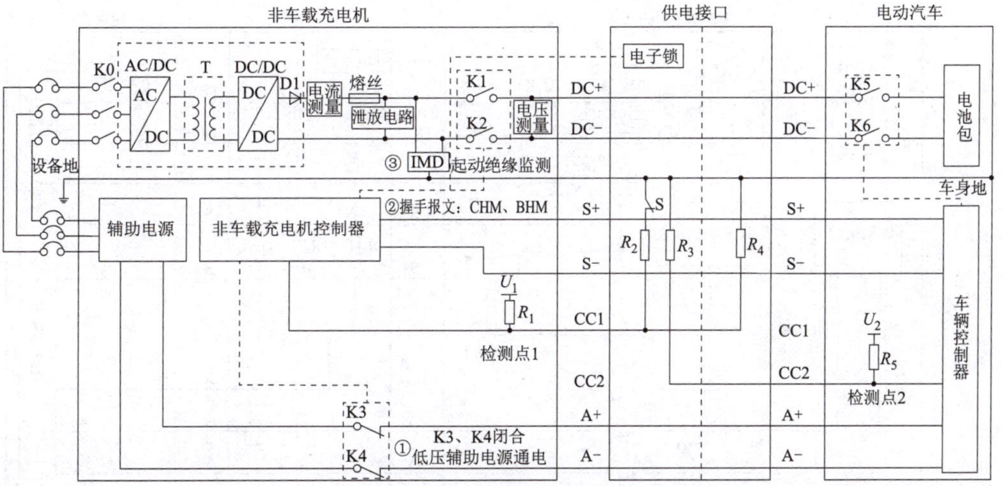

图 8-22　辅助电源闭合电路原理

低压辅助通电过程 2：检测是否满足绝缘要求（电路原理如图 8-23 所示），非车载充电机控制器投入绝缘监测模块，闭合 K1、K2 并输出绝缘校验用的电压，用来检测充电机到 K5、K6 接触器之前这一段的绝缘状态。检测合格后停止输出检测电压并退出绝缘检测模块。

低压辅助通电过程 3：泄放能量，非车载充电机控制器投入电压泄放模块，将 K1、K2 接触器以外的电压泄放至 60 V（DC）以下，检测条件成立之后退出电压泄放模块，并断开 K1、K2 接触器。如 5 s 之内检测条件不成立，则报 1 级故障，执行断电程序，电路原理如图 8-24 所示。

低压辅助通电过程 4：辨识阶段，充电桩与车辆 BMS 互相辨识，电路原理如图 8-25 所示。充电机停止发送 CHM，改发 CRM（充电机辨识）报文，帧数据所载内容是充电机的辨识结果和桩号信息，BMS 首先判断是否收到 CRM（充电机辨识）、是否超时（自收到 CHM

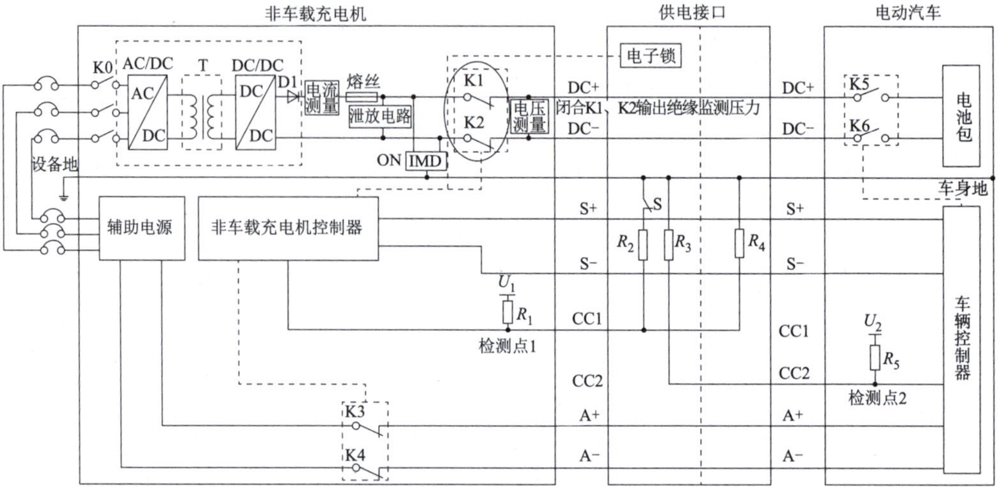

图 8-23　绝缘检查电路原理

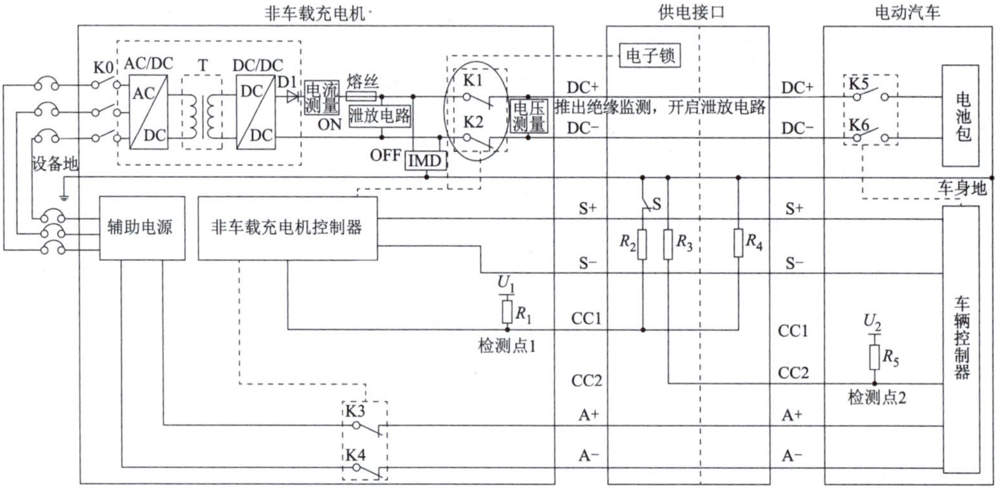

图 8-24　泄放能量电路原理

起 30 s 即判超时）。正常状态下 BMS 停发 BHM，并每 250 ms 向充电机返回 BRM（BMS 和车辆辨识）多帧报文，帧数据所载内容较多，此时充电机首先判断是否收到 BRM、是否超时（自初次发送 BRM 起 5 s 即判超时），如条件不成立则报 3 级故障并执行断电程序；如条件成立，则发送 CRM（充电机辨识）报文，帧数据所载内容是充电机辨识结果和桩号信息，其中辨识结果为 AA，即为 BMS 能辨识，此时 BMS 首先判断是否收到 CRM、是否超时（自初次发送 CRM 起 5 s 即判超时）。正常状态下充电机和 BMS 将进入到充电参数配置阶段。

直流充电桩与动力电池的充电过程：开始充电，其电路原理如图 8-26 所示。

直流充电桩与动力电池的充电过程：充电中止。在充电过程中，当充电机和 BMS 任一方判断达到停止充电的条件时，首先发送中止报文随即停止充电。此阶段又分为充电结束和充电中止，正常条件下停止为充电结束，非正常条件下停止为充电中止，其电路原理如图 8-27 所示。

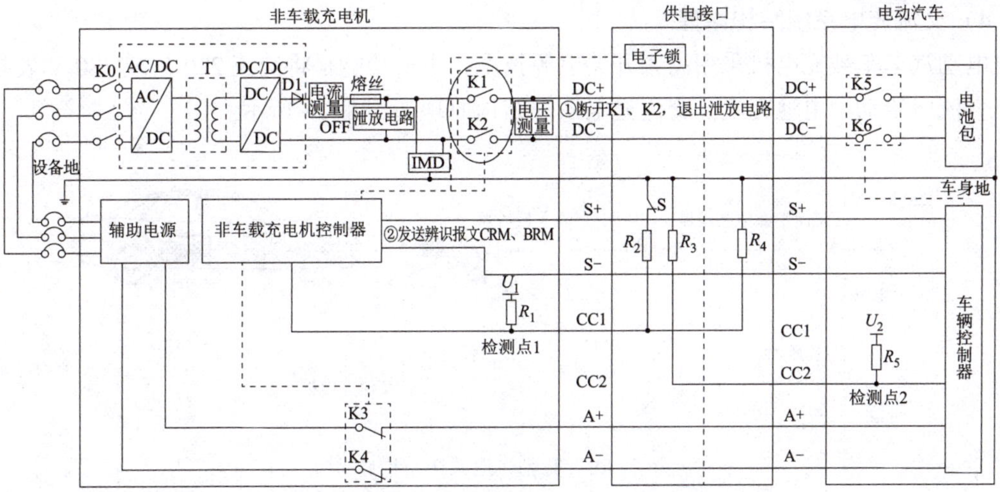

图 8-25　充电桩与车辆 BMS 辨识电路原理

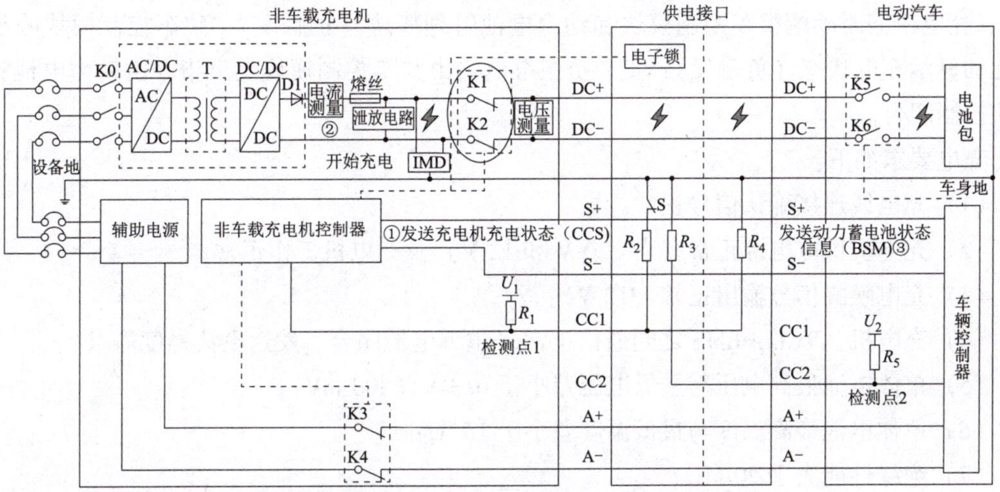

图 8-26　充电过程电路原理

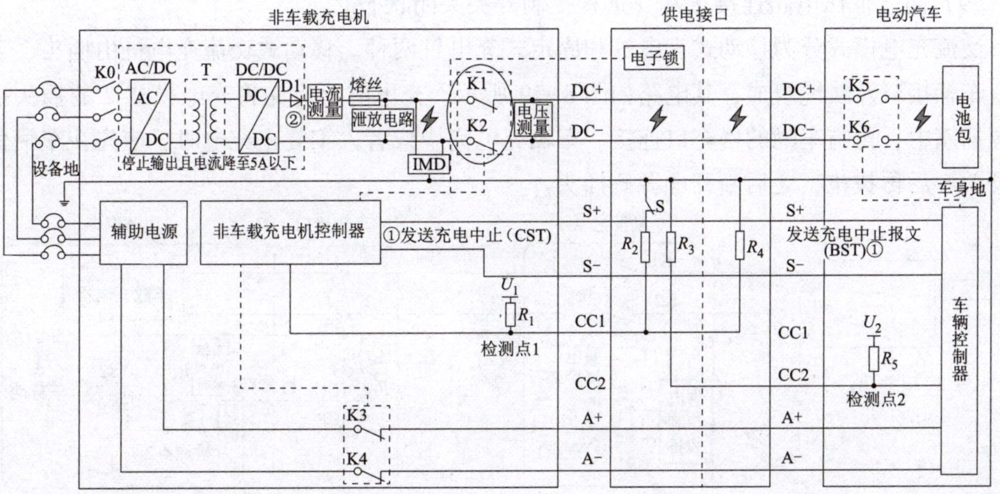

图 8-27　充电终止电路原理

4）交流充电系统结构原理

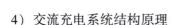

电动汽车车载充电机采用高频开关电源技术，主要功能是将交流 220 V 或 380 V 转换为高压直流电给动力电池充电。交流充电系统结构原理如图 8-28 所示。

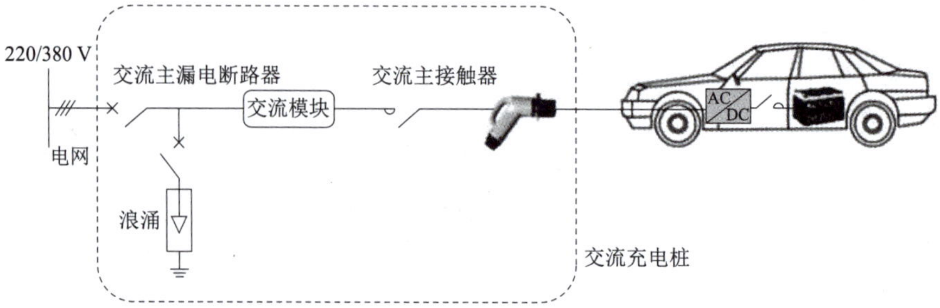

图 8-28　交流充电系统结构原理

充电枪连接通过车载充电机反馈到整车控制模块，再唤醒仪表显示连接状态（负触发）；充电机同时唤醒整车控制模块和动力电池管理模块（正触发），整车控制模块唤醒仪表起动显示充电状态（负触发）；正、负主继电器由整车控制模块发出指令由动力电池管理模块控制闭合。

充电要求如下：

（1）充电线连接确认信号正常；

（2）充电机供电电源正常（含 220 V 和 12 V）及充电机工作正常；

（3）充电唤醒信号输出正常（12 V）；

（4）充电机、VCU、BMS 之间通信正常（主继电器闭合、发送电流强度需求）；

（5）单体电池最高电压与最低电压差小于 0.3 V（300 mV）；

（6）单体电池最高温度与最低温度差小于 15 ℃；

（7）绝缘性能大于 20 MΩ；

（8）实际单体最高电压不大于额定单体电压 0.4 V；

（9）高、低压电路连接正常（远程控制开关关闭状态）。

交流充电模式分为移动式充电桩和固定式充电桩两种。移动式交流充电桩由插头、功能盒、车辆接口及线缆组成，其电路如图 8-29 所示。充电时，应先将充电模式 2 的插头插入电源插座中，再与车辆的慢充口连接。车辆充电完毕或者人工终止充电时，应先在车辆侧断开开关 S 后再拔枪，之后断开电源侧插头。

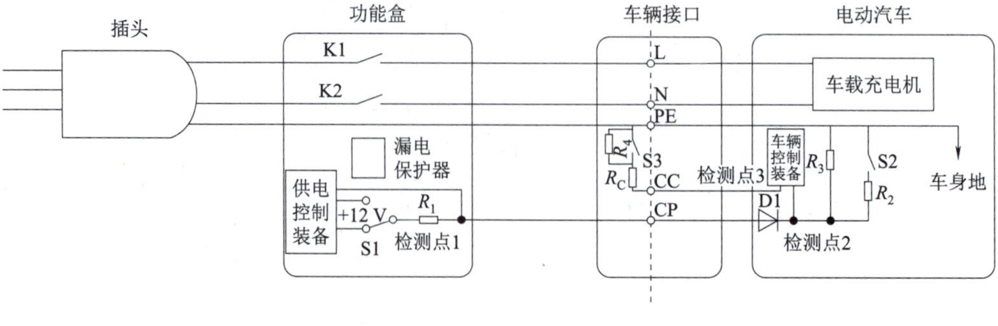

图 8-29　移动式交流充电桩电路

固定式交流充电桩电路包括主回路和二次回路（系统原理如图 8-30 所示），主回路输入断路器具备过载、短路和漏电保护功能；继电器控制电源的通断；交流充电枪或交流充电座提供与纯电动汽车连接的充电接口，具备锁紧装置和防误操作功能。主回路由输入保护断路器、交流智能电能表、交流接触器和充电接口接插件组成；二次回路由控制继电器、急停开关、运行状态指示灯、充电桩智能控制器和人机交互设备（显示、输入与刷卡）组成。

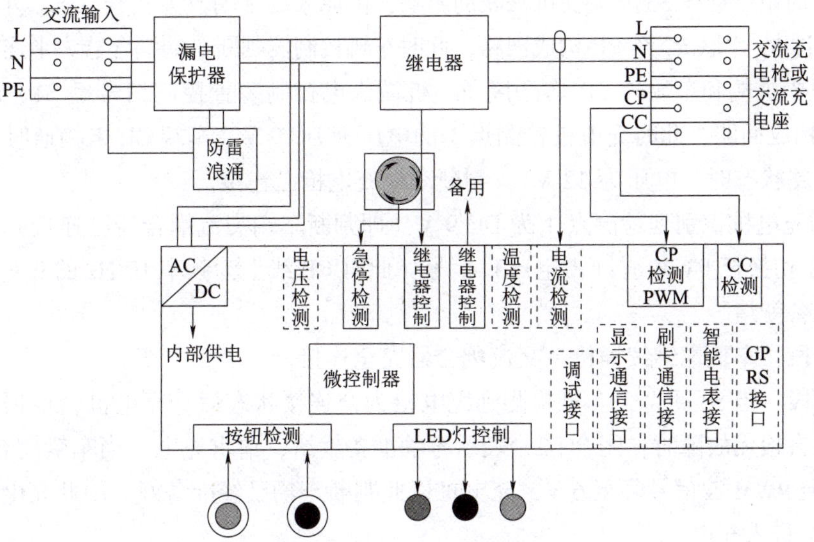

图 8-30　固定式交流充电桩电路

交流充电桩对车辆进行充电过程分为交流充电桩与车载充电机的连接握手过程及对动力电池的充电过程。交流充电桩与车载充电机的连接过程电路如图 8-31 所示。

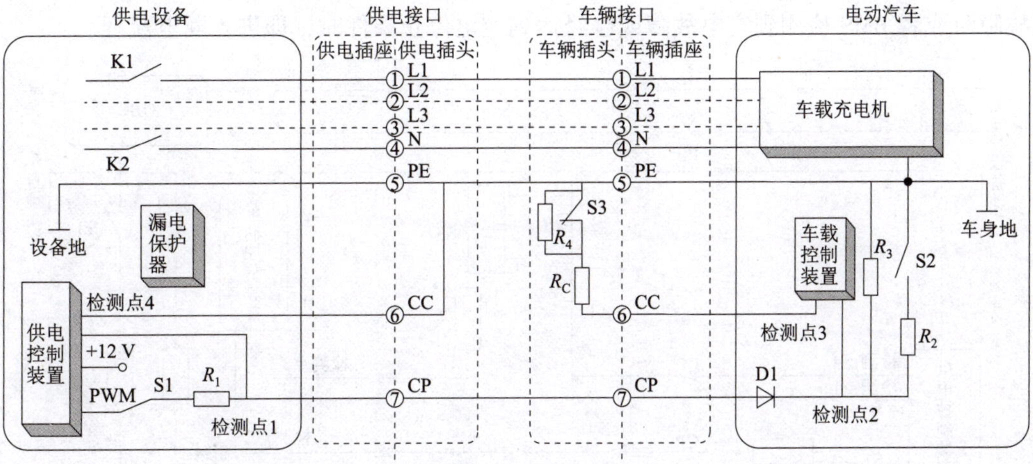

图 8-31　交流充电桩与车载充电机的连接过程电路

第一阶段：桩端开始插枪，PE 线首先接触。

第二阶段：桩端继续插枪，在 PE 线接触之后，L、N 线接通。

第三阶段：桩端继续插枪，在 PE 线和 L、N 线接通之后，CC 和 CP 接触但未能完成全部耦合。

第四阶段：充电桩端插枪，交流耦合已经完成。

第五阶段：车端插枪，PE 线先接触，之后 L、N 线接触。

第六阶段：车端继续插枪，在 PE 线和 L、N 线接触之后，CC、CP 接触。此时在慢充系统中发生了如下一些变化：

（1）此时由于插枪 S3 开关受机械联动影响，由原来的常闭改为断开状态。车辆控制装置检测点 3 通过 R_C 串联 R_4 经 PE 构成回路，此时车辆控制器判断车端耦合器为半连接状态。

（2）位于桩端和车端的 CP 均已接通，桩端供电控制装置控制信号经 S1、R_1、D1、R_3 连接到 PE 构成回路，此时充电桩检测点 1 的电压为 DC 9 V（车端 CP 未接通时没有串入 R_3 电阻且为断路状态时，电压为 12 V），判断车端充电枪已连接。

（3）当充电桩识别到检测点 1 为 DC 9 V（即判断车端交流耦合器已连接）后，供电控制装置将 S1 切换至 PWM 波（占空比）信号，此时 CP 线上为频率 10 Hz 的 9 V PWM 信号，即充电桩准备就绪。

第七阶段：车辆端继续插枪，交流耦合器完全连接。

第八阶段：当 S3 闭合，车辆检测到充电枪为全连接状态后，充电机会根据动力电池的充电需求在自检无故障时，闭合 S2，表示车辆准备就绪，请求充电。当车辆闭合了 S2 开关后，CP 线上 PWM 波信号降至 6 V，充电桩以此判断车辆已经准备好。因此充电桩闭合接触器 K1、K2，进入充电。

充电桩唤醒 OBC 后，OBC 唤醒 BMS，再由 BMS 唤醒 VCU 并引导整车通电，充电阶段电路原理如图 8-32 所示。在此阶段，BMS 实时检测动力电池内部的采样数据，包含了温度、电压、电流、SOC、绝缘等状态，这些状态值也会通过 CAN 线与车载充电机 OBC 进行实时信息交互。在这一阶段，双方均在判断是否达到充电停止条件。当车载充电机自身检测到故障时或者 BMS 检测到充电故障或已经达到充电停止条件时，即进入断电流程。

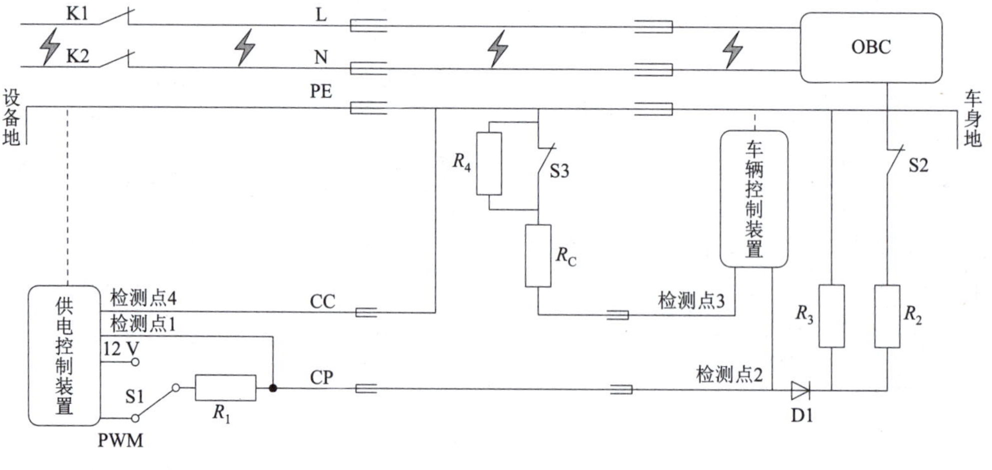

图 8-32 充电阶段电路原理

充电过程中 BMS 会实时检测电池数据，当检测到满足停止充电条件时将断开 S2 开关，充电桩检测点 1 由此判断达到充电停止条件，断开 K1、K2 停止输出。停止充电原因分为两类：充电桩停止和车辆停止。充电桩停止包括正常停止（即达到预约充电金额停止或 App 操作远程停止）与故障停止；车辆停止包括正常停止（即 BMS 检测达到充电停止条件主动停止或 App 操作远程停止）与故障停止。充电控制时序波形图如图 8-33 所示。

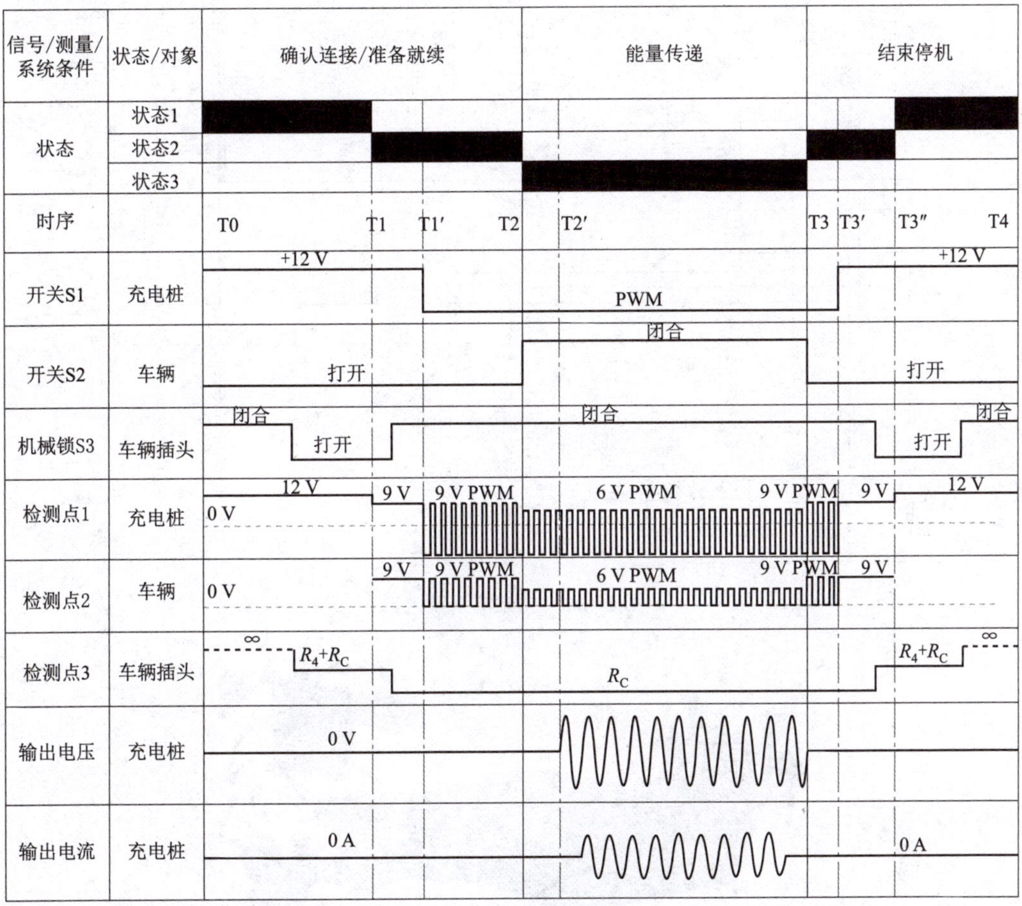

图 8-33　充电控制时序波形图

3. 执行工作计划

3.1　信息分析：高压电池无法充电的原因分析

利用诊断设备连接车辆，通过导航画面和登录窗口登录诊断系统，读取车辆状态信息，对所有采集到的信息和维修手册进行对比并分析。充配电系统电路如图 8-34 所示。

充配电系统结构图如图 8-35 所示，未断高压及完成验电之前禁止触碰及拆卸。

充配电系统原理框图如图 8-36 所示。在高压配电盒内部有两个熔丝，一个为车载充电机 OBC 和 DC/DC 转换器的熔丝；另一个为空调压缩机和电子加热器的熔丝。

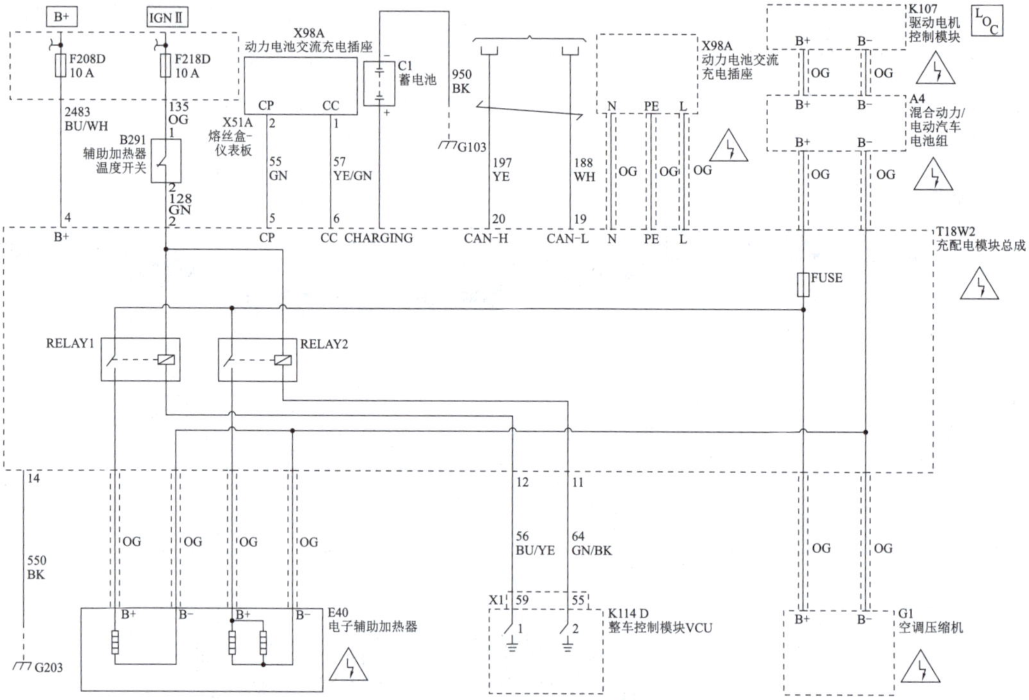

图 8-34　充配电系统电路

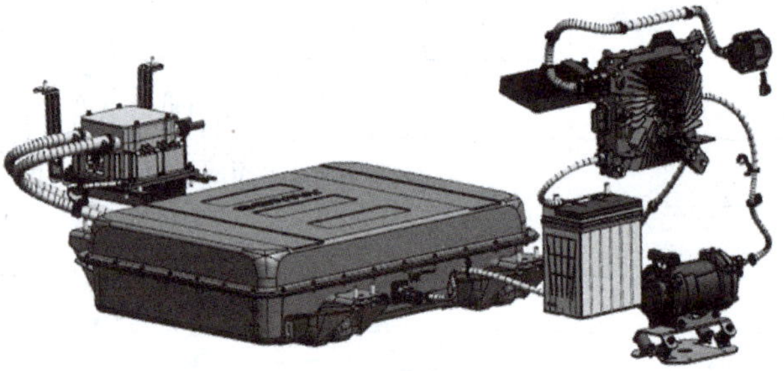

图 8-35　充配电系统结构

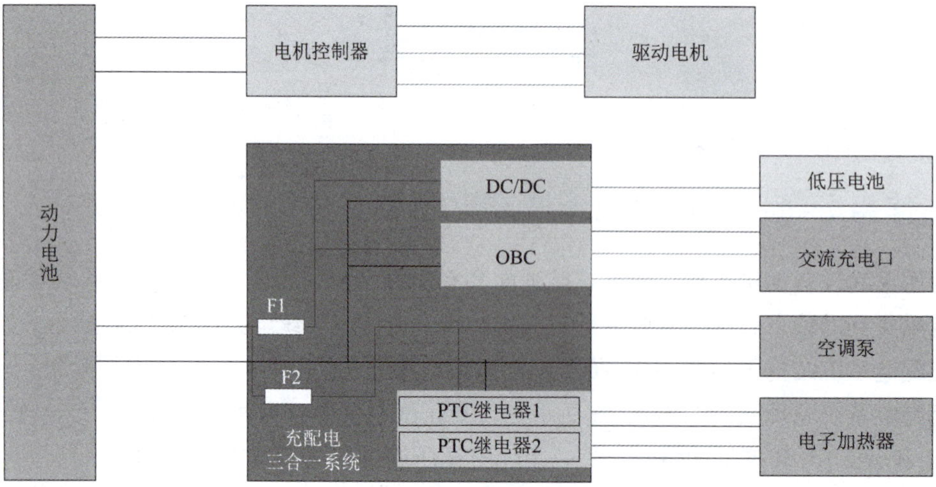

图 8-36　充配电系统原理框图

3.2　工作计划：制订充电系统的检修计划

工具设备准备：

（1）绝缘维修工具套装、工具车；

（2）万用表；

（3）绝缘测试仪；

（4）诊断仪。

资料准备：

（1）维修手册；

（2）客户手册；

（3）其他资料。

其他准备：

（1）工位、隔离带、安全警告标志牌；

（2）车辆防护；

（3）高压绝缘服、绝缘鞋、绝缘手套、护目镜、绝缘帽、绝缘垫。

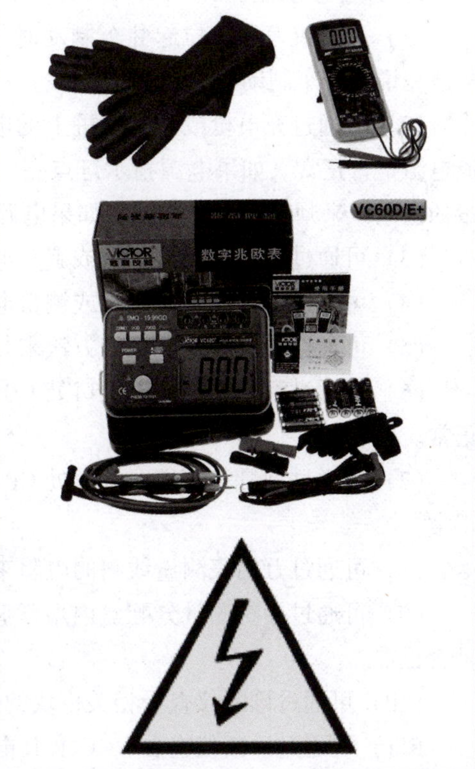

3.3　任务实施：充配电系统常见故障诊断与维修

1）常见故障原因分析

造成交流慢充无法起动、不能充电的原因如下：

（1）驻车制动开关是否正常；

（2）交流电源故障；

（3）便携式充电枪或交流充电桩故障；

（4）低压电池电压过低；

（5）车载充电机高压交流电路故障；

（6）CC 信号线电路故障；

（7）CP 信号线电路故障；

（8）车载充电机高压直流电路故障；

（9）高压分配盒内熔丝或者线路故障；

（10）CAN 线路故障；

（11）VCU 及其电源接地电路故障；

（12）动力电池温度过高或过低，超过正常充电的温度范围；

（13）高压系统绝缘故障；

（14）BMS 系统故障；

（15）动力电池内部高压继电器故障。

2）故障诊断流程

（1）通过仪表检查拉起驻车制动时，仪表内驻车制动拉起指示灯是否点亮。如果能正常点亮说明驻车制动开关正常。

（2）可通过充电枪或者充电桩上的电源指示灯来判断便携式充电枪或充电桩 220 V 交流电源是否正常。如果电源指示灯点亮，说明 220 V 的交流电源正常。也可以通过万用表测量插座电压来判断。特别注意，如果电源插座未接地线，充电也无法起动。

（3）可通过更换一个充电桩或者充电枪充电来判断其是否正常。

（4）可通过开大灯、按喇叭或测量电池电压的方法来判断低压电池电量是否过低。

（5）可通过测量导线电阻的方法来判断车载充电机交流电路是否正常。

（6）可通过测量车辆充电接口处 CC 与车身搭铁点之间的电压来判断 CC 信号线路是否正常。

（7）可通过测量车辆充电接口处 CP 与车身搭铁点之间的电压来判断 CP 信号线路是否正常。

（8）可通过万用表测量线路的电阻来判断车载充电机高压直流电路是否正常。

（9）可通过检查测量分配盒内熔丝和线路是否正常来判断高压分配盒内熔丝或者线路是否正常。

（10）可通过诊断仪查看相关模块的通信情况来判断 CAN 网络是否正常。

（11）可通过诊断仪查看 VCU 及其电源的通信情况来判断接地电路是否正常，并用万用表检查其电源和接地电路。

（12）可通过诊断仪读取 BMU 电池温度数据值或查看有无故障码来判断动力电池温度是否正常。

（13）可在打开点火开关的状态下观察仪表上的动力电池故障指示灯是否点亮来判断 BMS 系统是否正常，如果正常点亮，可通过诊断仪读取相应的故障码，按照故障码提示信息，进行相关的检查。

（14）可通过绝缘表测量高压线路和元件对车身的阻值来判断高压系统绝缘性能是否正常。

（15）如果通过以上检查推断车载充电机或动力电池组内有故障，可以通过更换充电模块总成或动力电池总成来进行实验。

交流无法充电（CC 线）故障诊断

3）交流充电枪故障排查

交流充电枪故障排查如表 8-2 所示。

表 8-2 交流充电枪故障排查

<table>
<tr><th rowspan="2">序号</th><th rowspan="2">故障类别</th><th rowspan="2">故障原因</th><th rowspan="2">排查方法</th><th colspan="4">指示灯状态</th></tr>
<tr><th>1</th><th>2</th><th>3</th><th>4</th></tr>
<tr><td rowspan="3">1</td><td rowspan="3">家用插座</td><td>无电</td><td>使用其他用电器进行排除；
使用万用表测量火线与零线之间电压值是否为 220 V</td><td rowspan="2">灭</td><td rowspan="2">灭</td><td rowspan="2">灭</td><td rowspan="2">灭</td></tr>
<tr><td>接触不良</td><td>排查插头与插座是否接触不良</td></tr>
<tr><td>无地线</td><td>使用接地检测仪排查</td><td>亮</td><td>灭</td><td>亮</td><td>灭</td></tr>
<tr><td rowspan="3">2</td><td rowspan="3">客户操作</td><td>家用插头未正常插入</td><td>目视充电枪家用插头是否已经正常插入</td><td rowspan="3">亮</td><td rowspan="3">灭</td><td rowspan="3">灭</td><td rowspan="3">灭</td></tr>
<tr><td>充电枪未正常插入</td><td>排查充电枪是否已经正常插入；
排查仪表是否有“充电线缆已连接”文字显示</td></tr>
<tr><td>充电枪按钮未弹起</td><td>排查充电枪按钮是否能正常弹起；
排查仪表是否有“充电线缆已连接”文字显示；
测量枪头 CC 与 PE 之间的电阻是否正常</td></tr>
<tr><td rowspan="2">3</td><td rowspan="2">车辆故障</td><td>低压电池亏电</td><td>对低压电池进行搭接补电后，再重新排查</td><td>亮</td><td>灭</td><td>灭</td><td>灭</td></tr>
<tr><td>充电机故障</td><td>更换新的充电枪进行故障排查和确认</td><td>亮</td><td>灭</td><td>灭</td><td>灭</td></tr>
</table>

3.4 记录及工作质量评价

<table>
<tr><td>在执行诊断维修任务结束时，车辆维修技师要确认工作质量是否全部合格，并上路试车。
（1）是否所有检查项目都已实施并记录？

（2）是否遵守了维修时间？工时和备件是否记录？

（3）哪些信息必须转告给客户？

（4）个人对维修流程及方案有什么建议及优化？</td><td>（1）将工作计划内的所有项目检查一遍，确认所有项目都已圆满完成，并根据展示要求进行详细解释。

（2）评价故障诊断和维修效率。

（3）指出维修的方法及后续使用建议。

（4）考虑一下，维修、工作计划的准备工作，工具、检测设备及安全防护等是否达到最佳程度，提出改进建议并在下次维修时加以注意。</td></tr>
</table>

学习工作页　高压电池无法充电故障诊断与检修

（1）检查组合仪表信息。

（2）插上充电枪，确认故障现象。

（3）请在翻页纸上画出五菱宏光 MINI EV 电动汽车交流充电系统电路图，简单描述工作控制策略。

（4）查阅你画的电路图，分析故障范围，可能的故障原因有：（可以用图形或表格在翻页纸上陈列）

（5）在表格中填写好工作计划，并实施测量和记录于表 8-3 中。

表 8-3　学生实训记录

班级		车型及年款	
姓名		车辆识别码	
学号		里程数	
实训步骤及测试结果			
结果分析			
安全措施			
自我评价与总结	良好□　合格□　不合格□		
教师评价	良好□　合格□　不合格□　教师姓名：　________年__月__日		

（6）各小组对完成的工作进行自评和总结，根据工作结果进行方案优化。优化后的流程图陈列在翻页纸上，并讲述。

参 考 文 献

[1] 刘朝丰，陈保山．新能源汽车故障诊断技巧彩色图解［M］．北京：机械工业出版社，2021.

[2] 吴文琳．你所不知道的电动汽车——图解电动汽车结构与原理［M］．北京：中国电力出版社，2020.

[3] JOHN G H，GOODAZI G A. 电驱动系统：混动、纯电动与燃料电池汽车的能量系统［M］．刘亚彬，译．北京：机械工业出版社，2021.

[4] 吴兴敏，李国君，马盈昌，等．纯电动汽车结构与检修一体化教程［M］．北京：人民邮电出版社，2021.

[5] 瑞佩尔．新能源电动汽车维修彩色图解教程［M］．北京：化学工业出版社，2019.

[6] 林程. 电动汽车工程手册（第一卷）：纯电动汽车整车设计［M］．北京：机械工业出版社，2019.

[7] 肖成伟. 电动汽车工程手册（第四卷）：动力蓄电池［M］．北京：机械工业出版社，2019.

[8] 贡俊. 电动汽车工程手册（第五卷）：驱动电机与电力电子［M］．北京：机械工业出版社，2019.

[9] 张维戈．电动汽车工程手册（第七卷）：基础设施［M]．北京：机械工业出版社，2019.